라캉 · 장자 · 태극기

라캉(Jacques-Marie Emile Lacan, 1901~1981)

장자(莊子, 본명은 莊周, BC369~289년경)

1949년에 정해진 현재 우리나라의 태극기

1882년에 사용된 우리나라 최초의 태극기 그림(좌)과 컬러로 복원한 모습(우)

1900년 파리 박람회장에 게양됐던 태극기

1919년 3·1운동 당시 평양숭실학교에 게양된 태극기

라캉 · 장자 · 태극기

권택영

민음사

머리말

2002년 6월은 우리에게 각별한 시간이었다. 하나가 되는 감동이 무엇인지, 열광이 무엇인지 경험하지 않았던가. 그 열광은 질 듯하면서 이기고, 끊어질 듯하면서 이어지는, 태극 전사들의 경기 때문이었다. 강한 팀과 맞붙어 예측할 수 없는 곳에서 일어나는 역전이 우리를 열광시켰다. 세상에서 역전만큼 우리를 감동시키는 것은 없다. 역전은 삶과 자연의 은근하고 끈끈한 진리이다. 역전이 없으면 살맛도 없다. 역전을 믿기에 우리는 지금 지고 있더라도 언젠가는 이길 수 있다는 희망을 품는다. 또 이기고 있더라도 마음을 놓지 않는다. 그리고 상대방을 존중한다. 역전이 없는 경기는 죽은 경기이기 때문이다. 상대방을 나와 똑같이 인정해 주고 그러면서 역전의 진리를 아는 것, 주눅이 들지도 않고 그렇다고 거만하지도 않은 자세가 우리를 감동시킨 이유가 아니었을까.

3

타자와의 공존과 끝없는 역전, 이것은 사실 새삼스러운 진리가 아니다. 은근함과 끈기라는 태극기의 비밀이다. 그래서 그토록 많은 태극기가 쏟아져 나왔고, 그래서 행운의 여신이 함께했던 것은 아닐까. 그 여신은 알맞은 곳에서 우리를 멈추게 하고 상대 팀을 존중하는 은근함을 보여주었다. 그리고 미래에 더 높이 날 수 있는 여지를 남겼다. 여신은 끈기가 태극기의 비밀임을 알고 있었다.

1986년 여름 버클리 대학 도서관에서 포스트모던 소설과 후기구조주의 이론 등, 현대 사상과 문화가 도대체 어느 곳에 와서 허우적거리는지 알고 싶어서 책들을 뒤졌다. 누가 시켜서도 아니고 그저 호기심 때문이었다. 그러고는 돌아와서 그것들을 정리하면서 갑자기 내게 닥쳐오는 삶의 고통을 겪었다. 고통이 겹쳐서 한동안 이어질 때, 프로이트를 읽었고 거기에 빠져들었다. 순전히 내 마음을 위해 읽었는데 학생들이 열광적으로 좋아해서 세 학기 연속 프로이트에 대해 토론했다. 그래서 라캉에 심취한 것은 자연스러운 일이었다. 프로이트를 알면 라캉으로 가지 않을 수 없기 때문이다. 그런데 긴 세월이 지난 2001년, 십년도 훨씬 넘어 나는 지구의 반 바퀴를 돌아 고향에 돌아온 듯 미국 켄트 주립대학 도서관에서 장자와 『도덕경』에 관한 것들을 뒤적거리며 여름을 보냈다.

왜 아닌 밤중에 장자의 나비 꿈인가? 라캉이 '오브제 아'를 설명하면서 언급한 한 문단이 지난 십년간 내 머리를 떠나지 않는 화두였다. 프로이트를 형님으로 모시면서도 라캉은 아무 곳에서도 자신의 괴상한 용어들이 형님의 무엇을 어떻게 바꾸어놓은 것인지 밝히지 않았다. 그는 용의주도했다. 그래서 웬만큼 깊이 파 들어가지 않으면 그 연결 고리를 찾아내기가 쉽지 않았다. 프로이트와의 연결 고리를 알아낸 후에도 나는 여전히 장자의 나비 꿈을 떠나지 못했다. 지금까지 영어로 출판된 책 중에서 라캉이 도에 관해 언급한 부분은 이 구석 저 구석을 다 뒤져도 모두 서너 문단을 넘지 않는다. 이리하여 나는 미국으로 가서 책방을 뒤지게 되었다.

시카고의 어느 책방에서 토마스 머튼이 쓴 『장자의 길 *The Way of Chuang -Tzu*』을 찾았을 때의 반가움, 그리고 너무나 정확하게 라캉의 사상 전반을 암시하는 장자의 시들을 읽으면서(물론 하루에 한두 편 이상을 읽지는 못했다. 그만큼 꽁꽁 뭉쳐진 시들이었다). 25쇄를 찍을 정도로 미국인들도 많이 읽은 책이라는 것을 확인할 때의 즐거움은 환희에 가까웠다. 그러나 더 큰 환희는 그 다음에 있었다. 무더운 시카고의 여름날, 나는 도라도 닦듯이 라캉의 '네 가지 담론'의 그림을 보고 또 보았다. 아무래도 뭔가 수상했다. 그 속에 꼭 무슨 비밀이 숨어 있는 것만 같았다. 그리고 막연히 태극기를 보는 듯한 느낌에 빠져 있다가 다시 켄트 시로 돌아왔다. 그리고 떠나기 전에 도서관에서 빌려다 놓고 미처 읽지 못했던 책 한 권을 대수롭지 않게 펴들었다. 그러다가 어느 한 구절이 나를 사로잡았다. 이 책 5장에 인용한 스키퍼(Kristofer Schipper)의 『도의 몸』에서 따온 한 구절이 그것이다. 나의 막연한 추측을 확증해 준 한 구절이었다.

2001년 11월, 미국 러커스 대학에서 열린 '정신분석과 문화와 사회' 학회의 연례 학술 대회에서 도와 태극기와 이창래의 『제스처 라이프』를 연결시킨 글을 발표했는데 듣는 이들이 그렇게 좋아할 수가 없었다. 그리고 나는 생각했다. 어떻게 라캉과 장자와 태극기를 연결해야 하는가? 책의 시작부터 셋을 언급하다가는 실패하기 쉽다. 무위를 비롯한 노장사상도 난해하지만 실재계를 비롯한 라캉의 사상도 둘째가라면 서러울 정도로 난해하고 우리 독자들에게 낯설다. 우선 라캉을 천천히 잘게 씹어서 소화시키고 그 다음에 장자로, 그 다음에 태극기로 넘어가는 것이 어떨까. 셋이 뒤엉켜 뒤죽박죽이 되지 않게 하기 위해서 그렇게 돌아가기로 했다. 힘들 때는 돌아가는 것이 순리다.

앞에서는 알맹이가 쏟아져 나오고 뒤는 텅 비는 책은 역전을 당하는 게임, 지는 경기이다. 역전을 하려면 끈질기게 이어가야 한다. 비슷한 이야기가 다르게 반복되는 것이 우리의 삶이라고 했다. 라캉과 장자와 태극기 사이에도 그런 반복이 작용한다.

이 책을 쓰면서 라캉이 한 세미나에서 일본 영화 「감각의 제국」에 대해 언급한 글을 읽게 되었다. 아직 영어로 번역되지 않은 이 글에서 라캉은 그 영화가 "여성적 주이상스"를 너무나 잘 반영하여 "소스라치게 놀랐다"고 말했다. 문득 인터넷에 올랐던 어떤 글이 떠올랐다. 내 책의 제목으로 '감각의 제국'(2001, 민음사)을 택한 것을 나무라는 글이었다. 그 책을 쓸 때는 순전히 나의 발견으로 영화 「감각의 제국」을 분석했는데, 그 후 그것을 뒷받침하는 글을 대하니 반가웠다.

언제나 책을 낼 때는 실수하지 않을까 두렵다. 그러나 완벽함이란 없고 모자람은 그 다음에 보완할 수 있는 공간이 있으니 좋지 않으냐고 달래본다. 끝은 언제나 또 다른 시작이라는 것이 라캉과 장자와 태극기가 나에게 준 귀한 선물이었다.

부족함이 많은 원고를 책으로 펴낼 수 있게 도와주신 민음사의 박맹호 사장님, 한결같은 부드러움으로 격려해 주시는 박상순 주간님, 그리고 꼼꼼히 읽고 지적해 주신 편집부에 감사드린다. 켄트 주립대에서 연구할 수 있게 도와주고 조언해 준 마크 브라커(Mark Bracher) 교수에게도 감사한다. 책을 쓸 수 있게 참고 도와주는 가족에게도 감사를 전하고 싶다.

차례

일러두기

* 본문에서 위의 약어와 함께 표기된 숫자는 원서의 쪽 번호를 나타낸다. 일러두기에 적지 않은 책의 자세한 서지 사항은 참고문헌에 정리해 두었다.

1 무의식

사랑은 나비가 되는 장자의 꿈이기에
주는 것이 아니라 받기 위해 노력하는 것이다

우리는 사랑은 받는 것이 아니라 주는 것이라고 배워왔다. 그런데 왜 그토록 많은 사랑이 실패로 끝나거나 증오로 파괴되고 질투로 얼룩지는가. 주기만 하면 될 텐데 무슨 문제가 그리 많을까. 사랑에 빠지는 순간과 거기서 빠져 나오려는 순간은 동일하다. 사랑은 함정이다. 연인이란 누구인가. 내가 되고 싶은 사람이고 내가 갖고 싶은 사람이기에 하나 되기를 꿈꾸지만 죽기 전에는 될 수 없는 대상이다. 그래서 질투와 파괴의 욕망은 에로스의 본질이다. 정신분석은 말한다. 지식은 증오를 모르기에 거짓이고, 사랑은 증오를 알기에 진실이라고.

1. 거울 단계, 혹은 상상계

아기를 안고 거울을 보면 아기는 환호성을 지르면서 거울 속의 상을 잡으려 한다. 누군가에게 안긴 채 혼자서는 제대로 서지도 못하는 6개월에서 18개월 사이의 아기가 거울에 비친 자신의 모습을 보고 환호하는 것을 어떻게 설명할 수 있을까. 라캉은 이것을 '거울 단계'라고 하여 인간이 태어나 최초로 보이는 이미지에 대한 반응으로 해석한다. 아기는 거울 속에 비친 상을 이상적인 자신의 모습으로 본다. 그런데 아기는 타인과 자아를 구별하지 못하기 때문에 그 상은 자신의 완벽한 모습이면서 동시에 자신을 돌봐주는 어머니의 모습이다. 이미지를 이상화하기에 상상계(the Imaginary)라고 부른다. 프로이트가 현실을 설명하기 위해 제시했던 무의식이라는 가설, 그 가운데서도 근원적 나르시시즘이 바로 라캉의 거울 단계요 상상계다.(E. 1-7) 프로이트는 무의식이 있다는 가설을 증명하기 위해 유아기에 아기가 갖는 최초의 자아 의식을 '근원적 나르시시즘(Primary Narcissism)'이라 했다.

인간은 태어나서 맨 처음에는 순수하게 몸의 존재로 산다. 젖을 빨고 대변을 보면서 아기는 배설의 쾌감으로 눈을 가늘게 뜬다. 그러지 않을 때면 손가락을 빨거나 가짜 젖꼭지라도 물어서 텅 빈 입 안을 채운다. 젖을 충분히 먹었는데도 가짜 젖꼭지를 찾아 우는 아기를 어떻게 설명해야 하는가. 아기의 울음은 불안과 결핍이 젖이나 자양분이 아닌 다른 곳에서 온다는 것을 암시한다. 아주 어릴 때부터 아이는 이미 젖으로 채울 수 없는 근원적인 결핍을 겪고 있는 것이다. 손가락이나 가짜 젖꼭지는 상실한 어머니의 대체물이다.

아기가 6개월쯤 되면 어떤 느낌을 갖게 되는데 이것이 원시 시대의 애니미즘처럼 만물 사이의 차이를 모르는 나르시시즘 단계이다. 아기는 다른 사람을 때리고 제가 맞은 듯이 운다. 자신과 타인을 구별하지 못한다. 이때 아기는 자신을 길러주는 사람과 가장 많은 접촉을 하는데 자아와 타인의 구별이 없기에 한 몸이라는 오인을 하게 된다. 젖을 빨며 자신의 평온한 만족을 어머니의 만족으로 대치하여 어머니는 자기만 있으면 행복하다고 믿는다. 또 자신이 젖을 먹이는 어머니이고 어머니가 젖을 먹는 아기라고 믿는다.

훗날 어머니를 대체하게 되는 연인이 자신을 돌봐주는 사람이면서 동시에 돌봐주어야 하는 아기 같은 존재인 이유가 여기에 있다. 연인은 철없이 말한다. "내가 이 음식을 좋아하니 너도 당연히 좋아하겠지. 너는 내가 원하는 것을 행하고 내가 원하는 옷을 입어야 해. 너는 왜 내가 널 생각할 때 날 생각하지 않니?"라고. 근원적 나르시시즘은 이렇게 이차적 나르시시즘이 되고 자아 형성에서 가장 기본적인 그릇이 된다. 아이가 최초로 갖는 이미지는 어른이 되어서도 여전히 꿈틀거린다. 거울 단계는 자아 형성의 가장 기본적인 틀이다. 어른의 의식 속에서도 거울 단계는 여전히 짐승으로 남아 있다. 법과 도덕이 금지하지만 꿈틀대는 짐승은 우리를 절망과 희망 사이에서 오가게 한다.

남이 넘어지면 자신이 넘어진 줄 알고 우는 아기의 착각은 어른이 되어서도 의식 속의 무의식으로 남아 있다. 어머니의 젖가슴에 포근히 안겨 느끼던 평화는 삶의 영원한 고향이자 안식처로 인간이 결코 포기하지 않는 근원적 소망이다. 어머니의 입맞춤, 포옹, 목욕 등도 몸으로서의 아기가 느낀 쾌감으로 몸의 소망이요, 의식 속에서 꿈틀거리는 무의식이다. 무의식은 의식이 형성되기 이전의 가설적 단계다. 의식이 없이 무의식은 존재하지 않는다. 아기가 어머니의 몸에서 떨어져 나온 후 한동안 자신이 결핍의 존재인 줄 모르는 시기. 자아와 타인을 하나로 보는 착각과 오인의 시기가 거울 단계다. 아기가 거울을 보며 환호하는 것은 거기에서 완벽한 자신을 보기 때문이 아닐까. 아기는 거울 속의 이미지를 자신으로 오인한다. 같은 맥락에서 아기는 어머니에게서도 자신을 보며 동일시한다. 이처럼 자아와 타인을 구별하지 못하는 단계가 6개월에서 18개월까지 지속된다.

거울 단계의 아기는 스스로 움직이지 못하고 다른 사람의 보살핌을 받아야 하며 말도 하지 못한다. 그러나 이 아기가 거울에 비친 자신의 이미지를 총체적인 것으로 가정하고 환호한다는 것은 이상화된 내가 상징계 속에 거꾸로 된 모습으로 진입한다는 것을 잘 보여준다. 그러나 거울 단계의 나는 타자와의 변증법적 동일시에 의해 객관화되기 이전의 주체이며 언어가 보편 구조 속에서 주체 기능을 부여받기 이전의 상이다.(E, 2)

거울 속의 모습은 실제 모습과 대칭의 관계이다. 그러므로 주체는 이상화된 그 상을 결코 잡을 수 없다. 이것이 근원적 소외이다. 아기는 이것을 모른다. 그리고 도움이 필요한 불완전한 자신을 완벽하다고 착각하기에 이 근원적 소외가 사회로 들어서면 질투의 근원이 된다. 거울 단계에서 가졌던 자아 이상형, 즉 이마고(imago)를 타인에게서 발견했을 때 질투를 느끼는 것은 타인을 인정하지 못하는 애니미즘적 동일시에서 자아가 출발했기 때문이다.

라캉은 거울 단계라는 오인의 구조를 자아 형성의 근원으로 설정하기에 정과 반의 합을 인정하는 헤겔이나 의식의 완전함을 가정하는 실존주의를 비판한다.(E. 6) 그들의 지식은 편집증적이다. 거울 단계는 흔들리지 않는 그릇 속의 물처럼 항존성을 지향하기에 정신병은 개인의 병일 뿐 아니라 수용소의 광기까지도 포함한다. 라캉의 이런 말들은 파편화된 몸을 총체적인 것으로 착각하는 자아의 고집스런 환상을 알고, 이 근원적 소외가 질투와 공격성의 시작이라는 것을 알 때 정신병뿐 아니라 수용소의 광기도 이해할 수 있다는 것이다.

> (……) 우리는 이타적인 감정을 믿을 것이 아니라 오히려 박애주의자, 이상주의자, 현학자, 나아가 개혁가들의 행위 밑에 숨겨진 공격성을 드러내야 한다.(E. 7)

라캉은 거울 단계에 대한 자신의 글을 위와 같이 매듭지었다. 그가 1936년 제14차 국제 정신분석 학회에서 「거울 단계」를 처음 발표했을 때 당시 회장이던 어니스트 존스(Ernest

Jones)는 그의 발표를 10분 만에 중단시켰다. (Lee, 3) 물론 라캉은 1949년 이에 관한 또 다른 논문을 발표했지만, 그러한 사실은 인간의 자아가 근본적으로 오해에서 출발한다는 라캉의 가설이 그 당시 얼마나 도발적이었는지 짐작하게 한다.

거울 단계의 아기는 만물의 차이를 인정하지 않기에 차이를 느끼면 공격적이 된다. 자아와 대상을 구별하지 못하고 자연의 일부로서 자신과 만물의 차이점을 모르는 아기는 소외를 모른다. 그런데 배가 부른데도 가짜 젖꼭지나 손가락을 빠는 행위는 아기가 불안을 느낀다는 증거이다. 그렇다면 아기는 이미 모순적인 존재가 아닌가. 가짜 젖꼭지를 물어야 잠이 들면서 남이 넘어지면 울고, 남을 때리고 자신이 운다. 결핍은 이미 아기의 마음에 자리를 잡았는데 다만 그것을 의식하지 못할 뿐이다. 이것이 착각이고 오인이다. 흐물거리는 오믈렛 같은 몸을 완벽한 이상형으로 알고 거울 속의 제 모습에 환호하는 것과 같다. 자아와 이상적 자아 사이의 틈새, 자아와 이마고 사이의 거리는 영원히 좁힐 수 없다. 그리고 이 거리는 아이가 성장해서도 여전히 존재한다.

"나는 하나다. 그런데 나를 닮은 이상형이 나 말고 또 있다면 참을 수 없다. 그는 죽어야 한다."라는 것이 맞수(double) 혹은 라이벌 의식이다. 나는 당연히 이상형인 대상을 흠모하지만 동시에 거울 단계에서는 나와 타인의 구별이 없기에 대상은 내가 되어야 한다. 그런데 대상이 결코 나와 하나가 될 수 없다는 것을 알면 질투와 증오를 느낀다. 그래서 그 대상을 파괴하여 오직 자신만이 이상형이 되도록 만들어야 한다. 이것이 거울 단계의 속성이다. 사랑 속에 증오가 깃들고 흠모하면서 질투하는 양가적인 감정은 바로 자아 형성에서 거울 단계가 있었다는 증거다. 사랑에 빠지는 순간 연인과 자신을 비교하고 그를 닮으려고 하면서도 동시에 질투심이 생기는 것은 이 근원적인 모순에서 비롯된다. 프로이트는 이것을 애증의 양가성이라 하고, 라캉은 근원적인 공격성이라 부른다.

솔로몬은 지혜로운 왕이었다. 그는 한 아이를 놓고 서로 자신의 아기라고 주장하는 두 여자 사이의 분쟁을 현명한 판단으로 해결한다. 똑같이 아기를 기르던 두 여자 가운데 한 여자의 아기가 죽었다. 그러자 아기를 잃은 여자가 남의 아기를 자신의 아기라 우긴다. 누가 진짜 엄마인가. 솔로몬은 아기를 칼로 똑같이 나누어 가지라 했다. 아기의 죽음을 피하기 위해 진짜 엄마는 아기를 포기했고 솔로몬은 진짜 엄마를 가릴 수 있게 된다. 지금까지 우리는 이 우화를 모성의 위대함에 근거하여 진짜를 가려내는 솔로몬의 전략적인 지혜로 해석한다. 그런데 가짜 엄마의 주장에 대해 생각해 볼 수는 없는가. (Forrester, 129) 왜 그녀는 그런 터무니없는 주장을 했을까.

가짜 엄마는 자신은 아기를 잃었는데 이웃 여자가 아기를 안고 행복해 하는 것을 참을 수 없었다. 그녀의 시선은 엄마의 젖을 먹고 있는 동생의 행복한 표정을 증오에 가득 차서 바라보던 형의 눈과 같다.[1] 이 근원적인 부러움, 원초적인 질

---

1) 라캉은 라틴어에서 '부러움'이란 단어 invidia(envi)가 '보다'라는 단어 videre (vision)에서 나왔음을 강조하며 인간이 느끼는 최초의 부러움 혹은 질투를 어거스

투는 아기를 죽여서라도 그녀만 행복해 하는 것을 보지 않겠다는 공격성이다. 그러므로 아기를 반으로 잘라서 나누어 가지라는 솔로몬의 지혜는 전략이 아니라 정의였다. 법은 인간의 근원적인 소외와 거기에서 비롯되는 공격성을 해결하는 정의이다. 카인의 후예에게 자리 잡은 근원적인 공격성, 가짜 엄마의 질투에 초점을 맞추어 법과 정의를 설명하는 것이 정신분석이다. "나는 흐물거리는데 너는 왜 완벽한가. 완벽한 존재인 너는 내가 되어야 한다. 그렇지 않으면 너를 내버려 둘 수 없다."라는 거울 단계에서 형성된 착각이 상징계에 들어와서도 여전히 타자로서 자리 잡고 있기에 인간의 가장 원초적인 감정은 질투이고 증오이다.

라캉은 거울 단계에서 형성된 공격성을 이렇게 설명한다.

우리가 인간의 내부에 있는 공격성의 본질을 이해하고 그것이 자아가 대상들과 관계를 맺는 데 어떻게 작용하는지를 알려고 한다면 우리가 머물러야 할 구조적인 교차로가 있다.

자아가 기반을 두었다고 생각되는 열정의 조직 위에서 형식과 에너지가 발견되는 것은, 인간이 자신의 모습과는 다른 하나의 이미지를 자신에게 고착시키는 이 에로틱한 관계 속에서이다. (E, 19)

에로틱한 관계란 자아가 이미지로 본 자신과의 사랑이다. 에로스가 흔들리지 않는 만족을 추구하는 것은 바로 만물이

틴의 예에서 들고 있다. (S11, 115-116) 그리고 질투와 주이상스를 합쳐 jealouissance 라고 표현하기도 한다. (S20, 100)

나와 하나이고 나는 그 속에서 편안하기 때문이다. 자아와 이상적 자아의 동일시가 일차적 동일시이다. 그런데 이 근원적 동일시, 프로이트의 용어를 빌리면 근원적 나르시시즘은 필연적으로 라이벌 의식과 그에 따른 공격성을 지니게 된다. 나와 이미지는 하나가 아니고 분리된 허상이기 때문이다. 자아는 이렇게 허구적인 이미지를 품을 때만이 편안하다. 이미지는 아이가 물고 놓지 않는 가짜 젖꼭지다. 그 이미지가 나를 버리고 달아나면 나는 공격적이 된다. 그 이미지가 다른 곳에 또 있다면 나는 그를 부숴버려야 한다.

라캉은 거울 단계를 죽음충동과도 연결시킨다. 프로이트는 초기에 "리비도는 공격적이다."라고 말했고, 후기에 리비도의 가장 근원적인 속성이 죽음충동이라는 가설을 발표했다. 거울 단계의 공격성과 죽음충동이 똑같지는 않다. 그러나 만물과 하나가 되어 흔들리지 않으려는 에로스의 속성 때문에 공격성이 생긴다는 것은 그 너머에는 침묵으로 돌아가려는 죽음 본능이 있다는 것을 암시한다. 그러므로 공격성은 죽음 본능에서 갈라져 나온 샘물이라고 볼 수 있다. 라캉이 자아 형성의 근원 속에 공격성이 있음을 강조하는 것은, 자아가 언어의 세계인 18개월 이후의 상징계(the Symbolic)로 진입한 뒤에도 여전히 이 파괴 충동과 자살 충동이 남아 있기에 우리의 현실에서 폭력은 그리 쉽게 제거되지 않는 원초적인 함정이라는 것을 암시하기 위해서이다. 문명 속의 불만은 바로 이 공격성의 다른 얼굴이다. 이차적 동일시를 거치면서 억압되지만 여전히 남아 있는 타자가 바로 이 불만이요 공격성이다.

이차적 동일시란 자아가 오이디푸스 단계를 거치면서 사회화되는 과정에서 나타나는 동일시이다. 자아에 달라붙은 이미지를 떼어내고 자아와 대상을 구별하도록 가르치는 것이 아버지의 임무이다. 어머니를 향한 동일시, 흙과의 동일시에서 떠나 아버지의 법 속으로 들어가 상징계가 원하는 이미지와 자신을 동일시해야 하는 것이 이차적 동일시이다. 라캉은 일차적 동일시를 인간이 자연으로부터 분리되지 않았다고 착각하는 데서 온다고 하여 짐승처럼 바라봄만 있는 단계로 보았다. 침팬지는 거울을 보면 처음에는 신기해서 자기 모습을 보지만 곧 그것이 허상임을 알고는 흥미를 잃고 고개를 돌린다. 거울 속의 이미지와 자신을 동일시하지 않는다. 그러나 인간은 거울 속의 자신에게 반해 달려든다. 자신과 이미지를 하나로 보기에 손을 뻗어 잡으려 한다. 아기는 보여지는 세계에 살고 있는데 바라봄만 있다고 착각한다. 자아와 대상이 다른데 같다고 착각한다. 짐승은 바라보기만 하는 세상에 살고 인간은 바라보고 보여지는 세상에 산다. 그런데 아기는 보여지는 것을 모른다. 인간이 바라봄만 있다고 착각하고 상징계로 진입하는 데에서 삶의 모호성이 나타난다.

암비둘기의 생식선은 성에 관계없이 같은 종류의 비둘기를 볼 때 성장하고 이동성 메뚜기도 바라보는 것만으로도 홀로 사는 메뚜기에서 모여 사는 메뚜기가 된다.(E. 3) 그러나 인간은 이보다 복잡하다. 장님도 보여짐을 느끼면서 산다. 누군가 보고 있다는 느낌은 피할 수 없는 존재의 조건이다. 누가 보는가. 상징계의 대타자(the big Other)이다. 자아와 대타자의 관계는 단순하지 않다. 암비둘기처럼 바라보기만 해도 성장하는 것이 에로스의 본질이다. 거울 단계의 착각이다. 너와 내가 하나라는 느낌만큼 에로틱한 것은 없다. 에로스 너머에는 바다와 흙과 하나가 된다는 어둠의 강이 있다.

> 흐르는 것이 물뿐이랴.
> 우리가 저와 같아서
> 강변에 나가 삽을 씻으며
> 거기 슬픔도 퍼다 버린다.
> 일이 끝나 저물어
> 스스로 깊어가는 강을 보며
> 쭈그려 앉아 담배나 피우고
> 나는 돌아갈 뿐이다.
> 삽자루에 맡긴 한 생애가
> 이렇게 저물고, 저물어서
> 샛강 바닥 썩은 물에
> 달이 뜨는구나.
> 우리가 저와 같아서
> 흐르는 물에 삽을 씻고
> 먹을 것 없는 사람들의 마을로
> 다시 어두워 돌아가야 한다.

정희성의 「저문 강에 삽을 씻고」를 읽노라면 마음이 평화로워진다. 바다 같은 느낌, 만물이 하나가 되는 아늑함이 꿈틀

거리는 갈등을 지워버린다. 인간의 가장 근원적인 소망은 차이 없음, 하나 되는 것, 먹을 것 아니 먹을 필요도 없는 마을로 돌아가는 것 아닌가. 삽자루 하나 가지고 태어나 일하고 저문 강에 삽을 씻고 어디로 가는가. 기나긴 잠이다. 죽음이다. 죽음충동은 정신없이 살아가는 우리들에게 문득 돌아갈 곳이 어디인가를 생각하게 한다. 투쟁도 갈등도 저문 강에 삽을 씻듯이 씻고 우리는 돌아간다. 고향으로, 대지의 품으로.

죽음을 보장받았기에 삶은 한번 살아볼 만한 것이라고 등을 두드려주는 것은, 삶이 그만큼 쉽지 않다는 것을 의미한다. 태어나기 전, 혹은 태어나서 순수하게 몸으로 살았던 아주 짧은 시간 동안의 대타자는 죽음이다. 이것이 실재계(The Real)다. 실재계는 순전히 몸으로의 시기이기에 삶 속에 들어온 단 하나의 진실인 죽음이요 텅 빈 해골이다. 생후 6개월쯤 되면 거울 단계, 혹은 상상계에 이른다. 이 시기의 불안과 결핍을 채워주는 대타자는 자신을 보호해 주는 어머니의 가슴이다. 어머니도, 가짜 젖꼭지도 더 이상 허락되지 않는 상징계에 이르면 인간은 무엇인가 다른 것에 의지해야 한다. 이차적 동일시의 대상인 상징계의 대타자는 무엇일까.

2. 대타자

"욕망은 타자의 욕망이다." 라캉은 이 말을 자주 반복한다. 타자는 누구이며 이 말은 무슨 뜻인가. 이것을 풀어보려면 우선 대타자가 실재계, 상상계, 상징계에서 어떻게 달라지는가를 알아야 한다. 세상이 변하고 기술 문명이 아무리 발달해도 변치 않는 두 가지 진리가 있다. 생명은 수컷과 암컷의 결합에 의해서 태어난다는 것과 태어난 이상 죽는다는 사실이다. 정신분석은 바로 이 두 가지 진리에 관한 이야기이다. 이 두 가지 변함없는 진리로 인간의 신비를 풀어보는 이야기이다. 그러기 위해 대타자(the Other)의 존재를 설정한다. 나를 낳은 어머니, 아버지, 그리고 죽음이 대타자이다.

정신분석의 두 축인 오이디푸스 콤플렉스와 거세 콤플렉스 역시 같은 맥락에 있다. 어머니와 하나 되고 싶은 소망이 전자이고 그러면서도 어머니와의 근친상간을 막는 아버지의 법인 거세를 의식하는 것이 후자이다. 삶은 이 두 축의 갈등이고 이 갈등을 해결해 주는 대타자가 죽음이다. 어머니의 몸 안에 있을 때 아기는 어머니와 탯줄로 연결된, 그야말로 결핍 없는 한 몸이었다. 이때 어머니의 몸이 대타자, 혹은 대지이다. 태어나기 이전으로 보아 자연과 하나로 보는 것이다. 최초의 대타자는 죽음이고 대지이고 흙이며 태어나기 이전의 어머니 몸이다. 프로이트의 열반 원칙이고 라캉의 주이상스(jouissance)요[2] 실재계 속의 죽음이다. 물론 이 죽음이라는 대타자는 삶을 열어주는 근원이면서 동시에 삶을 마감하는 종말

---

2) 주이상스는 라캉의 조어 가운데 가장 모호한 용어이다. 원래는 성적 의미로 오르가슴에 이르는 순간을 일컫기도 하는데 라캉은 이 단어를 단계별로 다르게 사용한다. 이 책의 4장에 자세한 설명이 나오기에 여기서는 그저 우리 몸을 움직이는 성적 에너지인 리비도로 이해하면 좋을 것 같다.

이다. 한 알의 밀알이 죽어야만 싹을 틔우듯이 삶은 죽음을 딛고 태어나서 다시 죽는다. 라캉은 이것을 기표의 순환이라고 말했다. 죽음이 기표를 순환시킨다.

두 번째 대타자는 태어난 후 아기가 갖는 거울 단계의 이마고이다. 거울 속에서 본 완벽한 자신의 이미지이고 동시에 젖가슴에 안겨 올려다본 완벽한 어머니의 이미지다. 자신을 돌봐주고 아늑한 평화를 느끼게 해주는 어머니의 젖가슴은 아기의 영원한 요람으로 자리 잡는다. 어머니의 부드럽고 낮은 자장가는 만족스러울 때 흘러나오는 자신의 흥얼거림과 일치하고 창밖의 빗소리나 바람 소리, 새 소리 등 자연의 소리와 일치한다. 만물의 차이를 모르는 시기에 듣던 이런 음성은 언어 이전의 소리들로 쾌감을 주는 충동(drive)의 원천이다. 거울 단계에서 맛본 아늑한 쾌감은 모두 대타자들이다. 어머니의 젖가슴, 음성, 어머니와 내가 하나라고 믿던 응시, 그리고 대변이나 소변을 볼 때 느낀 배설의 쾌감이다. 이 모든 것이 열반을 약속했던 상상계의 대타자 어머니이다. 결핍을 의식하지 못하던 무의식의 단계로서, 오이디푸스가 눈을 찌르고 추방되기 이전이라는 뜻에서 오이디푸스 전 단계라고도 부른다.

아이가 18개월쯤 되면 아버지의 존재를 의식하게 된다. 그의 거울 단계가 금이 가는 순간이다. 어머니와 자신뿐이라고 믿었는데 아버지의 존재가 있다는 것을 알면서 아이는 아버지를 의식하기 시작한다. 어머니를 소유했기에 부럽고 그러면서도 밉다. 어머니 역시 자신을 버렸기에 밉고 그러면서도 여전히 미련을 버리지 못한다. 흠모와 증오가 교차되는 감정이 생기면서 아이는 말을 배우기 시작한다. 애증의 양가성은 거울 단계에서 느끼는 공격성에서 비롯된 감정이다. 자아이상(ego-ideal)이 자기 외에 또 있다는 것을 인정할 수 없기에 일어나는 파괴적인 감정이다. 이 라이벌 의식이 어머니와 아버지를 향해 일어날 때가 아이가 눈을 뜨기 시작하는 단계이다. 이때 공격성은 아버지의 법에 의해 억압된다. 아이는 아버지의 명령에 복종하지 않으면 거세될지도 모른다는 위협을 느끼고 어머니를 단념하면서 아버지와 동일시하게 된다.

아버지와 동일시하는 것은 상징계의 질서나 법에 자신을 순응시키는 것이다. 아버지같이 되어 어머니 같은 여자를 얻겠다는 타협이 현실에 적응하는 길이고 그리하여 상징계로 진입하는 것이다. 그러므로 아버지는 아이가 되어야 할 대타자이다. 상징계가 부여하는 가치에 자신을 맞추는 것이 삶의 목표가 된다. 상징계의 대타자는 삶의 목표이다. 사회가 인정하는 지위, 인격, 재능, 가치관 등 아버지가 인정하는 목표가 대타자이다. 연인도 대타자이다. 억압된 어머니는 여전히 상징계 안에서 대타자이다. 아버지처럼 되려는 것도 어머니를 얻으려는 소망 때문이다. 억압된 죽음은 이보다 더 높은 차원에서 상징계를 지배하는 대타자이다. 그것은 실재계로서 추구하는 모든 대상에 달라붙은 숭고한 타자이다. 인간의 결핍을 완벽하게 채워주는 대타자는 죽음뿐이다.

대타자는 이렇게 인간이 태어나 성장하는 과정에서 일어나는 삶의 목표, 욕망의 대상이다. 그러면 주체는 어디에 있는가? 실재계, 상상계, 상징계의 세 차원은 서로 어떻게 연결되어 있는가? "욕망은 타자의 욕망이다."라는 말에서 타자는 어떤 타자인가?

프로이트는 오이디푸스 신화로 무의식을 설명했고 라캉은 셰익스피어의 『햄릿』으로 거울 단계를 설명했다. 오이디푸스는 아버지를 살해하고 어머니와 결혼한다는 신탁을 피하려고 애를 썼지만 자신도 모르는 사이에 신탁을 실천한다. 신탁은 무의식의 소망이다. 무의식은 이렇게 엄청난 위력으로 의식을 지배한다. 피하려고 했던 의식의 행위 하나하나가 그대로 무의식으로 행동하는 것일 때 우리는 의식으로 행동한다고 믿지만 사실은 무의식을 실천하는 것이 아닌가. 오이디푸스가 자신이 죄인임을 깨닫고는 눈을 찌르고 테베 시에서 추방될 때 그는 비로소 상징계에 들어선다. 아버지의 법은 상징계에서 무의식을 추방한다. 오이디푸스 신화는 프로이트에게 무의식의 위력을 증명하는 서사였다.

라캉에게 무의식의 실천자는 햄릿이다.[3] 『햄릿』은 상상계의 비극이다. 동생에 의해 독살된 아버지는 유령이 되어 아들 햄릿에게 나타난다. 부왕을 죽이고 왕비인 어머니와 결혼한 삼촌에게 복수를 해야 하는 햄릿은 기회가 오지만 그것을 미루고 미룬다. 그리고 결국 레어티스의 독 묻은 칼을 맞고서야 삼촌을 죽이고 복수를 한다. 왜 그렇게 질질 끄는가. 장례식에 올렸던 음식을 그대로 결혼식에 올리다니 그렇게도 욕정을

---

3) 제임스 헐버트James Hulbert가 영역하여 *Yale French Studies*(1977) 11–52쪽에 실은 「햄릿에 나타난 욕망과 욕망의 분석 Desire and the Interpretation of Desire in Hamlet」 참조.

참을 수 없었느냐고 어머니를 붙잡고 소리쳤던 햄릿이 왜 삼촌을 죽이지 않고 질질 끄는가. 그는 어머니가 선택한 삼촌을 죽일 수 없었다. 어머니의 욕망은 곧 그의 욕망이었기 때문이다. 거울 단계에 빠져 있는 햄릿에게 어머니는 자신이며 동시에 이상적 자아(ideal ego)이다. 욕망은 대타자의 욕망이었다. 동시에 어머니가 선택한 삼촌도 남근을 가진 자기 모습이었다. 자아와 대상을 구별하지 못하는 그는 상징계에 살지만 그 자아이상은 여전히 자신과 구별이 되지 않는 이상적 자아였다. 거울 단계에서 자아는 자신을 어머니와 동일시하고 그녀가 선택한 대상과도 동일시하기 때문에 햄릿의 욕망은 어머니의 욕망이고 삼촌의 욕망이 된다. 욕망은 타자의 욕망이다. 햄릿은 자아이상인 삼촌을 죽이지 못한다.

햄릿이 상상계 속에 빠져 있다는 또 다른 증거는 오필리어와 그녀의 오빠인 레어티스에 대한 그의 태도에서 찾을 수 있다. 거울 단계의 자아는 공격성이 특징이다. 햄릿은 대상과 거리를 유지하지 못하고 오필리어에게 혐오스런 말을 하고 잔인하게 행동한다. 대상이 자신을 압도할 때, 자신은 흐느적거리는 오믈렛인데 대상은 이상형일 때, 잔인한 적대감이 생긴다. 그는 오필리어가 죽어서 더 이상 닿을 수 없는 존재가 될 때까지 그녀를 학대한다. 에로스의 본질 속에 있는 적대감 때문에 대상에 닿을 수 없을 때 오히려 제대로 사랑을 할 수 있다. 닿을 수 있게 되면, 자아와 자아이상의 거리가 없어지면, 오히려 사랑은 고통이 된다. 곁에 있는데도 여전히 하나가 될 수 없기 때문이다. 나와 떨어진 다른 이상형이 존재하는 것을 참을 수 없기 때문이다. 이 근원적 소외, 맞수, 라이벌 의식이 대상을 파괴하고 자존심을 깎아내리고 상처를 주고 싶어 하는 공격성의 근원이다.

하나가 될 듯한데도 되지 않는 것이 인간을 잔인하게 만든다. 대상에게 압도되는 도착증은 이때 일어난다. 연인을 흠모하면서도 사로잡히지 않으려고 연인을 파괴하고 싶어진다. 햄릿은 오필리어가 죽은 것을 알고 나서야 자신이 그녀를 진정으로 사랑했노라고 슬퍼한다. 햄릿의 애도는 사랑을 할 수 있는 자격이지만 이미 때는 늦었다. 이제 그가 할 수 있는 것은 오필리어를 사랑하는 오빠, 레어티스와 결투를 하는 것뿐이다. 그녀가 닿을 수 없게 승화되었을 때 그는 그녀를 다시 사랑하게 된다. 그것이 욕망의 본질이다.

레어티스는 오필리어의 오빠이다. 그가 오필리어의 죽음에 슬퍼하는 것을 보면서 햄릿은 자신의 사랑이 새롭게 솟는 것을 느낀다. 그리고 레어티스를 제거해야 하는 라이벌로 보게 된다. 햄릿은 죽은 연인에 대한 욕망으로 맞수인 레어티스와 싸운다. 그 결투는 삼촌이 마련한 죽음의 장이었다. 레어티스는 삼촌이 미리 준비한 독 묻은 칼로 햄릿과 싸운다. 기꺼이 결투에 임하는 햄릿은 타자의 욕망을 욕망한다. 그것은 삼촌의 욕망이요, 이제는 죽은 오필리어의 욕망이다. 그는 어머니의 욕망, 삼촌의 욕망, 오필리어의 욕망을 욕망한다. 이것이 타자의 욕망이다. 타자에 대한 욕망이면서 동시에 타자의 욕망이다. 상상계 속에서 아기는 만물과 자신이 하나라고 착각하기에 자신을 만물과 동일시한다. 햄릿은 흙, 어머니, 삼촌,

오필리어, 레어티스 등 하나가 되고 싶은 이상형과 자신을 동일시하고 맞수라고 느끼면 공격성을 보인다.

햄릿은 레어티스의 칼을 맞고 상상계에서 빠져나오며 삼촌에게 복수를 한다. 칼을 맞는 것은 오이디푸스가 눈을 찌르듯이 거세를 상징한다. 눈을 뜨면서 복수하고 눈을 뜨면서 눈을 찌른다. 오이디푸스의 비극처럼 햄릿의 비극은 상상계에 갇힌 비극이다. 모든 비극은 깨달았을 때 이미 늦어버린다. 복수를 하고 죽는 것이 비극의 전형인 것은 사랑을 잃고 나서야 그것이 사랑이었음을 깨닫는 것과 같다. 깨달음이 죽음과 함께 오기에 우리는 죽는 순간에야 비로소 진리를 본다고 말한다. 진리는 죽음이다. 정신분석의 유일한 대타자는 죽음이다.

죽음이 곧 삶의 근원이기에, 죽음과 삶은 하나의 리비도이기에, 죽음은 모양새를 바꾼다. 모든 생명체는 근원인 흙과 물에서 태어나 모체의 보살핌을 받고 아버지의 세계인 투쟁 속으로 들어선다. 흙, 어머니, 아버지는 정신분석의 대타자이다. 이것이 라캉의 실재계, 상상계, 상징계이다. 실재계의 대타자는 흙이고, 상상계의 대타자는 어머니이며, 상징계의 대타자는 아버지이다. 어머니와 아버지는 죽음을 지연시키는 삶의 대타자이고, 그 너머에 이들을 조정하는 진짜 대타자, 죽음이 있다.

3. 리비도의 변동──이르마의 주사

대타자가 이렇게 모습을 바꾸기 때문에 삶은 신비하고 사랑은 알 수 없는 것이다. 높은 지위, 뛰어난 재능, 많은 재산이 인간을 행복하게 만들지 못하는 이유도, 사랑의 본질이 알 수 없는 신비로움인 이유도 정신분석은 이렇게 설명한다. 연인이란 죽음이며 어머니이며 아버지이며 나이다. 요람 같은 평화이자 어머니처럼 보살펴주고 아버지처럼 지위와 능력을 가진 사람이다. 부드러움과 강건함이 함께 있고 어른인 동시에 아기인 내 모습이다. 억압된 흙과 어머니상이 아버지의 법인 상징계 속에 여전히 타자로서 잠재하기 때문이다. 되고 싶은 이상형인 동시에 하나여야만 하기에 파괴하고 싶은 맞수이다. 이 정도만 해도 이미 삶은 충분히 복잡한 게 아닌가.

프로이트는 『그룹심리와 자아분석』에서 식인종들이 아무나 먹는 게 아니라 자신이 흠모하는 대상을 잡아먹는다고 말한 적이 있다. 되고 싶은 연인이 잡아먹고 싶은 사람이기도 하다면 거울 단계란 식인종과 다를 게 없다. 거울 단계를 지나 상징계에 진입한 후에도 식인종은 사라지지 않고 타자로 숨어있다. 문명은 식인종을 억압했지만 식인종은 여전히 다른 모습으로 문명인 속에 웅크리고 있다.

정신의 영역에서는 어떤 것도 없어지지 않는다. 한번 형성된 것은 남아 있기 마련이고 적당한 환경이 되면 다시 돌아온다. 한번 형성된 것은 그 자체가 없어지는 게 아니라 형태가 변할 뿐이다. 『문명 속의 불만』에서 프로이트가 한 이 말은 라캉에게 실재계, 상상계, 상징계로 되풀이된다. 라캉이 자세히 풀어낸 「이르마의 주사에 대한 꿈 the Dream of Irma's Injection」 (S2, 146-176)을 통해 리비도가 어떻게 제 모습을 바꾸는지 보자.

이르마는 프로이트의 환자였는데 치료 결과가 시원치 않아 치료를 중단한 상태였다. 당시 제자이면서 라이벌이던 오토는 이르마의 치료가 실패했음을 암시하여 프로이트를 불안하게 했다. 1895년 프로이트는 새로운 발견을 향해 창조적이고 열정적으로 나아갔으나 자신의 일에 아직 확신을 갖지 못했다. 그는 1897년까지도 위기를 겪으며 자유연상 기법을 버리고 유혹 이론으로 갈까 망설였다. 이르마의 꿈은 그런 시기에 프로이트가 꾼 꿈이었다.

파티가 있었다. 사람들이 웅성거리는 큰 홀에서 그는 이르마를 구석으로 데리고 가서 그녀가 자신의 치료를 받아들이지 않는다고 비난한다. 그녀는 아직도 배와 목과 위장이 조이는 듯 아프다고 호소한다. 그가 창가로 데리고 가서 그녀의 목을 들여다보려 하자 그녀는 저항한다. 억지로 입을 벌리고 들여다보니 목구멍 저쪽 오른쪽으로 반점이 보이고 허연 딱지가 앉아 있다. 그는 놀라서 M 박사를 부른다. 제자 오토가 옆에 있고 그의 친구 레오폴드는 이르마를 진찰한다. M 박사는 이르마가 전염병에 감염되었다고 말한다. 오토가 주사를 잘못 놓아서 감염된 것임에 틀림없다고 말이다.

프로이트는 이 꿈을 이렇게 분석했다. 이르마는 자신의 치료를 거부했고 오토는 의심했고 M 박사는 해를 끼친 적은 없지만 자신의 치료법에 동의하지 않았다. 그는 이르마의 발병에 대한 책임을 오토에게 전가한다. 이르마에게도 자신을 불신한 책임을 묻는다. 그리고 오토의 라이벌인 레오폴드에게 진찰을 하게 함으로써 M 박사와 오토를 우습게 만든다. 프로이트는 세 사람, 그중에서도 오토에게 복수하고 있다. 꿈은 소망 충족이다.

　라캉은 이르마의 꿈을 분석한 프로이트를 분석한다. 그리고 거울 단계의 자아가 어떻게 여기저기 달라붙는가를 보여준다. 자아는 실재계, 상상계, 상징계에서 어떻게 모습을 바꾸며 대상과 동일시하는가. 라캉은 꿈을 소망 충족으로 본 프로이트의 분석을 주전자에 대한 조크에 비유한다. 주전자 뚜껑에 구멍이 난 것을 본 주인이 빌려간 사람을 나무라자 그는 이렇게 변명한다. 주전자에는 원래 구멍이 없었고 나도 있는 그대로 돌려주었다. 주전자에는 빌려갈 때 이미 구멍이 나 있었다. 주전자를 빌려간 적이 없다. 이 세 가지 변명은 합치면 말이 안 되지만 각각은 말이 된다. 라캉이 여기서 의미하는 것은 무엇일까. 첫째 변명은 상상계에 자아가 달라붙어 하는 말이고, 둘째는 상징계의 변명이고, 셋째는 실재계의 변명이다. 상상계는 구멍을 못 보는 착각의 단계이고 상징계는 타자라는 구멍이 이미 뻥 뚫린 단계이다. 그리고 실재계는 죽음이므로 빌려간 것을 기억하지 못한다. 그렇다면 자아는 이 세 개의 차원에서 어떤 형태로 동일시를 일으키는가.

　우선 상상계의 자아는 세 남자에게 달라붙는다. 오토와 레오폴드는 프로이트의 우수한 제자였는데 서로 맞수이다. 오토에 대한 복수로 프로이트는 그의 맞수인 레오폴드에게 진찰을 하게 하여 이르마의 병이 오토가 감염시킨 것이라고 믿게 한다. 오토가 라이벌인 레오폴드에게 한 방 맞게 하는 것이다. 레오폴드의 입을 빌어 오토에게 복수하려는 프로이트의 마음이 드러난다. 그 다음으로 M 박사는 프로이트의 배다른 형을 연상시킨다. 그 형은 어머니와 나이가 같았으므로 프로이트에게는 아버지뻘이었다. 프로이트는 그를 상당히 두려워했다. 어머니를 빼앗아간 아버지와도 같은 그에게 프로이트는 흠모와 라이벌 의식을 동시에 느낀다. 그래서 그도 한 방 먹인다. 프로이트가 오토, 레오폴드, M 박사에게 보이는 것은 모두 거울 단계의 공격성이다. 자아는 상상계에서 세 남자와 자신을 동일시하고 있다. 자아는 이르마가 치료를 중단한 이유를 세 남자에게 전가하고 있다.

한편 라캉의 분석에는 세 여자도 등장한다. 프로이트는 이르마를 구석으로 데리고 가면서 두 여자를 생각한다. 그녀보다 더 아름답고 자신의 치료에 순순히 응해 주어 좋은 환자가 되었을 두 여자. 임신한 아내와 지금은 다른 의사에게 가버린 여자 환자이다. 두 여자는 모두 프로이트에게는 닿을 수 없는 여자이다. 전자는 임신했기 때문이고 후자는 다른 의사에게 가버렸기 때문이다. 그가 이르마의 저항을 물리치고 그녀의 입을 벌리게 했을 때 그가 본 것은 무엇이었을까. 목구멍과 그 옆의 하얀 염증이다. 생명의 근원이면서 불안이 태어난 곳. 그곳은 죽음이면서 동시에 삶의 근원이었다.

라캉은 프로이트가 이르마의 목구멍을 보는 경험을 실재계의 경험이라고 말한다. 『베니스의 상인』에서 바사니오가 연인이 되기 위해 선택한 세 번째 상자 속에는 납이 들어 있었고, 『리어 왕』에서 미덕의 상징인 셋째 딸 코딜리어는 침묵이었다. 이르마는 세 번째 여자이자 납이고 침묵이고 죽음이다. 그가 이르마의 저항을 물리치고 본 목구멍은 생명을 삼키는 죽음이요, 생명을 낳는 여성의 성기였다. (S2, 164) 베일에 가린 검은 구멍은 상징계 속에 숨은 실재계이다. 자아는 죽음이면서 동시에 삶인 실재계와 동일시되고 있다. 상상계적 자아는 실재계에 달라붙는다. 이르마는 세 번째 여자를 대표하며 자아는 실재계를 경험한다.

이번에는 자아가 상징계에 달라붙는 경우를 보자. 1895년 당시 프로이트에게 가장 절실한 소망은 무엇이었을까. 무의식의 발견이라는 가슴 두근거리는 작업을 하면서 그는 환자의 꿈과 과거의 기억을 통해서 신경증을 치료하려는 의사로서의 소망을 갖고 있었다. 무의식은 꿈으로 나타나고 그것을 해석하여 환자를 낫게 할 수 있다. 이 절대 소명에서 가장 중요한 것은 꿈이 소망 충족이라는 가설이다. 꿈이 소망 충족이라는 가설은 꿈속에서까지 그를 압도하는 상징계의 명령이었다. 프로이트의 꿈은 이미 상징계의 소망이 만들어낸 것이라고 라캉은 말한다.

무의식은 언어로 표현되지 않으면 존재할 수 없다. 꿈은 해석에 의해 존재하는데 그때 꿈이 먼저인가, 해석이 먼저인가. 소망 충족이란 의식의 것이다. 상징계에서 간절히 원하기에 꿈에 나타난다고 해도 해석이 먼저이고 반대로 꿈이 먼저 있었다 해도 그것을 감지하는 것은 이미 의식이다. 또한 꿈을 풀어내는 수단은 언어이다. 무의식은 언어가 없으면 존재하지 않는다. 그렇다고 언어로 몽땅 표현되는 것도 아니다. 그것은 언어가 만들어낸 결과물이다. "무의식은 언어처럼 구조되어 있다." 프로이트의 의식은 이미 꿈속에서 오토에게 책임을 전가하면서 자신을 방어하고 있다. 분석자는 이미 환자의 꿈속에 들어 있다. 언어가 곧 꿈이요, 꿈이 언어에 종속된다는 라캉의 말은 프로이트의 꿈의 해석을 혁신적으로 재해석하는 말이다. 꿈속으로 언어가 들어가고 꿈이 언어 속으로 들어온다는 것은 의식 속에 무의식이 들어온다는 것이다. 우리는 잘 모르면서 말을 하고 나는 생각하지 않는 곳에서 존재한다. 주체는 꿈과 현실이 뫼비우스의 띠처럼 연결된 것이다. 장자가 나비 꿈을 꾸었을 때 그는 장자가 나비 꿈을 꾸는가, 나비가 장자 꿈을 꾸는가라고 물었다. 라캉은 장자가 옳았다고 말한다.(S11, 76) 나비는 장자 속에 들어와 있는 무의식이다. 주체 속에는 이미 소망 충족이라는 무의식이 들어와 있고 무의식은 주체가 읽어주지 않으면 존재하지 않는다.

상상계는 상징계 속에 구멍을 만들고 이 구멍을 메우는 것이 아름다운 한 마리의 나비이다. 언어가 꿈속으로 들어가고 꿈이 언어의 결과물이듯이 상상계는 상징계의 일부이다. 상징계가 억압한 상상계는 실재계라는 구멍을 만든다. 상징계의 주전자에는 이미 구멍이 나 있었다. 나비는 이 구멍을 메우고 장자를 화려한 날갯짓으로 유혹한다. 나비는 장자의 전신이요, 그를 살게 만드는 판타지이다. 인간은 꿈을 꾸는 주체다.

잡으면 꺼지는 목표를 향해서 가고 또 가는 삶이 꿈이 아니고 무엇인가.

『삼국유사』에서 우리를 사로잡는 「조신의 꿈」은 바로 삶이 조밥 한 끼가 채 다 익기도 전에 깨어나는 꿈이라고 일깨워준다. 현실에서 바라던 소망을 꿈속에서 이루었지만 그 소망이 헛된 것임을 깨닫고 부처의 뜻에 따라 남은 생을 사는 조신에게 꿈은 의식이 원하던 상징계의 소망이었다. 꿈은 그가 원하던 대로 그를 부처의 뜻에 따라 살게 한다. 꿈이 먼저인가. 아니면 상징계의 소망이 먼저인가. 라캉의 해석대로라면 상징계의 소망이 먼저이고 꿈은 그것의 결과물이다. 상징계와 꿈은 장자와 나비처럼 뗄 수 없이 연결되어 주체를 이루고 삶을 엮어낸다.

「조신의 꿈」도 상상계의 비극이고 『오이디푸스 왕』도 상상계의 비극이고 『햄릿』도 상상계의 비극이다. 돈과 명예와 사랑이 행복을 약속한다고 믿고 그것을 추구하지만 행복은 약속된 곳에 있지 않다는 현실을 보여주는 것이 걸작이라면, 우리의 삶이 그런 것이라면, 삶이란 상상계의 비극이다. 조밥 한 끼가 채 익기도 전에 눈을 뜨는 꿈이다. 조신도 눈을 뜨면서 이야기가 끝나고 오이디푸스도 눈을 뜨면서(역설적으로 눈을 찌르는 게 눈을 뜬 것이지만) 이야기가 끝나고 햄릿도 눈을 뜨면서 이야기가 끝난다. 더 이상 할 말이 없기 때문이다. 상상계가 이야기를 만든다. 꿈에서 깨어나면 할 이야기가 없다. 서사의 종말이요, 삶의 끝이다. 조신이 꿈에서 깨어나면서 얻은 진리는 사랑이 없다는 것이고 오이디푸스가 얻은 진리도 사랑이 없다는 것이고 햄릿이 깨닫는 것도 사랑이 없다는 것이다. 이것이 거세다. 산속으로 들어가 고행하는 것도 눈을 찌르고 추방되는 것도 독 묻은 칼에 맞는 것도 에로스에서 타나토스로 모습을 바꾸는 것이다. 삶은 꿈이요 상상계요 무의식이다. 그리고 꿈에서 깨어나는 순간 우리는 실재계를 경험한다.

삶은 나비 꿈이고 그 꿈은 언어가 해석해 주어야만 존재한다. 그리고 해석이 끝나는 곳에 죽음이 있다. 꿈은 상상계요, 언어는 상징계요, 죽음은 실재계다. 그렇다면 삶은 이 세 가지가 뗄 수 없이 연결되어 있는 것이다. 그리고 꿈을 꾸는 한 우리는 사는 것이다. 주체는 이 세 가지로 이루어진다. 언어는 꿈을 꾸게 만들고 꿈은 창조의 근원이 된다. 무의식은 창조의 근원이다. 라캉은 프로이트가 이르마의 주사에 대한 꿈을 분석하면서 자신이 아닌 다른 누구에 의해 그 꿈이 분석되고 있다는 것을 암시한다고 말한다. 프로이트가 의식과 무의식 속에서 우리에게 진정 하고 싶었던 말은 무엇이었을까.

나는 지금까지 아무도 이해하려 하지 않았고 치료가 금지되어 온 이 환자들을 감히 치료하려 하는 것에 대해 용서를 받고 싶은 사람이다. 인간 행위에 지금까지 금지되어 온 한계를 넘어서려는 것은 죄이며 나는 지금 그런 죄를 짓고 싶지 않다. 나는 그렇게 태어나고 싶지 않다. 나 대신에 무언가 다른 것들이 있다. 여기 나는 진실의 추구라는 이 거대하고 모호한 움직임을 대표할 뿐이고 나는 그 추구에 가담하지 않는다. 나는 더 이상 아무것도 아니다. 나의 야망이 나보다 더 위대하다. 주사기는 더러웠던 게 분명하다. 그리고 내가 그것을 너무도 원했고 그 행동에 내가 개입하고 나 자신이 창조자가 되기를 원한 꼭 그만큼 나는 창조자가 아니다. 창조자는 나보다 더 위대한 다른 누구이다. 그는 나의 무의식이다. 그는 내 안에서, 나를 넘어서 말하는 이 음성이다.

　이것이 이 꿈의 의미이다. (S2, 170-71)

　무의식은 창조자였다. 그리고 그 무의식 너머에는 무엇이 있었던가. 이르마의 목구멍에서 본 죽음, 바로 만물이 생성하는 창조의 근원인 죽음이었다. 죽음충동이 플롯을 만들고 삶을 만든다. 라캉은 이미 도(Tao)에 근접해 있었다. 노장사상은 만물이 생성하는 근원을 죽음이라는 텅 빈 공간으로 본다.

　라캉은 이르마의 주사에 대한 프로이트의 꿈이 무의식의 발견일 뿐 아니라 언어가 이미 무의식의 일부이고 상징계란 의식이 모르는 타자에 의해 구성되는 것임을 암시한다. 타자란 무엇인가. 나비이다. 그리고 그 화려한 유혹의 본질은 죽음이다. 상상계에서는 어머니로, 상징계에서는 아버지(삶의 목표)로 위장하지만 베일을 걷으면 이르마의 목구멍인 실재계다. 무의식은 타자의 언어다. (S2, 159) 장자의 입으로 나비가 말을 한다.

　무의식은 타자의 담론이다. 의식이 조정하지 못하기에 타자이고, 의식 너머의 어떤 음성이기에 절대자이다. 무의식이 말한다. 타자가 말한다. 그것이 의식의 말이다. 상징계 속에 들어온 타자가 말하는 것이 언어요 주체요 삶이다. 그래서 장자는 늘 말하는 것보다 더 많은 말을 한다. 나비가 말을 하기 때문이다. 말은 왜 하는가? 누군가에게 자신의 생각을 전달하기 위해서이다. 환자의 꿈이 전달될 때 그것은 이미 환자의 의식에 의해 침투되었고, 분석자가 그 꿈을 들을 때 이미 분석자의 언어에 의해 침투된다면, 정신분석이란 두 주체 사이의 무의식을 의식이 나누어 갖는 담론이 아닐까. 병의 원인은 과거 어딘가에 숨어 있는 게 아니라 이미 두 주체 사이의 담론 속에 들어 있다. 아니 말하기의 결과물이다.[4] 두 사람이 서로 말을 나누는데 그 말은 의식이 제어하지 못하는 무의식의 말이다. 그러므로 해답은 분석의 어딘가에 두 사람의 무의식이 만나는 곳에 있다. 병이 낫는 것은 두 개의 무의식이 합의점에 도달했을 때이다. 자신들도 모르는 타자를 사이에 두고 두 주체가 말을 나누는 것, 이것이 상호주체성(intersubjectivity)이다. 그것은 헤겔 식의 합이 아니다. 객관적인 지식이 아니다. 이성의 명령이 아니다. 나비의 명령을 장자가 전달하는 것이다. 나비와 장자 사이에는 뚜렷한 경계가 없다.

자아를 절대적인 위치에 놓았던 모던 정신분석, 헤겔의 변증법, 현상학, 사르트르의 실존주의를 라캉이 비판하는 것은 그들이 바로 이 나비의 힘을 지우려 했기 때문이다. 모든 지식은 상호주체성을 억압하고 세워진다. 그렇기 때문에 파라노

---

4) 라캉은 언어(language)와 발화(speech)를 구분한다. 언어는 텅 빈 기표이고 말로 표현될 때 비로소 의미가 생긴다. 그는 두 주체가 서로 전이를 통해 말을 하는 '발화'를 중시하는데 이 글에서는 우리말에서 더 자연스러운 '말하기' 혹은 '대화'로 의역한다.

이아이다. 지식의 타자, 의식의 타자를 무시하고 세워진 지식은 편집증이다.

분석은 나비를 부르는 행위이다. 두 사람이 서로의 무의식을 부르는 호명이다. 자아의 이미지가 구조되기 전에 상징계가 구조된다면 꿈보다 해몽이 먼저 온다면 상상계적 경험은 상징계 이전에 있었다기보다, 아니 있었다 해도 오직 상징계 속에서 위력을 발휘할 뿐이다. 라캉의 이론에서 중요한 것은 바로 이 부름이다. 부름에 의해서만 무의식이 존재한다. 주체는 상징계의 호명에 의해서만 존재한다. 그리고 그 부름은 나비를 향한 부름이다. 상징계는 타자 없이 존재하지 않으며 타자 역시 상징계 없이 존재하지 못한다. 알튀세가 라캉에게서 영향을 받은 부분이 이것이다. 부름(interpellation)은 상호주체적으로만 상징계가 존재한다는 것이다.

부름은 상징계가 주체를 지정하는 행위이지만 무의식이라는 타자를 함께 부르기에 검은 구멍을 지닌 부름이다. 그 부름은 완벽하게 주체를 상정하지 못한다. 모든 이데올로기는 타자를 숨긴 편집증적인 것이다. 주체는 이데올로기 속에서 벗어나지 못하지만 동시에 그 이데올로기를 전복하는 타자를 지닌다. 우리는 주체를 향해 누구라고 부르지만 그 부름은 무의식이라는 타자를 품고 있다. 우리는 언제나 부르는 것 이상을 부른다. 라캉의 상호주체성이 지닌 정치성이다. 사랑도 마찬가지다. 그러므로 사랑은 두 주체가 서로의 무의식을 부르는 행위다. 부름이 없으면 아무 것도 아닌 것이 사랑이다.

그런 경우를 분석하면서 우리는 완벽한 사랑의 실현은 저절로 맺은 결실이 아니라 우아함의 열매라는 것을 분명히 본다. 다시 말하면 그것은 상호주체가 서로 동의하여 분열된 본성을 조화롭게 만든 열매다. 분열된 본성은 조화를 지지한다.(E, 55)

완벽한 사랑의 실현은 에로스적 자아의 결실이 아니라 상징계적 주체, 상호주체적인 조화에서 나온다는 뜻이다. 말을 나누면서 서로의 무의식을 함께 나눌 때 진정한 사랑이 태어난다. 상징계에 침투된 무의식을 두 사람이 나누는 것이 사랑이다. 너와 내가 한 몸이 되기를 원하지만 너를 인정하지 못하고 파괴하려는 공격성이 에로스의 속성이다. 이 공격성을 상징계의 언어에 의해 부름으로 바꾸는 것이 진정한 사랑이다. 부름이 없이 언제나 고여 있기를 원하는 에로스, 자아와 대상을 구별하지 못하는 상상계에서 부름이란 없다.

라캉은 자아가 주체가 되지 못하고 공격적이 될 때, 상징계로 진입하지 못하고 상상계에 머물 때 정신병(psychosis)이 나타난다고 말한다. 그의 세미나 제3권은 이 정신병에 대한 이야기다.

4. 정신병과 신경증

짐승에게 가장 중요한 것은 먹는 것과 짝짓기이다. 강한 놈만이 살아남고 종족을 퍼트릴 수 있다. 짐승은 먹는 것과 짝짓기를 크게 구별하지 않는다. 그들에게는 둘 다 똑같은 본능이기에 구애 기간도 그리 길지 않다. 그저 자신이 강한 놈이라는 것을 보여주어 강한 종족을 퍼트리고 싶어 하는 암컷의 눈에 들면 그대로 짝짓기가 이루어진다. 그러나 인간의 사랑은 구애가 전부이다. 전희만 하다가 끝나는 사랑이 훨씬 더 많다. 연인을 닿을 수 없이 높은 곳에 올려놓고 구애만 하는 궁정풍 사랑을 보면 짐승의 사랑과 인간의 사랑은 전혀 다르다는 사실을 쉽게 알 수 있다. 인간에게 사랑은 환상이라는 거리가 없으면 사랑이 아니다. 그러기에 식욕과 성욕은 같으면서 다르다.

짐승에게 사랑의 행위와 공격의 행위는 크게 다르지 않다. 약탈자가 침입하면 광포해지다가도 조금만 몸짓이 달라지면 성행위로 바뀐다. 암컷 가시고기를 유혹한 수컷은 암컷이 자기에게 반해서 그의 집으로 들어가 굴복할 준비를 했는데도 집 주변의 흙에 구멍을 파며 자기 영역을 확보한다. 다른 수컷들이 침범하면 가차없이 공격한다. 이때 구멍을 파는 행위가 그들의 성행위다. 짐승에게는 공격성과 에로틱한 행위 사이에 큰 차이가 없다.(S3, 94) 동료 수컷과 싸우는 행위조차 에로틱한 것이다. 동물은 상상계에 머물고 그들의 사랑은 거울 단계의 사랑이다. 거울에 비친 상은 흠모의 대상이면서 동시에 경쟁의 대상이기 때문에 잡아먹어야만 한다. 적이 곧 애인이다. 새들이 서로 싸우다가 갑자기 한 놈이 날개를 미친 듯이 비비는 것도 공격성이 암컷을 유혹하는 에로틱한 행위로 변하는 경우다. 짐승들은 바라봄만 있는 상상계에 살기에 그들의 에로스는 공격성과 큰 차이가 없다.

새는 거울 앞에서 모래에 구멍을 파는 자세를 취하는데 인간은 거울 앞에서 자신의 모습을 보고 환호한다. 인간에게도 거울 단계의 속성은 공격성이다. 새와의 차이라면 자신은 흐물거리는데도 거울 속의 상을 완벽한 이상형으로 착각하는 근원적 소외에 있다. 거울 단계의 자아는 대타자와 자신을 구별하지 못하기에 움직이지 않아도 대상과 하나 되어 우주를 이루는 애니미즘적이고 나르시스적인 자아이다. 하나 되어 멈추는 것, 이것이 에로스의 본질이다. 공격성이란 하나 되어 멈추기 위해 너의 움직임이나 너와의 거리를 파괴하려는 속성이다.

인간은 바라봄만 있다고 착각하는 거울 단계에서 타인에 의해 보여지는 상징계로 진입할 때 삶을 얻는다. 고여 있던 리비도는 대상을 향해 흐르고 대타자는 상징계의 기준, 상징계가 원하는 이상형이 된다. 언어의 세계인 상징계로 진입할 때 무의식은 의미를 얻는다. 물론 언어는 무의식을 의미화하면서 완전히 흡수하지 못하고 여분을 남기는데 이것이 상징계의 타자인 실재계다. 실재계의 본질은 죽음이요 몸이요 흙이지만 상징계로 진입하면 언어의 베일에 의해 아름답게 승화한다. 추한 애벌레가 아름다운 나비가 된다. 이것이 장자의 나비이다. 인간이 짐승과 달라지기 위해서는 언어라는 제3의 매개항이 필요하다. 너와 나의 동일시는 숨막히는 파멸이고 한쪽이 다른 쪽을 잡아먹는 도착증이다.

그리고 에로스 속의 공격성이 여전히 상징계 속에 타자로 남아 있는 흔적이 사디즘과 마조히즘이다. 아버지의 법에 따라 도덕적인 인간이 되기를 맹세해도 무의식의 소망은 여전히 남아 있어 공격성은 사라지지 않는다. 짐승과 인간의 경계선을 넘나드는 게 우리들이다.

인간이 제3의 매개항인 언어의 세계, 아버지의 법인 상징계로 진입하지 못하면 어떤 현상이 일어날까. 거울 단계의 자아를 억압하지 못할 때, 억압이 일어나지 않았을 때 나타나는 현상이 정신병이다. 알프레드 히치콕의 영화 「사이코」에는 어머니의 음성에 사로잡힌 청년이 등장한다. 한적한 곳에서 모텔을 경영하는 그는 겉으로는 멀쩡해 보이지만 죽은 어머니의 명령을 자신의 음성으로 믿고 여인을 살해한다. 어머니의 질투 어린 음성이 곧 신의 음성이고 자신의 음성이다. 그는 곧 대타자이다. 경찰서에 붙잡혀간 그가 어머니의 말을 자신의 것으로 동일시하면서 환청에 빠진 마지막 장면은 섬뜩하다. 사이코는 환청, 환각, 과대망상증을 보인다. 자신이 세상을 구원할 구세주라고 믿는 사람도 사이코이고 그런 사람에게 속는 사람도 사이코의 기질이 있는 것이다.

라캉은 자신이 마련한 상상계, 상징계, 실재계를 구별 짓고, 이것을 구별 짓지 못한 자아 중심적인 모던 정신분석을 비판하며, 상징계의 의미를 강조하기 위해 프로이트가 밝힌 파라노이아를 재해석했다. 이르마의 주사에 대한 프로이트의 분석을 자기 식으로 다시 해석한 것과 같다. 프로이트는 1903년에 출간된 슈레버 박사의 회고록을 가지고 편집증을 밝혔다. (SE12, 1-80)

독일 드레스덴에서 고등법원장까지 지낸 슈레버 박사는 1842년 유명한 의사인 아버지와 판사인 형을 둔 화려한 가문에서 태어났다. 비록 아버지와 형을 일찍 잃었고 아내와의 사이에서 자식을 두지 못했지만 그는 성실하게 살았다. 그가 자기 아버지가 시달렸던 우울증에 시달리기 시작한 것은 마흔두 살 때 판사로 재직하면서 의원 선거에서 패배했을 때였다. 그는 플레지히 박사에게 약물 치료를 받고 다시 8년간 정상적으로 복무한다. 하지만 고등법원장으로 일하다가 정신병이 재발해서 1893년 플레지히의 병원에서 다시 치료를 받는다. 이때는 전보다 병이 깊어져서 의사를 의심하고 병원 사람들이 모두 자신의 영혼을 파괴하려 한다는 등의 피해망상증, 빛과 소리에 예민해지고 몽환 속에서 신과 악마가 대화하는 것을 보는 환각, 그리고 신과 대화하여 세상을 구원한다는 사명감과 여자가 되어 아버지 없이 새로운 인간을 낳는다는 환상에 고통스럽게 시달린다. 쉰한 살의 나이였다.

병이 나기 전에 슈레버는 종교를 갖고 있지 않았다. 그런데 이제는 돌변하여 신을 찬양하면서 자신이 신의 여자라고 믿는다. 물론 이때 신은 상징계의 신이 아니라 거울 속의 신이다. 에로스의 대상이 되었기에 그는 신이 자신에게 고통을 준다고 분노하고 신을 비판하며 애증이라는 양가적 감정을 보인다. 그는 신의 여자가 되어 신과 싸우고 이긴다. 병이 나기 전에는 금욕적이고 절제된 삶을 살았던 슈레버는 이제 돌변하여 육감을 갈고 닦는 게 인간의 할 일이라고 믿는다. 성욕을 지닌 절대자가 신이요 자신이다. 신의 아내가 되어 신을 받들기로 했으면서도 그는 강간당할까 두려워했고 신이 자신의 육체를 즐기려 한다고 발버둥쳤다.

슈레버는 신에 대한 양가적 감정을 의사에게도 갖는다. 첫 번째 치료 이후 그는 플레지히 의사에 대한 고마움의 표시로 사진을 책상 위에 놓아둔다. 그런데 병이 재발하자 의사를 의심하고 그가 자신의 영혼을 빼앗아갈 것이라고 소리치고 주변 사람들에게까지 반감을 표시한다. 또한 사랑했던 아내마저 의심하고 거부하여 재산을 둘러싼 아내와의 긴 소송으로 정신병원에 9년 동안 감금된다.

프로이트는 이런 슈레버의 증상을 주로 억압된 동성애로 해석했다. 아버지와 형이 죽고 난 뒤, 그 뒤를 이을 아들을 얻지 못했던 그는 아버지의 사랑을 받는 여성이 되고 싶다는 소망을 품게 되었다. 여성이 되어 존경했던 남자들의 사랑을 받고 아들을 얻고 싶다는 소망이다. 그러나 동성애라는 무의식의 소망은 강렬한 의식의 저항을 받는다. 그것이 신과 의사에 대한 양가적 감정으로 나타난다. 아버지와 형에 대한 존경심을 의사에게 투사하고 의사에게 품은 동성애가 두려워 스스로를 처벌하려는 것이 의사가 자기를 처벌하려 한다는 망상을 낳았다는 것이다. 그리고 처형의 망상은 확대되어 순교자처럼 자신을 구세주로 보게 한다. 그는 유명한 의사였던 아버지를 의사에게 투사하고 다시 신에게 투사하여 자신의 강렬한 동성애를 처벌하려 했다. 영혼 파괴라는 의사에 대한 비난은 곧 자신에 대한 비난이었다.

프로이트는 동성애가 편집증의 원인이라고 말한다. 무의식 속에서 동성애에 대한 갈망과 저항이 갈등을 일으킬 때 의식에서 편집증이 나타난다. 무의식에서 사랑하는 사람이 의식에서 처형자가 되고 동시에 자신은 순교자가 되어 스스로 구세주가 된다. 무의식이 제대로 억압되었을 때는 리비도를 대상에게 투사하여 상실한 것의 대체물을 찾지만 억압이 제대로 안 되었을 때는 대체물을 찾지 못하고 리비도가 자아에만 고착되어 자아이상인 만물에 달라붙는다. 자신이 대타자가 되어 과대망상에 빠지는 것이다.

신과 의사에 대한 비난을 자기 처벌의 방식으로 해석하면서 프로이트는 슈레버의 파라노이아를 동성애로 보았다. 슈레버의 강간 콤플렉스를 여성적인 마조히즘으로 해석한 것이다. 프로이트가 살던 당시에 동성애는 법의 처벌을 받았다. 도라의 경우[5]에서 보듯이 동성애는 억압되어야 했던 가장 강렬한 무의식이었다. K 부인에 대한 동성애를 품었던 도라의 신경증은 상징계로 진입하였으나 대체물을 찾지 못하는 불안이었다. 그러나 슈레버의 편집증은 상상계에 머물러 자아를 대타자와 일치시킨 망상이었다. 이것이 신경증과 정신병의 차이다.

라캉은 자아가 언어의 세계인 상징계에 진입하지 못하고 상상계에 머물 때 나타나는 편집증에 세미나 제3권을 몽땅 할애할 정도로 비중을 두었다. 이는 곧 자아 중심의 모던 정신분석이 편집증과 무엇이 다르냐는 암시이고 더 나아가 "나는 생

---

5) 프로이트가 1898년부터 1900년 사이에 치료한 여성 환자의 이름. 1905년 출판된 사례 연구. "Fragment of an Analysis of a Case of Hysteria"에 나타난 도라의 양성성은 20세기 후반 여성운동에 큰 영향을 준다.

각하므로 존재한다."는 데카르트 이후의 서구 이성 중심주의 역시 편집증적 증상이라는 대담한 암시이다. 라캉은 지식은 편집증적이어서 오류이고 분석은 오류임을 인정하기에 진실이라고 말한다.

프로이트는 슈레버 분석에 동성애 억압과 아버지 숭배라는 당시의 이데올로기를 자신도 모르게 끌어들였다. 무의식을 분석하면서 의식이 말을 한 것이다. 또한 슈레버가 아버지와 형에 대한 존경을 의사에게 투사하고 신의 처벌로 확장한다고 말하면서 프로이트 자신의 동성애를 슈레버에게 투사했다. 의식으로 분석했지만 무의식이 말을 한 것이다. 분석에서 전이는 피할 수 없다. 라캉은 이제 자기 방식으로 슈레버를 읽어낸다. 전이란 의식으로는 객관적이고 과학적이라고 믿는데 무의식이 말을 하는 타자로서의 읽기이다. 그러므로 이때의 오류는 정밀한 눈으로 찾아내야 하는 피할 수 없는 오류이다. 의식 속의 타자, 언어 속의 타자, 상징계 속의 타자, 삶의 타자란 억압했지만 되돌아오는 얼룩이어서 지식은 언제나 그것을 지워버려야만 설 수 있기 때문이다. 지식은 장주인가 나비인가를 묻지 않는다. 언제나 나비를 지워버린다.

라캉이 프로이트의 분석에서 발견한 것은 자아를 대타자와 일치시키며 스스로에 대한 비난을 대타자에 대한 비난으로 대치한다는 부분이다. 이것이 그가 주장한 거울 단계의 자아이다. 아기가 남을 때리고 자신이 맞았다고 우는 것과 같다. 이르마의 분석에서 자아가 이상형이라고 생각되는 대상에게 여기저기 달라붙어 동일시하는 것과 같다. 정신병은 제3의 매개항인 아버지의 법이 개입되지 않아 만물과 자신을 구별하지 못하는 병이다.

라캉은 아리스토텔레스가 영혼을 가지고 인간의 윤리를 말하려 했다면 자신은 자아(에고)를 가지고 말하겠다면서 세미나 3권을 시작한다. 정신병은 자아의 특성을 가장 잘 보여주어 상징 질서 이전에 상상계가 있었다는 가설을 증명한다. 상상계가 상징계 속에 억압되면 실재계가 여분으로 남아 상징계를 전복하고 반복과 순환의 동인이 된다. 그러나 만약 억압이 일어나지 않으면 상징계 안에서 죽음이라는 대타자의 음성이 그대로 나타난다. 정상인은 주체와 동일시하여 이상적인 타자가 되려고 노력하지만 정신병자는 주체가 없기 때문에 타자 그 자체가 된다. 신을 닮으려고 노력하는 게 아니라 자신이 그대로 신이 되어버린다.

정신병(혹은 사이코)의 가장 두드러진 특성은 히치콕의 영화가 보여주듯이 환청과 환각이다. 대타자인 어머니의 음성으로 말하고 동시에 듣는다. 신이 하늘에 있는 게 아니라 자신의 몸 안에 있어서 신의 음성이 자신의 음성이 된다. 대상과 자아가 분리되지 않아 거리가 없고 모두가 맞수가 되는 거울 단계의 공격성이 나타난다. 환청은 자아가 대타자의 음성으로 말하면서 동시에 대타자의 음성을 듣는 현상이다. 정상인의 대화에서는 말하는 자와 듣는 자가 구분되는데 정신병자는 그런 구별을 하지 못한다. 자신이 말하고 자신이 즐긴다. 그러기에 의사나 신이 내가 아닌 것을 알면 그들을 파괴하려는 욕망이 생기고 그것이 욕설과 혐오스런 말로 나타난다. 욕설은 상징계에서 나타나는 상상계의 언어로 말살의 의지이다. (S3, 60) 그것은 타자의 말이다. 열렬한 구애의 말과 말살의 의지가 담긴 혐오스런 말은 둘 다 타자의 말이다.

상징계로 진입하여 정상적인 삶을 살아도 타자는 여전히 억압되어 귀환하기에 사랑을 할 때 주체는 혐오스런 발언으로 연인에게 상처를 준다. 사디즘이 언어 속에 묻어 나오는 경우다. 거울 단계의 공격성은 남녀가 사랑을 할 때 가장 잘 드러난다. 사랑은 에로스에서 시작되기 때문에 상징계에 의해 승화되지 못할 때는 짐승이 된다. 에로스는 남녀의 사랑뿐 아니라 집단 무의식에서도 드러난다. 파시즘은 승화되지 못한 집단 에로스이다. 카리스마적인 지배자가 대타자이고 집단은 그와 자신을 동일시하면서 거대한 힘으로 뭉친다. 히틀러의 파시즘이 바로 그런 예이다. 그 외에도 모든 광신적인 것은 거울 단계의 짐승성과 공격성을 지닌다. 에로스는 바다 같은 동질성이다. 에로스가 지식에 달라붙으면 획일성을 지향하는 편집증이 된다.

지식이 왜 편집증적인가를 설명하는 데 정신병은 좋은 예가 된다. 자아가 언어와 아버지의 법을 받아들이고 억압이 일어나 주체와 타자로 변형되어야 하는데 주체를 형성하지 못하고 대타자가 되어버리는 것이 편집증이다. 자아가 만물에 달라붙어 차이를 지우기 때문이다. 자아는 언어가 아닌 몸으로 산다. 슈레버가 의사와 신에 대해 혐오스런 욕설을 하면서 그들이 자신을 강간하려 한다고 착각하는 것도 대타자가 법이 아니라 몸이기 때문이다. 신에 대해 회의적이고 성욕을 절제했던 그가 광신적이 되면서 신을 성욕의 대상으로 보고 공격적이 되는 것도 몸으로 살기 때문이다.

오직 실재계에서만 사이코 현상을 밝힐 수 있다.(S3, 82) 그렇다면 적절한 억압은 어떤 것인가. 프로이트의 사례 연구 가운데 꼬마 한스가 아버지의 도움으로 말(馬) 공포증을 극복하는 과정을 보자. 세 살 반쯤 된 한스는 말을 보면 물릴까 두려워 밖에 나가려 하지 않고 그러면서도 마차를 끄는 말을 보면 안쓰러워 한다. 한스에게 말은 임신한 어머니였고, 어머니를 단념하지 않으면 자신을 거세한다는 아버지였다. 한스는 어머니에 대한 사랑과 증오, 아버지에 대한 흠모와 질투 등의 양가적 감정을 드러내어 거울 단계의 동일시와 공격성을 보인다. 그리고 짐승인 말을 부모와 동일시하여 자연과 사람을 구별하지 못한다. 아버지의 도움으로 한스가 말 공포증을 극복했을 때 아이는 환상을 갖게 된다. 환상 속에서 아이는 아버지를 할아버지로 승격시키고 어머니와 결혼하여 아이들을 많이 낳고 행복하게 사는 이야기를 꾸민다. 이것이 오이디푸스 콤플렉스를 극복하고 서사의 세계인 상징계로 진입한 결과이다.

자아가 성공적으로 상징계로 진입했을 때 그는 환상을 갖게 되고 그 속에서 억압한 소망을 이야기로 꾸밀 수 있게 된다. 그리고 상징계가 원하는 이상형을 추구한다. 이것이 승화이다. 한스는 성장한 후 프로이트를 만났는데 자신의 어릴 적 일을 전혀 기억하지 못했다. 무의식은 언어로 표현되지 못한다. 그것은 상징계의 언어로 구조될 뿐이다. 무의식은 언어처럼 구조된다. 아버지가 기록했던 한스의 무의식은 한스 자신에 의해 기억되지 못했다. 무의식은 사후에 의식에 의해 구조될 뿐 기억되지 않는다. 이것이 망각의 위대함이고 무의식의 위대함이다.

무의식은 억압되어 오직 상징계 속의 타자로 자신을 드러낸다. 그리고 자아는 환상과 이야기를 꾸미는 주체가 된다. 그런데 정신병자는 억압이 일어나지 않아 주체를 형성하지 못하고 자아가 직접 대타자가 되어버린다. 이것이 '폐제(foreclosure)'이다. 실재계라는 상징계의 구멍을 자아가 메워버린 것이다. 실재계는 몸이기에 신은 성욕의 화신이 되고 혐오의 대상이 된다. 그리고 자아는 신의 여자가 되어 신의 아기를 낳는다는 착각을 한다. 정신병은 상징계에 살면서 실재계와 동일시하는 현상이다. 한스가 말을 두려워하듯이 슈레버는 만물을 두려워했다.

우리는 수많은 신에 의해 시달리는 것보다 단 하나의 신을 믿을 때 평화를 느낀다. 신과 맞수가 되기보다 신을 추구하고 닮으려 하는 것이 편안하다. 억압, 혹은 상징계란 만물에 대한 공포를 지우기 위해 하나의 신을 섬기는 장치다. 그리고 맞수가 되기보다 닮으려고 노력하여 공격성을 줄이는 장치다. 이것이 문명의 목적이다. 연인도 마찬가지다. 자신의 이상형을 질투하거나 경쟁하려 들지 않고 그와 닮으려고 노력하는 것이 사랑이요 승화이다. 그래서 차라리 연인이 닿을 수 없이 높이 있을 때가 닿을 수 있을 때보다 덜 괴로운 것이다.

상징계에 살면서 억압이 일어나지 않은 정신병과 달리 신경증은 자아가 상징계로 진입했으나 반대로 억압이 너무 심하여 대체물을 갖지 못하는 경우이다. 정신병은 만물을 즐기는 대상으로 보고, 신경증은 즐기는 자아를 참지 못한다. 신경증은 의식의 저항이 심해서 어머니의 대체물을 인정하지 못하고, 상상력의 결핍으로 환상을 창조하지 못한다. 주체는 현실에 적응하지 못하고 원인을 모르면서 자신을 비난하거나 대상을 미워한다. 신경증 환자는 상징계 속의 타자를 거울 단계의 대타자로 착각하고 성을 혐오하거나 죄의식으로 대상에게 리비도를 옮기지 못한다. 애도와 반복에 서툰 주체이다.

신경증과 정신병은 반대의 위치에 있다. 정신병은 억압이 일어나지 않아 저항이 없고 그기에 아예 대체물이 태어나지 못하는 경우이고 신경증은 억압은 일어났지만 너무 심해서 대체물을 즐기지 못하는 경우이다. 이처럼 정신분석에서 억압은 중요하다. 그것은 전혀 일어나지 않아도 안 되고 그렇다고 너무 심해도 안 된다. 프로이트의 사례 가운데 억압이 가장 적절하게 이루어진 경우가 한스이고 도라, 쥐인간, 늑대인간의 경우[6]는 치유가 되었다가 재발하는 신경증에 속한다. 프로이트는 도라의 히스테리아, 쥐인간의 강박증, 늑대인간의 유아기 신경증 등으로 구분했지만 이들은 정신병자는 아니다. 그러나 아버지의 억압과 연인에 대한 갈망 사이에서 안절부절못

6) 쥐인간은 프로이트가 1909년에 발표한 "Notes Upon a Case of Obsessional Neurosis"의 환자이다. 아버지와 연인 사이에서 어느 쪽도 택하지 못하는 그는 양가성의 극치를 보여준다. 늑대인간은 프로이트가 1918년에 발표한 "From the History of an Infantile Neurosis"의 환자이다. 늑대 꿈의 원인을 분석한 프로이트는 상흔을 밝히면서 분석자의 전이를 인정하고 상흔이 언어에 의해 창조된 결과임을 암시하여 현대 해체론에 큰 영향을 미친다.

하는 쥐인간의 강박증은 심해지면 정신병으로 변할 가능성이 있다. 모든 일을 미결정의 상태에 두고 자아가 여기저기 달라붙는 쥐인간의 분열증은 정신병에 가깝다. 프로이트는 정신병은 나누고 분열하며 신경증은 압축하고 모은다고 말했고, 라캉도 강박증 뒤에는 정신병이 잠재해 있다고 말했다.

신경증, 정신병, 그리고 후에 설명하게 될 도착증은 경계가 조금은 모호하지만 정신분석에서 다루는 중요한 병들이고 특히 프로이트를 재해석하면서 라캉이 강조하는 부분들이다. 그는 아버지의 법, 혹은 말하기의 중요성을 강조하면서도 거울 단계라는 가설을 세우고 이 둘을 증명하기 위해 실재계라는 타자를 설정한다. 프로이트에게 신경증, 정신병, 도착증은 세 차원의 경계를 제대로 조정하지 못하는 데서 나타나는 마음의 병들이다. 그러나 라캉에게 이들은 수용소의 광기로 확장된다. 프로이트는 무의식이 있다는 가설을 증명하기 위해 애를 썼고 라캉은 무의식에 언어를 대입하여 상징계의 증상들을 설명하면서 새로운 패러다임을 만들려 애썼다.

우리의 지식은 그것이 아버지의 이름을 인정하지 않는 한 모두 정신병적인 것이라면 너무 지나친 말일까. 그러나 라캉은 자아가 언어와 아버지의 법에 의해 매개되지 않으면 정신병 혹은 편집증이 일어나며 이것이 지식과 에로스의 속성이라고 암시한다. 상징계에 의해 부름을 받지 못한 자아, 대상에 의해 보여지지 않는 자아의 사랑은 먹고 먹히는 짐승의 사랑이다. 그리고 정치적인 문맥에서는 파시즘이다.

5. 꿰맨 자국(Quilting Point)

언어의 부름을 받지 않은 삶은 삶이 아니다. 우리는 누군가 이름을 불러줄 때 비로소 존재한다. 프로이트가 발견한 무의식이 아무리 위대해도 라캉이 발견한 거울 단계가 아무리 대단해도 상징계의 언어로 표현되지 않으면 존재하지도 않는다. 서로 불러주는 것이 우리를 그럴듯하게 만든다. 이름을 불러주고 대화를 나누는 것이 세상의 시작이요, 사랑의 시작이요, 환상의 시작이요, 의미가 탄생하는 순간이다. 태초에 말이 있었다. 라캉에게 영향을 받은 알튀세는 주체는 남이 불러주는 순간 태어난다고 말한다. 상징계의 부름은 신의 부름이다. 자아가 신이 되면 괴롭다. 만물이 두렵다. 나와 똑같은 수많은 신을 갖는다는 것은 흠모와 질투와 경쟁에서 벗어날 길이 없다는 뜻이다. 만물을 두려워하고 만물과 싸우지 않기 위해서 시인은 단 하나의 신을 마련했다. 그 신은 절대자의 위치에서 우리들에게 그를 닮으라고 말한다. 그것이 은총의 신이다. 신의 음성은 높은 곳에서 우리를 이끌며 두려움을 버리라고 말한다. 그것이 사랑이다. 사랑은 단 하나의 신을 향해 나아가는 긴 여정이다. 언젠가는 그에게 가까이 다가갈 수 있다는 믿음이요, 노력이다.

내가 그의 이름을 불러주기 전에는
그는 다만
하나의 몸짓에 지나지 않았다.

내가 그의 이름을 불러주었을 때
그는 나에게로 와서
꽃이 되었다.

내가 그의 이름을 불러준 것처럼
나의 빛깔과 향기에 알맞은
누가 나의 이름을 불러다오.
그에게로 가서 나도
그의 꽃이 되고 싶다.

우리들은 모두
무엇이 되고 싶다.
나는 너에게 너는 나에게
잊혀지지 않는 하나의 의미가 되고 싶다.

　김춘수 시인의 「꽃」은 이름을 불러주었을 때 태어나는 단 하나의 신이요 연인이다. 나도 그의 꽃이 되려면 누군가 이름을 불러주어야만 한다. 서로의 꽃이 되기 위해 이름이 불릴 때까지 기다리는 것, 그때까지 꽃을 닮으려고 애쓰면서 사는 것이 사랑이다. 사랑은 무의미에서 의미를 낳는 상징계의 선물이다. 정신분석에서 말하는 억압이란 무엇인가. 신을 높은 곳에 올려놓는 행위이다. 그곳까지 가기 위해 애쓰는 것이 삶이요 의미이다. 나도 그와 같이 꽃이 되기 위해 노력하는 것이 정신분석의 단 하나뿐인 윤리인 승화이다. 그것이 맞수로 가득 찬 세상에서 마음의 평화를 누리는 길이다.

　라캉은 이것을 아버지의 이름, 혹은 '원초적 기표(primordial signifier)'라고 말했다.(S3, 267) 여기저기에 달라붙어 공격적이 되는 자아를 하나의 초월기표 속에 응축하여 하나의 두려움, 하나의 은총으로 대치한 것이 원초적 기표이다. 초월기표는 그 자체로는 텅 비었지만 절대적인 힘으로 인간을 다스리는 신이요 법이요 연인이다. 만일 이 텅 빈 기표가 없다면 삶은 짐승과 같고 우리는 종족을 늘리는 것 외에는 의미 없이 먹고 먹히는 싸움을 할 뿐이다.

　일을 하지 않고 놀기만 할 때 휴식은 의미가 없다. 열심히 일을 하면서 중간 중간 쉴 때의 휴식이 참된 휴식이다. 그렇다면 일이란 휴식의 의미를 창조하는 억압이다. 상징계의 억압도 이와 같다. 즐김을 즐김으로 만들기 위해서 억압하는 것이다. 고통이 행복의 조건인 것도 마찬가지다. 아무런 금지 없이 내가 곧 신이고 만물이 신이 되는 세상은, 행복은 없고 두려움과 투쟁만 있는 세상이다. 잠이 달콤한 것은 낮에 노동을 했기 때문이다. 잠이 없이 일만 하려는 것이 신경증이고 잠만 자는 것이 정신병이며 일을 하면서 잠을 잔다고 믿고 잠을 자면서 일을 한다고 믿는 것이 도착증이다.

　프로이트는 "이드가 있던 곳에 자아가 올 것"이라고 말했다. 모던 정신분석은 무의식의 자리를 의식이 차지하는 것으로 해석하여 자아가 초자아의 도움으로 이드를 조정할 수 있다고 믿었다. 그러나 라캉은 이것을 '이드와 자아가 자리바꿈을 하는 것'으로 해석한다. 이드가 자아요, 자아가 이드이다.

무의식은 말로 해석될 때만 존재하지만 말은 무의식을 완벽하게 조정하지 못한다. 자아는 상징계로 들어서야만 주체가 된다. 그리고 주체는 자아를 완벽하게 흡수하지 못하고 실재계라는 타자를 남긴다. 타자는 상징계를 열어놓는 얼룩이요, 넘치거나 모자람이다. 억압은 자아를 주체와 타자로 바꾸는 신의 은총이다. 신은 은유이다. 수많은 신을 단 하나의 신으로 바꾸었기에 은유이다. 텅 빈 원초적 기표 역시 법이요 신이기에 은유다. 그러나 은유는 텅 비었기에 환유가 된다. 은유인가 잡으면 해골이기에 다시 잡으러 가야 하는 것, 이것이 반복이다. 은유에서 시작하여 환유가 되고 다시 은유로 시작하여 환유가 되는 것이 상징계다. 상징계는 결핍이다.

원초적 기표, 혹은 '아버지의 이름'은 텅 빈 기표다. 그러나 그것이 주체를 반복하게 만든다. 프로이트의 원초적 아버지는 라캉의 거울 단계의 자아처럼 모든 게 허락된 충동의 아버지다. 원시 시대에 아버지는 여자들을 독점했고 질투심이 생긴 아들들은 그를 죽인다. 그러나 독재자가 사라지면 편할 것 같았지만 아들들 역시 거울 단계의 자아이기에 서로 질투하고 공격적이 된다. 질서가 필요해진 아들들은 토템 의식을 통해 죽은 아버지를 살려낸다. 이것이 상징계의 시작이요, 문명의 시작이었다. 토템은 아버지로 숭배되고 아들들은 일년에 한 번씩 의식을 치른 후 그 고기를 나누어 먹음으로써 아버지의 권위를 나눈다. 죽은 아버지는 토템이라는 텅 빈 기표이지만 살아 있을 때보다 더 강하다. 만물에 달라붙던 수많은 권력을 단 하나의 상징물로 수렴했기 때문이다. 억압은 응축이요 은유요 수렴이다.

프로이트의 토템은 라캉의 '아버지의 이름'이다. 라캉에게 문명은 언어로부터 시작된다. 그리고 이때 언어는 텅 빈 기표로서의 언어가 아니고 인간에 의해 발화되는 언어이다. 의미는 발화에서 생겨난다. 기표는 흐른다. 한 순간도 정지하지 않는다. 기의도 흐른다. 두 개의 흐름이 서로 만나는 순간이 상징계의 부름이고 아무것도 아닌 것이 꽃이 되는 순간이다. "기표와 기의의 관계는 항상 흐른다, 언제나 흩어질 준비를 하고서."(S3, 261)

흐르는 강물 위로 어부가 그물을 던지듯이 주체가 기표들의 흐름을 통과하는 순간 의미가 태어난다. 그물에 잡힌 한 마리의 반짝이는 물고기가 기표들의 흐름 속에서 건진 의미이다. 그리고 그물 속에서 잠깐 펄떡이는 물고기가 그물을 벗어나면 죽듯이 의미도 언어의 그물망을 벗어나면 죽는다. 「물고기들의 기쁨」이라는 장자의 시가 있다. 혜자가 강둑을 걸으며 장자에게 물고기의 기쁨을 "어떻게" 아느냐고 묻는다. 장자는 "어떻게 아느냐"라는 기표가 "알 수 없다"와 "구체적인 방법"의 두 가지 기의를 갖는다고 암시하여 혜자를 넘어선다. 기표와 기의의 결합은 이처럼 잠정적이다. 우리의 성욕도 이와 같다. 쾌락은 오직 순간적이어야 한다.

만일 주체의 성적 위치에 대한 인식이 상징적 도구에 연결되지 않는다면 분석을 위해 할 일이란 없다. 프로이트주의란 증발한다 ──그야말로 아무 의미가 없다. 주체는 성욕에 금지(법)를 가하는 이미 설정된 상징적 장치들 속에서 자신의 위치를 찾는다. 그리고 이 금지는 오직 상징계의 차원에서만 주체가 성욕을 실현시키도록 한다. 이것이 오이디푸스 콤플렉스가 의미하는 것이다. 그리고 만일 분석이 이것을 모른다면 정말이지 아무것도 찾지 못할 것이다. (S3, 170)

성은 원래 없던 것이고 오직 금지에 의해 만들어진 것이다. 사랑도 의미도 억압이 만든 것이다. 그리고 상징계의 그물에 건져진 의미는 잠정적이다. 오직 순간의 의미일 뿐이다. 우리의 성욕이 오직 잠정적으로만 해결되는 것과 같다. 세르게이가 늑대 꿈에 시달릴 때 프로이트는 그의 기억을 더듬어 한 살 반 때 부모의 성교 장면으로 거슬러 올라갔다. 그러나 늑대인간은 그 장면을 기억하지 못한다. 다만 세 살 때 하녀가 허리를 굽히고 마루를 닦던 장면만을 기억한다. 그리고 그녀의 자세와 비슷한 여자의 모습을 볼 때마다 그는 욕정에 빠지곤 했다. 상흔은 오직 반복에 의해서 존재한다. 최초의 의미는 반복에 의해 거슬러 추정된 대화의 산물이다. 봉합 지점은 바로 이 반복이 시작되는 기점이다.

의미가 만들어지는 순간이 억압이 일어나는 순간이고 기표의 강물에 그물을 던지는 순간이다. 자아에서 상징계의 주체가 되는 순간, 말이 태어나는 순간, 기표들의 강물과 그물이 만나는 순간, 이것이 봉합 지점 혹은 꿰맨 흔적(Quilting Point)이다. 무엇을 봉합했을까. 검은 나락이다. 기표와 기의가 따로 헤엄치는 혼돈의 나락이다. 자아가 만물에 달라붙어 공격

적이 되고 신과 신이 싸우는 두려움의 나락이다. 마법에 걸려
잠든 성이다.

잠자는 공주의 눈에 왕자가 입술을 대는 순간 의미가 탄생
한다. 사랑하던 사람들이 영원히 헤어지는 순간 경험하는 깊
은 나락, 오르가슴의 순간 경험하는 깊은 나락은 모두 무의미
로 추락하는 순간들이다. 우리는 그 나락 속으로 영원히 추락
하지 않으려고 그물을 덮고 꿰매놓았다. 문명은 검은 나락을
꿰매는 순간 시작되었다. 봉합 지점은 의미를 낳는 지점이다.[7]
이곳에서 과거의 기억이 존재하고 미래의 설계가 존재한다.

검은 나락을 덮고 꿰매는 작업이 억압이고 거세다. 그러나
꿰맨 자국은 언제나 남아 있다. 그 사이로 검은 나락이 보일
듯 말 듯하다. 발을 잘못 디디면 영원히 추락한다. 거울 단계
의 충동과 수많은 신들에 대한 두려움을 아버지의 이름으로
꿰매놓았지만 봉합을 뚫고 솟은 얼룩을 지울 수는 없다. 사랑
이 충절을 원하고 신이 복종을 원하듯이 상징계는 실재계라는
타자를 지니고 있다. 간신히 꿰매놓은 봉합은 언제 터질지
모른다. 이것이 주체 속의 타자이고 문명 속의 불만이다.

거울 단계의 자아를 꿰맨 지점이 분석 담론이 시작되는 지
점이다. 프로이트가 말한 저항이 시작되는 지점이다. "아니
야."라고 부정하는 순간 의미가 탄생한다. 그리고 아니야는
억압된 것이 있다는 뜻이고 이때부터 분석이 시작된다. 우리
의 삶이 복잡한 것은 분석도 말도 사랑도 "아니야!"로부터 시

---

7) This point around which all concrete analysis of discourse must operate I shall call a
quilting point. (S3, 267)

작되기 때문이다. 주체가 아니야라고 말을 할 때 타자는 그렇다고 긍정한다. 주체가 그렇다고 말을 하면 타자는 아니라고 고개를 흔든다. "너는 왜 서울로 가면서 서울로 간다고 말을 해서 내가 부산으로 간다고 믿게 했니?" 이것이 주체가 타자를 품고 있다는 증거다. 꿰맨 흔적 때문이다. 완벽하게 꿰매지 못하고 엉성해서 그렇다.

그러나 엉성하게 꿰맨 것은 축복이다. 만약 완벽하게 꿰매서 자국이 없다면 우리는 숨이·막혀 죽는다. 도착증(perversion)이다. 대화도 계속되지 않는다. 한번 던진 그물에 진짜 고기가 걸려 우리의 갈증과 허기가 영원히 충족된다면 우리는 살 이유가 없어진다. 반대로 전혀 꿰매지 않아도 숨이 막혀 죽는다. 자아가 여기저기 만물에 달라붙어 공격성만 있는 무의미의 세계가 되기 때문이다. 정신병은 꿰맨 자국이 없는 경우이다.

삶은 꿰매는 기술이다. 빡빡하게 꿰매면 신경증이 되고 전혀 안 꿰매면 정신병이 되고 꿰매고도 안 꿰맨 줄 착각하면 도착증이 된다. 사랑은 꿰맨 자국을 볼 줄 알면서도 못 본 척하는 것이다. 아무것도 아닌 것이 이름을 불러주어 꽃이 된 것을 알면서도 그 꽃을 높이 올려놓고 모든 것을 바치는 것이다. 사랑은 주는 것이 아니라 받기 위해서 노력하는 것이다. 조금이라도 더 가까이 다가가려고 조금이라도 더 닮으려고 애쓰는 것이다. 낮은 곳에 있는 내가 어찌 줄 수 있는가. 그러니 받는 것이다. 받을 자격을 갖기 위해 사다리를 올라가야 하는 것이다. 비록 그 끝이 텅 빈 허무일지라도. 사랑은 아무것도 아닌 것을 아름다운 나비로 만든 장자의 꿈이다. 장자는 자신이 나비인가 장자인가 물을 수 있기에 주체이다. 나비라는 타자를 인정하기 때문이다.

2 반복과 순환

원래의 도가 하나를 낳고 하나는 둘을 낳으며
둘은 셋을 낳고 셋은 만물을 낳는다

평생 정확히 아침 9시에 출근하고 해가 져서야 일에서 해방
되던 어느 가장은 언제 한번 실컷 놀아보는 게 꿈이었다. 그
렇게 열심히 번 돈을 가족들에게 다 바치면서 그는 자신의 삶
이 무엇인가에 매인 것 같다고 느끼고 그래서 늘 해방을 꿈꾸
었다. 그런데 막상 일에서 해방되고 자유로워졌을 때 그는 삶
의 목표를 잃고 만다. 자신에게 주어진 무한한 자유 속에서
고비 사막을 눈앞에 둔 여행자처럼 막막함을 느낀다.

반대 세력에 밀려서 쫓겨난 어느 왕은 가난한 평민으로 가
장하고 다시 자신의 세력들이 일어날 때까지 피신을 해야 했
다. 먹을 것도 입을 것도 충분하지 않던 그때 그를 안쓰럽게
여긴 동네 아낙네는 남편이 잡아오는 보잘것없는 생선을 아껴
두었다가 정성스럽게 요리해서 가끔씩 올렸다. 훗날 왕이 권
력을 되찾았을 때 그는 제일 먼저 그 아낙네를 생각했다. 그

64

리고 그때 그 음식을 만들어오라고 명했다. 그러나 그 아낙네
는 다시는 그런 솜씨를 내지 못했고 왕은 다시는 그때 그 음
식을 먹을 수 없었다.

다른 나라에 살면서 조국을 그리워하는 사람들의 공통점은
자신들의 고향이 조국이 아니라는 것이다. 그러면 살고 있는
나라인가. 그것도 아니다. 그러면 태평양 푸른 물결이란 말인
가? 그랬다. 이국에서 조국으로, 조국에서 이국으로 타고 오
던 비행기 속이 고향이었다. 조국이 그리워 와보면 그가 그리
던 곳이 아니고 이국이 그리워 가보면 그가 그리던 이국이 아
니다. 그러니 그의 고향은 태평양 하늘이었다.

위의 예들은 너무도 평범한 이야기여서 이야깃거리도 못 된
다. 그렇다면 이렇게 물어보자. 당신은 지금 누구를 그리워하
는가? 배도 부르고 춥지도 않고 잘 곳도 있는데 왠지 마음 한
구석이 텅 비고 어디론가 떠나고 싶고 누군가를 만나고 싶고
멋진 일이 좀 없을까 두리번거리는가.

삶은 없는 것을 그리워한다. 나만 그런 게 아니라 삶 자체
가 그런 것이다. 그리움이란 없는 것에 대한 갈망이고 그것이
삶 자체이다. 그리움은 아쉬움이다. 없는 것에 대한 갈망이
다. 그래서 미국 사람들은 기차를 놓치고(miss)도 나는 기차를
그리워한다고 말한다. 물론 헤어지기 싫은 연인에게도 너를
생각할 거야(miss)라고 말하지만. 기차건 연인이건 절실하게
내게 필요한 것이기 때문이다. 기차를 한번 놓치면 시간을 놓
친 것이어서 다시는 되찾을 수 없다. 놓친다는 것은 잃어버린
시간처럼 다시는 되찾을 수 없다는 것을 의미한다. 그래서 나

는 너를 놓치기 싫다고 말하는 것은 사랑한다는 말보다 더 의미가 깊다. 한번 놓친 것은 다시는 되찾을 수 없기 때문이다. 되찾은 조국도 그리워한 곳이 아니고 다시 찾은 고기 맛도 옛날 그 맛이 될 수 없다. 고향이든 고기든 우리가 느끼는 것은 그 지역이나 그 맛 자체가 아니라 그것을 둘러싼 '어떤 다른 것'이기 때문이다.

도대체 무엇을 놓친 것일까. 무엇을 도둑맞고 왔기에 일을 할 때는 놀고 싶고 놀기만 하니까 죽고 싶은가. 못 보면 생각 나고 영원히 못 볼까 봐 가슴이 철렁 내려앉던 사람과 결혼을 해도 그리움은 여전히 남는다. 무언가 놓치고 온 것만 같다. 결혼식장에서 베일을 걷는 순간 무엇인가가 달아나버렸나 보다. 우리의 삶은 도둑맞은 삶이다. 아무리 돈이 많고 권력이 많고 학식이 많고 아름다워도 무언가를 도둑맞고 살아간다. 구멍 뚫린 인생, 이것이 우리의 삶이다. 그래서 우리가 잘되거나 행복하거나 성공했을 때보다 실패하거나 뜻대로 안 되거나 실망할 때 어른들은 말한다. "그런 것이 삶이란다." 무언가를 도둑맞아서 구멍이 뚫린 것이 우리들의 삶이다. 도대체 무엇을 도둑맞았는가. 어차피 도둑맞은 것이라면 그것이 무엇인지 알기라도 하면 좀 나을 텐데……. 반지? 현금? 수표?

1. 상징계—도둑맞은 인생

에드거 앨런 포는 19세기 미국의 시인이자 단편 작가였는데 살아생전 영화를 못 누렸고 죽어서도 당대의 미국인들에게는 그리 고귀한 대접을 못 받았다. 너무나 가난해서 어린 조카와 결혼했는데 그녀는 추운 겨울 시트 한 장 변변히 없이 고생하다가 결핵으로 죽는다. 오로지 시인으로 이름을 날려보려 했으나 바닷가 왕국의 애너벨 리만 찾는 그를 실용적인 미국인들이 좋아할 리가 없었다. 단편도 괴기물이거나 추리물이어서 이상주의적인 미국 문단의 취향을 충족시키지 못했다. 볼티모어에 가보면 시내의 아주 오래된 성당, 먼지가 돌 틈에 끼어 붉은색 벽돌이 거무스름하게 보이는 문 닫은 성당의 뒤뜰에 그의 작은 무덤이 있다. 무덤의 비석 위에는 작은 갈까마귀 한 마리가 올라앉아 있다. 날아갈 염려 없는 돌로 만든 새다. 비석 위에는 십 원짜리 동전들이 나란히 놓여 그의 가난했던 삶을 위로하고 있다. 그의 삶에서 도둑맞았던 동전을 그가 죽고 난 후 애도하는 사람들이 채워놓고 간 것이다. 그러나 그가 정말 도둑맞았던 것은 갈까마귀가 아니었을까.

그의 생애에서 가장 의미 있는 새는 갈까마귀였다. 그는 갈까마귀 시로 상금을 조금 타서 좋아하는 술을 마실 수 있었고 그 시를 가지고 자신의 미학 이론을 쓸 수 있었다. 그러나 살아생전에 갈까마귀가 상징하는 위대한 시인의 꿈은 실현되지 못한다. 죽은 후 그것도 시간이 좀 흘러서 프랑스의 상징주의 시인인 랭보와 말라르메가 그에게 살아생전 도둑맞았던 갈까마귀를 돌려준다. 그리고 20세기에 들어와서 이번에는 그가 쓴 단편 소설을 가지고 도둑맞은 갈까마귀를 돌려준 사람이 있었다. 바로 자크 라캉이다.

라캉은 포가 쓴 단편 「도둑맞은 편지」에서 바로 자신이 찾던 도둑맞은 물건을 발견한다. 이것이 라캉의 대표적인 글 가운데 하나인 「'도둑맞은 편지'에 대한 세미나」(YFS, 48)이다. 우선 포의 단편이 어떤 내용인지 알아보자.

여왕은 왕이 알면 안 되는 편지를 갖고 있었다. 그런데 마침 그 편지를 보고 있을 때 왕이 들어왔고 당황한 여왕은 편지를 감추면 오히려 의심을 받을 것 같아 그냥 대수롭지 않은 편지처럼 보이도록 둔다. 그런데 마침 그 방에 들어온 장관이 편지를 본다. 그는 소중한 것은 오히려 보이도록 드러내놓는다는 것을 알고 있는 사람이어서 그 편지를 단번에 알아본다. 그는 그것을 집어간다. 여왕은 왕이 보고 있는 상황이라 뻔히 알면서도 도둑을 맞는다. 여왕은 상금을 약속하고 경감에게 비밀리에 장관의 집에 가서 그 편지를 찾아오라고 명령한다.

범인을 알고 있으니 물건을 찾기는 쉬울 것이다. 그러나 경감은 당황한다. 장관이 집을 비운 사이에 그는 집 안을 샅샅이 수색했지만 편지는 아무 곳에도 없었다. 다락 안, 책갈피, 심지어 마당의 타일 밑까지 들추었지만 편지는 눈에 띄지 않았다. 그는 왕만큼 멍청했다. 편지가 어딘가 깊숙이 숨겨져 있으리라고 믿었기 때문이다. 그는 마침내 탐정인 뒤팽에게 딱한 사정을 이야기하고 편지를 찾아달라고 말한다.

뒤팽은 경감의 이야기를 듣고 난 후 장관의 집을 방문하여 대화를 나누면서 편지를 발견한다. 그것은 응접실 벽난로 위에 버젓이 꽂혀 있었다. 다른 사람에게서 온 것처럼 꾸미기 위해 봉투를 뒤집어서 여성의 글씨체로 주소를 바꾸어 쓴 채 누구나 볼 수 있는 곳에 꽂혀 있었다. 뒤팽은 다음날 다시 장관의 집으로 찾아가 미리 준비해 온 편지와 그 편지를 바꿔친다. 물론 그는 길가에서 어떤 사건이 터지도록 미리 꾸며놓고 장관이 그것을 보려고 자리에서 벌떡 일어나 창가로 간 틈에 편지를 바꾼다.

이것이 대략의 줄거리다. 그런데 뒤팽은 어떻게 그런 방법을 고안했을까. 라캉은 그가 천재가 아니라 다만 앞선 사람의 기법을 반복했을 뿐이라고 말한다. 그는 멍청한 경감이 그동안의 경위를 열이 나서 설명해 주는 것을 듣는다. 마당의 타일까지 들추었다는 말을 들으면서 뒤팽이 생각한 것은 경감이 아직 들추지 않은 어디 깊숙한 곳이 있는가가 아니었다. 그는 장관이 여왕에게서 편지를 훔친 방법에 초점을 맞춘다. 경감과 전혀 다른 방식이다. 장관은 소중한 것을 보이는 곳에 둔다는 여왕의 방식을 알고 있기에 훔칠 수 있었다. 그렇다면 편지는 장관의 집 안 어딘가 보이는 곳에 있다. 앞선 방식을 반복하는 것이 해답이었다.

포의 이야기 속에는 앞선 방식을 반복하는 에피소드가 들어 있다. 약삭빠른 구두쇠 환자의 이야기다. 진료비를 아끼고 싶은 어느 구두쇠 환자가 의사에게 물었다. 친구가 이런저런 증상이 있는데 무슨 약을 쓰면 되느냐고. 그러자 의사는 이렇게 말한다. "그야 물론 간단하지. 그런 병에는 말이야. 바로 의사의 처방이란 약을 쓰면 되지." 의사는 자기 병을 친구의 병처럼 말하는 환자의 수법을 그대로 반복한다. 뒤팽은 장관의 방식을 반복한다. 물론 그는 장관과 달리 편지를 훔친 후 상금을 받고 여왕에게 편지를 되돌려 주지만. "편지는 목적지로 되돌아 간 것이다."

　편지는 어딘가에 깊숙이 숨은 것이 아니라 보이는 곳에 있었고 그것을 찾는 길은 앞선 방식을 반복하는 것이었다. 편지는 반복이 일어나면서 자리를 바꾼다. 여왕에게서 장관으로 장관에게서 뒤팽으로 그리고 다시 여왕에게로. 물론 여왕은 왕의 그늘 아래에 있다. 편지란 무엇인가. 영어로 letter는 편지 외에 글자, 혹은 문자라는 의미도 갖고 있다. 그리고 문자는 진리이기도 하다. 단편 속의 모든 인물들이 찾으려 애쓰는 어떤 것이니까 진리이며 남근이고 기표다. 모두 그것을 얻으려 애쓴다. 그러나 편지는 누구에게도 속하지 않는다.

　문자는 기표와 기의로 되어 있고 (후기)구조주의 언어학은 기표와 기의가 일대일 대응 관계가 아니라는 것을 전제로 한다. 라캉은 '신사', '숙녀'란 단어가 화장실 문에 씌어 있을 때 의미가 달라지는 것을 예로 들어 하나의 기표에 수많은 기의가 들락거린다고 말한다. 의미란 흐르는 강물 위에 그물을 던져 고기를 한 마리 낚아 올리듯이 잠정적인 것이다. 기표들의 강물 위에 던진 주체라는 그물은 바로 그 순간의 의미를 건질 수 있을 뿐이다. 기표의 강물은 주체라는 그물을 훑고 지나간다. 편지가 여왕, 장관, 뒤팽이라는 주체들을 훑고 지나가듯이. 주체가 기표를 조정하는 것이 아니라 반대로 기표가 주체를 결정한다. 주체는 기표의 결과로서 구성된다. (Mellard, 116)

　기표는 반복이 일어날 때 주체를 훑고 지나간다. 반복은 언

70

제 일어나는가. 장관이 여왕을 반복하고 뒤팽이 장관을 반복한다. 편지가 보인다는 것을 아는 사람들에게서 반복이 일어난다. 왕과 경감은 반복을 모른다. 둘은 진리가 어딘가에 숨겨져 있는 것으로 안다. 바라봄만 있고 보여짐을 모른다. 바라봄만 있다면 상상계 속의 자아가 아닌가. 거울 단계의 자아이다. 그렇다면 왕과 경감은 편집증적이다. 기표의 세계는 언어의 세계요, 상징계요, 억압이 일어난 세계이다. 왕과 경감은 상상계에 갇혀 있다. 진리가 어딘가에 온전히 숨어 있다고 믿는 그들은 영원히 기표가 머물지 않는 거울 단계의 자아이다.

여왕과 장관은 진리가 드러나 있음을 안다. 그들은 상징계 속의 주체다. 바라봄과 보여짐의 교차 속에서 편지가 찾아지는 것을 알기 때문이다. 보여짐을 안다는 것은 억압이 일어나고 상징계의 대타자가 주시하고 있다는 것을 느끼는 주체다. 자아와 대상이라는 상호주체성 속에서 편지는 자리를 바꾼다. 상호주체성이란 상징계의 부름이고 반복이 일어나는 순간이다. 편지는 보여짐을 아는 주체에 의해 도둑맞는다.

뒤팽은 어떤가. 그 역시 여왕이나 장관과 똑같이 편지가 드러나 있음을 알기에 상징계 속의 주체다. 그리고 그도 잠깐 편지를 소유할 뿐 다시 놓친다. 진리는 찾아지는 것이 아니라 드러나 있는 것임을 아는 주체조차 편지를 영원히 소유하지 못한다. 여왕 역시 편지를 가지고 권력을 행사하지 못한다. 최종 권력자는 왕이고 그는 상상계 속의 인물이다. 아무도 기표를 영원히 소유하지 못한다. 상징계에서 기표는 주체를 훑고 지나가면서 자리를 바꿀 뿐이다. 이것이 기표의 순환이다.

왕과 경감은 상상계 속의 인물이고 여왕과 장관은 상징계에 속하지만 편지를 소유하는 순간 상상계 속의 인물이 된다. 뒤팽 역시 편지를 얻는 순간 상상계로 들어간다. 여왕의 손에 들어간 편지는 왕의 권력 아래 있기에 상징계로 들어간다. 주체는 상징계에서 상상계로 다시 상징계로 들어간다. 언제? 편지가 자리를 바꾸는 순간, 반복이 일어나는 순간이다. 이것이 실재계이다. 기표가 소유자에게서 미끄러져 나가는 순간이 실재계다.

주체는 잠깐 기표를 만져보고 실재계에 빼앗긴다. 그리고 다시 상상계로 들어간다. 기표의 순환은 실재계에 의해 일어난다. 아무도 편지를 영원히 소유하지 못한다. 이것이 "편지는 목적지에 도달한다."는 마지막 문장의 의미이다. 데리다는 이 문장을 가지고 라캉이 삼각 구조를 벗어나지 못한다고 비판했다. 그러나 목적지란 무엇인가. 눈먼 왕과 편지를 가진 여왕이 사는 곳이다. 실세는 여왕이고 왕은 텅 빈, 이름뿐인 아버지다. 목적지란 아버지의 이름이요, 반복과 순환의 기점이다. 편지는 상상계에서 상징계로 다시 실재계로 영원히 순환한다.

편지는 무엇인가. 도대체 우리는 무엇을 도둑맞았기에 편지를 찾으면 빼앗기고 잡으면 놓치는가. 그리고 그런 행동을 반복해야 하는가. 도둑맞은 것은 편지가 아니고 '어떤 다른 것'이다.

편지는 상징계에서 의미를 만들어내는 문자다. 그리고 기표이고 진리다. 정신분석에서 진리는 남근이다. 라캉이 즐겨 쓰는 단어인 남근(phallus)은 프로이트가 말하는 페니스와 같으면서도 다르다. 생물학적인 의미에서는 같지만 상징적으로는 다르다. 프로이트가 여성 이론가들에게 비난을 받은 이유는, 여성이 페니스가 없어 어머니를 원망하고 아버지를 사랑하여 아기를 낳아 없는 페니스를 채우려 한다는 '여성성'에 대한 견해 때문이었다. 이것을 프로이트는 "페니스 선망"이라 불렀고 여성들은 그 말을 예로 들어 페니스 중심주의자라고 그를 공격했다. 라캉은 다행히 그런 비난을 덜 받을 시기에 살았다. 여성뿐 아니라 남성도 페니스를 가질 수 없는 페니스 결핍의 시대에 살았기 때문이다. 아니, 페니스 결핍을 페니스 중심주의에 대한 저항의 에너지로 삼은 것이 그의 혁신이었다. 좀 심하게 말하면 자신이 페니스를 가지고 있다고 믿는 남자는 라캉에게 사이코에 해당된다. 그래도 엄연히 있다고 의아해할 남성들을 위해 그는 그 단어를 버리고 "남근"이라는 단어를 쓴다.

남근은 그것만 있으면 결핍을 모른다고 믿게 되는 어떤 것이다. 그것은 태어나기 전에는 흙이었고 태어난 후에는 어머니의 젖가슴이다. 결핍이 없다고 착각하던 상상계에서 경험한 모든 것이다. 가짜 젖꼭지이고 거울 속에서 본 이마고이다. 실재계와 상상계의 대타자들이다. 상징계에 들어오면 이 대타자는 하나로 수렴된다. 상징계가 원하는 이미지다. 되고 싶은 아버지, 갖고 싶은 연인, 신, 삶의 목표 등 그것만 있으면 결핍이 충족될 것 같은 대타자이다. 그러므로 남근은 남자이든 여자이든 공평하게 도둑맞은 것이다. 늘 그리워하고 언제나 한발 늦어서 놓치는 '어떤 것'이다.

도둑맞지 않았다고 믿으면 정신병자가 되고 도둑맞았다는 것을 지나치게 의식하면 신경증이 되고 도둑맞았는데 아니라고 착각하면 도착증이 된다. 그러므로 남근은 정상인으로 살기 위해 우리가 지불한 어떤 것이다. 타조가 세 마리 있다. 첫째 타조는 자신이 보여진다는 것을 모르기에 머리만 흙 속에 박고 있으면 안전하다고 믿는다. 둘째 타조는 첫째가 머리를 박고 있으니 자신이 보이지 않는다고 착각한다. 이때 셋째 타조가 나타나 둘째 타조의 꼬리털을 조용히 뽑는다. 라캉은 이것을 타조의 정치학이라고 말했다. 이것을 남근의 유무에 대입해 보자.

첫째 타조는 흙 속에 남근이 있다고 믿으니 태어나기 이전이다. 바라봄조차 없으니 죽은 타조와 같다. 둘째 타조는 첫째에 의해 안 보인다고 믿으니 태어났지만 보여짐을 모르고 바라봄만 있는 거울 단계의 자아다. 셋째 타조는 보여짐을 알기에 둘째의 꼬리털을 뽑는다. 편지가 보여지는 것을 아는 주체에게 빼앗기듯이 꼬리털도 보여지는 것을 아는 주체에 의해 뽑힌다. 물론 그 타조는 다시 그 다음 타조에 의해 꼬리털을 뽑힐 것이다.

이것이 민주 정치다. 보수당이 민주당의 꼬리털을 뽑을 수 있는 건 민주당이 보여지는 것을 모르는 상상계에 빠져 있을 때다. 한참 꿈을 꾸면서 세상 모든 것이 뜻대로 될 것같이 착각할 때다. 이제 꼬리털을 뽑은 보수당이 상상계에 빠져 보여지는 것을 모를 때 민주당이 꼬리털을 뽑는다. 꼬리털은 권력이요 기표요 남근이다. 왜 남근을 영원히 소유할 수 없는가. 그것은 독재이기 때문이다. 독재는 편집증이요, 사이코적 정치이다.

그렇다면 우리는 편집증 환자가 되지 않기 위해서 남근을 도둑맞은 것이다. 도둑맞은 편지는 상징계로 들어오기 위해 지불한 진리요 남근이다. 그것은 우리가 숨을 쉬기 위해 어머니의 몸 안에서 나오면서 절단한 태반이다. 우리가 살기 위해 지불한 것은 한 줌의 흙, 죽음이었다. 배꼽은 지불하고 남은 흔적이다. 그것은 무엇으로도 채울 수 없는 상징계에 뚫린 구멍이다. 우리는 구멍 뚫린 인생이다. 구멍이 없는 사람, 도둑맞은 것이 없는 사람은 정신병자이거나 도착증 환자이다.

이르마의 주사에 대한 분석에서 라캉은 구멍 뚫린 주전자에 대해 이야기한 적이 있다. 주전자에 대한 세 가지 변명들을 배꼽의 논리에 맞추어보자. 태어나기 이전은 물론 주전자를 빌려간 적이 없는 상태이다. 태어나지도 않았는데 어떻게 주전자를 빌리는가. 태어난 후 6개월부터 18개월 사이의 거울 단계에서 자아는 주전자에 구멍이 났는데도, 배에 구멍이 있는데도 그것을 모른다. 그래서 구멍이 없었다고 생떼를 쓴다. 상징계로 진입한 주체는 자신의 배 한가운데가 움푹 들어간 것을 의식한다. 탯줄이 잘려 나간 흔적이다. 구멍 뚫린 삶은 언제까지 계속되는가. 죽는 순간까지다. 죽음이라는 가장 위대한 대왕을 만나면 그는 주전자에 대해 까맣게 잊어도 된다.

실재계는 태어나기 전, 그리고 태어났지만 아무것도 모르는 거울 단계 이전, 대략 생후 5개월까지이다. 그리고 구멍 뚫린 삶의 저편에서 구멍을 영원히 채워주겠다고 손짓하는 것도 실재계이다. 그리고 상징계의 구멍도 실재계이다. 그러나 이 구멍은 화려하게 베일을 쓰고 나타나 욕망의 미끼(a)가 된다. 프로이트가 이르마의 저항을 물리치고 들여다본 목구멍이 상징계 속의 구멍인 실재계이다. 삶은 구멍(죽음)을 양 끝에 거느리며 순환한다. 구멍은 만물의 숨결이다. 텅 빈 공간이 없으면 삶도 없다는 것을 되풀이하는 시인은 라캉 외에도 동양의 노장사상가들이 있다. "이 창문을 보아라. 비록 벽에 뚫린 구멍 한 개에 지나지 않지만 그것 때문에 방 전체가 환하지 않으냐. 그러니 기능을 텅 비워버리면 가슴이 빛으로 충만해진다. 빛이 가득 차면 그것은 드러나지 않게 남을 변화시키는 힘이 된다."(『장자』, 4편 1절)

구멍은 억압의 결과로 생긴 것이다. 억압이 일어날 때, 아버지의 법에 의해 거세될 때 구멍이 생긴다. 무엇인가 도둑맞았다는 것을 강조하기 위해 구멍이라는 단어를 썼지만 이르마의 목구멍이 나오니 이제부터는 조금 고상하게 구멍이라는 말 대신에 다른 표현을 찾아보자. 상징계가 억압했으나 넘치는 상상계, 의식이 억압했으나 넘치는 무의식, 또는 상징계의 충만함을 무너뜨리는 여분 혹은 결핍이라고 부르자. 여분이나 결핍이나 주체의 충만함을 방해하는 것은 마찬가지다. 거울 단계는 여분이라고 우기고 상징계는 결핍이라고 우기겠지만 우리는 두 가지 모두를 수용하는 모순의 주체이니 어느 쪽이든 같다.

우리는 모순의 주체다. 주전자에 대한 세 가지 변명들을 모두 지닌 존재이기 때문이다. 살아 있다는 것은 주체가 끊임없이 상상계에서 상징계로 실재계로 그리고 다시 상상계로 진입하는 것이니 변명 세 가지를 동시에 지니고 있는 셈이다. 만약 이 세 가지 변명 가운데 하나만 떨어져 나가도 우리는 정신병자가 된다. 그러므로 '나'라는 존재는 아무리 생각해도 알 수가 없고 삶은 모순으로 가득 차 있다. 그리고 그런 사실을 발견할 때마다 선인들은 "그런 것이 삶이란다."라고 일러준다. 장자의 시가 논리를 부정하는, 합리성을 거부하는 우화들로 가득 찬 것도 같은 맥락이다. 장자의 시 「군자」의 한 구절을 보자. "오래 사는 것이 기쁨이 아니고 일찍 죽는 것이 슬픔이 아니다. 성공은 그가 자랑스러워할 것이 아니고 실패는 수치가 아니다. 세상의 권력을 가졌다 해도 자기 것으로 여기지 않고, 모든 것을 정복해도 자기 것으로 삼지 않는다. 그의 영광은 모든 것이 하나로 만나고, 삶과 죽음이 같다는 것을 아는 데 있다."(12편 2절)

우리가 이런 모순적인 삶으로 들어서는 시기는 언제일까. 왜 억압이 일어나는 시기, 혹은 상징계로 들어서는 시기를 라캉은 18개월로 잡았을까. 그 시기에 대략 아이가 말을 배우니까? 프로이트는 유아기를 세 살 내지 네 살까지로 잡았다. 왜 그가 당겨서 잡았는지 라캉 자신이 뚜렷이 밝힌 글은 아직 찾지 못했지만 대략 이렇게 추측해 볼 수는 있다.

1920년경 프로이트가 죽음충동과 반복 강박을 발견할 당시 그는 손자의 놀이에서 암시를 얻는다. 그 아이는 외출한 어머니를 기다리면서 실패 놀이를 했다. 실패를 던졌다가 끌어당기고 다시 던지면서 "포르트"와 "다"를 연발했다. 실패가 보이면 "있다", 안 보이면 "없다"를 연발하면서 노는 아이를 보고 프로이트는 우리의 삶도 저 실패 놀이와 같은 것이라고 생각한다. 턱암으로 수술을 받고 고통에 시달리면서 프로이트는 강렬한 죽음충동을 느낀다. 그는 이미 「세 상자의 주제」에서 흙을 마지막 연인의 보드라운 가슴이라고 말한다. 인간은 어머니의 가슴에 안겨 유아기를 보내고 성장하면 연인의 품을 그리워하고 늙어서 아무도 안아주지 않으면 대지의 품 안에 안기기를 원한다. 어머니로 연인으로 대지로, 형태는 바뀔망정 에로스에 대한 소망은 결코 포기하지 않는다.

아이의 실패 놀이는 어머니의 부재를 견디는 반복의 놀이였다. 실패를 당기는 순간이 편지를 잡는 순간이고 던져서 안 보이는 순간이 잡은 편지가 미끄러지는 순간이다. 실패는 「도둑맞은 편지」에서 편지이고 기표이고 남근이다. 실패가 보이는 순간이 상상계이고 그것을 잡는 순간이 상징계이고 그것을 다시 던져서 안 보이는 순간이 실재계이다. 아이는 상징계에 진입한 것이다. 아이가 어머니의 부재를 아는 것은 억압이 일어났다는 증거다. 그리고 부재를 견디기 위해 실패 놀이를 하는 것은 상징계에 진입하여 스스로 주체가 되었다는 뜻이다. 프로이트는 아이의 놀이에서 쾌감 원칙 너머에 강박적인 반복충동이 있고 그것은 죽음충동에 기인한다고 말한다. 라캉은 프로이트가 발견하지 못한 것을 주목한다. 바로 반복 강박이란 삶충동이고 그것은 상상계 너머에 있다는 것이다. 그렇다면 죽음이 삶을 낳고 삶은 반복 그 자체가 된다. 죽음을 미루기 위해 반복하는 것, 이것이 우리의 삶이고 반복을 배우기 시작하는 나이가 18개월이다.

이때부터 억압이 일어나고 상징계로 진입한다. 억압의 대가로 구멍이 생기고 우리는 구멍 난 존재이면서 그것을 깜박 잊는 모순의 존재가 된다. 주체가 목숨을 부지하기 위해 지불한 뻥 뚫린 구멍이 바로 무언가를 도둑맞았다는 증거다. 그래서 아무리 배불리 먹어도 마음이 텅 비어 있고 무엇인가에 몰두하지 않으면 왜 사는가를 물어야 한다. 늘 누군가를 그리워하고 늘 한 발자국 늦어 '바로 그것'을 놓치곤 한다. 상징계는 구멍이 뚫려 있고 우리는 도둑맞은 인생이다. 장자가 말하는 군자는 바로 우리가 도둑맞은 인생이라는 것을 아는 자였다.

2. 눈먼 큐피드

밀턴의 서사시 『실낙원』은 단순히 창세기의 아담과 이브의 원죄를 다룬 비극만은 아니다. 프로이트가 늘 간직했다는 이 고전은 쾌감 원칙과 현실 원칙의 갈등을 잘 보여주는 작품이다. 물론 프로이트나 라캉이 이것을 언급한 경우는 없지만 정신분석의 기본적인 틀이 삶과 죽음의 문제이고 잘 쓰인 고전 역시 같은 문제를 다루기에 서사는 언제나 정신분석에서 무의식을 설명하는 데 유용하게 쓰인다.

청교도인이었지만 악의 위력과 인간의 나약함에 너그러웠던

밀턴은 창세기에 바탕을 두고 신의 무한한 섭리에 초점을 맞추면서도 환상과 삶의 고뇌를 소홀히 하지 않았다. 당시의 검열 제도에 저항하고 청교도 혁명에 가담했던 그는 혁명이 실패로 끝난 후 가담자들이 처형될 때 유일하게 살아남았다. 그의 재능과 미덕을 죽이기 아까워 왕정이 베푼 은혜는 자택 감금이었다. 쉰이 넘은 나이에 그는 딸과 그를 존경한 시인, 앤드류 마벌의 도움으로 평생 그가 쓰고 싶어 했던 시를 쓰기로 마음먹는다. 젊은 시절에 쓰다가 혁명에 휘말려 중단했던 문학은 그에게 고향으로 돌아가는 것과 같이 친숙했다. 그리고 그동안 겪은 영욕이 교차하는 세월은 그의 상상력을 풍요롭게 해주었다. 그러나 그는 글을 쓸 수 없었다. 그에게 시간이 주어졌을 때 그는 앞을 볼 수 없었다. 장님이 된 것이다.

하지만 그는 운명에 굴복하지 않았다. 긴 서사시를 받아쓰게 했다. 그렇게 하여 빛을 본 『실낙원』은 지금까지도 불멸의 고전으로 자리 잡고 있다. 20세기 초 서구 모더니즘 시기에 낭만주의를 비판했던 시인들은 그의 서사시가 눈이 멀어 쓰였기에 장황하고 미사여구가 넘친다고 비판했고, 최근의 페미니스트들은 사탄의 유혹에 굴복하는 이브의 모습이 부정적이라고 비판했지만, 이런 입장들을 벗어나 그의 작품을 읽으면 고전이 지닌 삶의 진실이 여전히 그 속에 담겨 있다.

숲속에서 새가 울면 아담과 이브는 손을 잡고 일터로 간다. 두 사람은 한 번도 손을 놓은 적이 없다. 아담은 이브의 아름다움에 흠뻑 취하여 자신이 이브이고 이브가 자신이라 믿는다. 대상과 자아를 구별하지 못한다. 아니 구별할 이유가 없다. 에덴동산에는 두 사람 외에 아무도 없기 때문이다. 신 외에 아무에게도 보이지 않고 그 신은 아담을 당신의 이미지를 본떠 만들었기에 동산과 하늘과 땅이 완벽하게 하나였다. 아담과 이브 외에 지상에 아무도 없기에 낙원은 완벽한 무의식의 세계였다. 지식의 나무에 매달린 열매만 먹지 않으면 그들의 행복은 완벽한 것이었다. 눈먼 행복이었다.

그런데 이런 무의식 속에 한 방울 질투가 스며든다. 하늘에서 쿠데타를 일으킨 사탄이 신에게 패하여 지옥으로 떨어지고 그는 에덴동산에 관한 소식을 듣는다. 왜 신만이 권력을 독점하느냐고 자신의 입장을 서술하는 사탄의 변명은 설득력이 있어 선과 악을 맞수로 보게 한다. 권력을 가진 형을 바라보는 동생의 근원적인 질투이다. 사탄은 말만 잘하는 게 아니라 신 못지않게 머리가 좋다. 그는 복수가 무엇인지 안다. 맞수를 죽이는 것보다 맞수가 가장 사랑하는 상대를 죽이는 것이 나음을 안다.

그리하여 그는 뱀으로 위장하고 에덴동산으로 가서 아담을 탐색한다. 그런데 아담은 지식의 열매를 먹지 말라는 절대자의 명령을 거역할 것 같지 않다. 어떤 이성적인 수사로도 설득당할 것 같지 않다. 그러나 그에게 약점이 있다. 바로 이브에 대한 지독한 사랑이다. 사탄은 이브를 설득하여 아담이 열매를 먹게 하기로 계략을 꾸민다. 그리고 일을 하다가 낮잠에 빠진 이브의 귀에 속삭인다. 열매를 먹으면 신처럼 된다고. 이브는 거절한다. 그러나 귓가에서 소곤거리던 감각을 잊지 못하고 다음날 아담과 떨어져서 일을 한다. 이브가 아담의 손을 놓으면서 비극이 시작된다. 열매를 먹으면 아담이 더욱 너를 사랑할 것이다. 결국 이브는 열매를 먹고 아담에게 갖다준다. 둘이 똑같아져야 하기 때문이다.

아담은 이브를 위해 아버지를 거역한다. 에로스는 이성을 무너뜨린다. 신의 계획은 사탄에 의해 무산되고 두 사람은 갑자기 수치심으로 몸을 가린다. 서로에게 보여지는 것을 알게 된 것이다. 지식의 열매를 먹는 것은 눈을 뜨고 상징계로 진입하는 것이었다. 에덴동산에서 나가라는 추방의 명령은 아버지의 거세였다. 거세는 나와 대상을 구별하고 수치심을 알게 하고 바라보기만 하는 것이 아니라 보여지기도 하는 세상으로 들어서는 아버지의 이름이다. 아담은 나뭇잎으로 몸을 가리고 이브를 보는 순간 그때까지 한 번도 느끼지 못했던 정욕에 불타 맹렬히 사랑을 나눈다.

밀턴은 단순히 경건한 청교도인만은 아니었다. 그는 악이 선과 뗄 수 없는, 선의 일부임을 알고 있던 시인이었다. 낙원에서는 한 번도 느끼지 못했던 정욕이 맹렬히 타오른 후 아담은 슬픔을 느낀다. 거세는 정욕을 낳았던 것이다. 그 이전에 그가 이브에게 느꼈던 행복은 아늑한 평화였고 아름다움이었다. 그것은 지금처럼 공격성이 가득 찬 정욕이 아니었다. 공격성은 대상이 자아와 분리된 것을 알 때 일어난다. 자아이상은 둘이 될 수 없기 때문이다.

수치심을 느껴 몸을 가리는 순간 정욕을 느끼는 것, 이것이 억압이고 거세이며 상징계로의 진입이다. 프로이트는 「성 이론에 관한 세 개의 글」에서 유아기의 성과 사춘기의 성을 이렇게 구분한다. 유아기 성은 자아와 대상이 구별되지 않기에 자발적 성애(auto-eroticism)이다. 몸과 자연이 하나의 리비도이다. 결핍을 모르던 이 시기의 완벽한 일체감이 '애정 성향'이다. 사춘기 성은 대상을 향해 투사되는 성이다. 그런데 사춘기 성은 억압되지만 항상 넘침이나 결핍으로 현실 속에 들어오기에 대상을 향해 투사되면서도 공격성이 동시에 작용한다. 자아이상을 향해 리비도를 투사하면서 동시에 그 연인은 자아가 아니기에 파괴하려는 충동이 생기는 것이다. 이것이 이차적 나르시시즘이고 '관능 성향'이다. 우리는 애정을 갈구하지만 얻을 수 있는 것은 일회용의 관능뿐이다. 이것이 사랑과 정욕의 차이다.

인간은 서로 사랑을 갈망하면서도 나눌 수 있는 것은 관능뿐이다. 그러기에 성은 채워지지 않고 계속 남아 우리의 마음에 그리움을 심는다. 프로이트의 애정 성향은 라캉의 요구(demand)에 해당되고 관능 성향은 욕구(need)에 해당된다. 요구는 상상계의 대타자인 흙, 어머니와 하나가 되고 싶은 리비도이다. 욕구는 상징계의 대타자인 삶의 목표, 연인과 하나가 되고 싶은 리비도이다. 그러나 상징계의 대타자는 억압의 결과 환상이 투사된 실재계에 불과하다. 그러기에 요구는 일회용 만족인 욕구에서 멈춘다. 거세는 무한한 사랑을 일회용의 성욕으로 바꾸어놓았다. 그리고 이 차액 때문에 욕망과 반복이 일어난다.

인간은 낙원에서 추방되면서 애정을 반납하고 정욕을 얻는다. 그리고 정욕과 함께 얻은 것이 영생이 아닌 죽음이었다.

죽음은 거세의 결과물이고 상징계의 타자이다. 상징계 속에 들어와 있는 죽음이 실재계이다. 그리고 실재계는 반복을 일으키는 동인이다. 큰 죽음에 이르는 동안 작은 죽음을 반복하는 것이 삶이다. 작은 죽음은 사랑인 줄 알았는데 정욕인 것을 깨닫는 순간 일어난다. 요구와 욕구의 차액이 우리를 채워지지 않는 결핍의 주체로 만든다. 목표를 얻는 순간 대상이 미끄러져 나가는 것도 작은 죽음이고 연인과 하나가 된 순간 추락하는 오르가슴도 작은 죽음이다. 그리고 마지막 진짜 추락이 죽음이라는 단 하나의 대타자이다.

지식의 열매는 아담과 이브의 눈을 뜨게 하여 자신들이 보여지는 존재라는 것을 알게 한다. 상상계에서 상징계로 진입한다. 그런데 그 진입은 완전하지 못했다. 목에 걸려버린 것이다. 그래서 인간은 여전히 상상계의 꿈인 에로스를 포기하지 못한다. 너와 내가 하나라는 거울 단계를 포기하지 못한다. 사디즘과 마조히즘은 거울 단계의 흔적으로 상징계에서 사라지지 않는다.

사람들은 대부분 자신을 속이지 않으려 하고 불필요하게 거짓말을 하지 않는다. 정신이상자를 제외하고. 그러나 정상인도 거짓말을 많이 하는 경우가 있다. 그리고 이상하게도 그 경우의 거짓말은 대부분 용서를 받는다. 남의 물건을 훔치거나 살해하는 의도적인 속임수가 아니라 무의식을 억압하여 의식이 저항을 하는 경우이다. 사랑을 할 때나 맞수 관계일 때 왜 우리는 무관심한 척 가장하고 자신을 실제보다 더 부풀리기 위해 애를 쓰는가. 왜 부모나 학교의 담론보다 연인과 마주앉거나 맞수일 때의 담론은 솔직하지 않고 의심과 위장과 거짓이 나타나는가. 연인이나 맞수는 똑같이 거울 단계에 속한다. 그래서 에로스가 관련되면 거짓말을 한다.

거울 단계는 억압이 일어난 후에도 뱉거나 삼키지 못하는 아담의 울대뼈이다. 그래서 상징계에 진입한 후에도 여전히 에로스는 이성을 가로막는 장애물이다. 맥베스는 아름답고 섹시한 아내의 청에 따라 왕이 되려다 비극을 맞고 오셀로는 장군으로 잘나가다가 데스데모나라는 여자 때문에 파탄을 맞는다. 클레오파트라 역시 안토니오를 덜 사랑했더라면 그런 종말을 피할 수 있었을지 모른다. 그래서 사람들은 사랑은 눈을 멀게 한다고 말한다. 에로스의 신인 큐피드가 눈이 먼 것은 상징계 속에서도 주체는 여전히 제대로 못 본다는 의미다. 거울 단계는 거세가 되어도 형태를 달리할 뿐 여전히 주체를 압도한다.

어떻게 형태를 달리하는가. 애정에서 관능으로, 사랑에서 정욕으로, 그리고 고여 있는 리비도의 평화와 정적에서 흐르는 리비도의 긴장으로 형태를 바꾼다. 프로이트는 쾌감 원칙을 자극이 없는 세계라는 뜻에서 비활동성(inertia)이라 했고 라캉은 거울 단계를 항구성(constancy)이라는 단어로 표현한다.(S11, 37) 둘 다 만물이 하나 되는 아늑함이다. 이와 달리 오다가다 발길에 채이면서 언제나 긴장하는 리비도가 프로이트의 현실 원칙이고 라캉의 상징계이다. 리비도는 라캉의 주이상스(jouissance)이다. 그러므로 상상계는 살았지만 죽은 것과 다름없는 주이상스이고 상징계는 흔들리는 주이상스이다.

느낌이 온다는 것은 느낌이 없었다는 것을 전제로 하고 다시 없어질 것을 암시한다. 자극이 없는 세계는 평화롭지만 죽은 세계다. 자극은 리비도가 활동하는 살아 있는 세계이다. 그렇다면 억압은 리비도를 죽음에서 구해 내는 것이고 없는 쾌락을 살려내는 것이고 없는 욕망을 만드는 장치가 아닌가. 실낙원은 성(sex) 낙원이다. 아담이 몸을 가리고 수치심을 느끼면서 동시에 정욕이 불타오르는 것은 그동안에는 성이 없었다는 뜻이다. 실낙원은 없던 성을 만들어낸 신의 거세였다.

그러나 주체가 주이상스에 접근하지 못하도록 막은 것은 법 그 자체가 아니다. 오히려 주이상스가 거의 자연스러운 장벽으로 거세된 주체를 만들어냈다. 쾌락이 주이상스에 한계를 설정한다. 일찍이 프로이트가 원초적 과정으로 발견했던 것, 쾌락에서 법을 제거해 버리는 (죽음의) 법칙으로부터 도전할 수 없는 또 다른 (막강한) 금지가 나타날 때까지 흩어진 삶을 하나로 묶어주는 것은 주체를 거세하는 쾌락이다.(E, 319)

분석을 통해 우리는 정상인이든 비정상인이든 욕망을 지배하는 것은, 어떤 경우에도, 거세라는 것을 알게 된다.(E, 323)

남근은 베일을 쓸 때만 남근이다. 베일은 금지요 금지는 없는 성을 만들어낸다. 그러므로 프로이트의 현실 원칙은 오히려 정욕 원칙이라고 해석할 수도 있다. 쾌감 원칙을 정욕으로 해석할 때는 짐승과 같다는 의미이지만 사실 그 단계에서는 자신이 짐승인지도 모른다. 자신 속에서 짐승을 발견하는 순간은 의식의 세계에서일 뿐이다.

라캉은 「남근의 의미 작용」이란 글에서 남근은 보이지 않을 때만 작용한다고 말한다. 남근이 베일에 가리어 보이지 않을 때 우리는 남근이 있다고 믿는다. 드러났을 때 그것은 아무것도 아니다. 왕이 아무것도 아닌 무에서 나온 것처럼. 모든 여자들은 왕의 사랑을 원한다. 그것이 권력이기 때문이다. 그러므로 왕은 성을 즐기지 못한다. 금지가 없기에 욕망도 약하다. 얻으려 애쓸 필요가 없는 성은 기쁨을 주지 못한다. 프로이트의 말처럼 쾌락은 힘들게 얻을 때 더 증진된다. 그저 아기를 낳아 후손을 잇겠다는 의무감으로 성관계를 갖는다면 그것만큼 힘든 노동도 없을 것이다. 우리는 왕을 조금도 부러워할 이유가 없다.

남근은 진리가 그렇듯이 억압되고 숨겨짐으로써만 기능을 한다. 억압이란 남근에 베일을 씌워 무에서 유를 창조하는 상징계의 법이다. 큐피드가 눈이 먼 것도 오이디푸스가 자신의 죄를 알고 상상계에서 추방될 때 눈을 찌르는 행위도 남근에 베일을 씌우는 억압이다. 진리를 숨기기 위해 우리는 눈을 감는다. 눈을 감는 순간에 우리는 꿈을 꾸고 환상을 보고 남근을 본다. 상징계란 눈을 뜨면서 동시에 감는 행위이다. 주체는 눈을 뜨고 타자는 눈을 감는다. 연인이란 눈을 감았을 때만이 오직 대타자이다.

어두운 밤 골목길에서 강도를 만났다. "목숨이 아깝거든 돈을 내놓아라!" 강도가 칼을 들이대며 말할 때 돈이 아까워서 목숨을 내놓는 바보는 없다. 라캉의 이 유명한 일화는 주체의 결핍을 우화적으로 설명해 준다.(S11, 212) 숨을 쉬기 위해, 살기 위해 우리는 도둑을 맞은 것이다. 죽음이 두려워서 노예가 되는 것, 바로 그것이 자유를 얻는 길이다.(E, 308) 숨 쉬기 위해 목구멍이 뚫리듯이 우리는 구멍 뚫린 인생이다. 상징계 속으로 죽음이라는 실재계가 들어와서 구멍을 만들어놓았다. 그래서 우리는 늘 가난하다. 무언가 부족하고 텅 비어서 누군가를 그리워하고 돈을 벌어도 권력을 쥐어도 마음이 차지 않는다.

프랑스 혁명 때 민중들은 자유가 아니면 죽음을 달라고 외쳤다. 그러나 그들이 막상 자유를 얻었을 때 많은 사람들이 굶어 죽었다. 자유와 죽음은 선택의 관계가 아니었다. 두 단어는 반대말이 아니라 동의어였다. 자유는 곧 죽음이었다. 이것이 정신분석의 윤리다.(S11, 213) 살기 위해서 우리는 무한한 자유를 헌납해야 한다. 무한한 자유는 왕의 자유이고 그것은 성이 없는 정지된 세계이다. 자유와 죽음은 칸트와 사드의 관계처럼 뗄 수 없는 이웃이다. 죽음과 함께 자유가 있는 곳, 주체와 타자가 공존하는 곳이 상징계이다. 주체가 자유라면 타자는 그런 자유는 없다고 주체의 환상을 뒤엎는다. 실재계는 자유 속의 타자인 죽음이다.

신은 큐피드에게 활과 화살을 주면서 눈을 감게 했다. 눈 뜨고 있는데 화살을 주면 그는 신을 쏠 것이기 때문이다. 그에게 무한한 자유를 주면 신이 그의 맞수가 된다. 상징계의 신은 맞수를 허용하지 않는다. 신들의 전쟁은 상상계에서나 있었다. 수많은 신들이 서로가 맞수가 되어 여기저기 달라붙는 것을 막기 위해 '원초적 기표'인 아버지의 이름이 존재하는 게 아닌가. 억압은 단 하나의 신을 만들어 경배하고 은총을 기다리며 질서를 만들려는 아버지의 거세이다.

그래서 눈먼 큐피드가 화살을 쏘면 아무것도 아닌 것이 오직 단 하나의 그대가 된다. 신은 큐피드의 눈을 멀게 하여 신하로 삼은 것이다. 큐피드가 눈이 먼 것은 신의 은총이다. 사랑이 제 눈에 안경이기에 세상은 에로스로 가득 차고 오류로 가득 차고 이야기로 가득 찬다. 신은 텅 빈 기표다. 프로이트가 말한 원초적 아버지를 죽이고 그 자리에 들어선 토템으로 만든 상징 체계가 신의 질서다. 원초적 아버지는 공격성을 지닌 거울 단계의 아버지이다. 그 아버지를 죽이고 만든 상징적 아버지는 거세된 주체이다. 그러므로 프로이트가 말한 문명의 시작은 라캉에게 주체의 시작이다. 둘 다 상징 질서로 들어서는 계기이다. 라캉은 정신분석을 구조주의 언어로 해석하기에 상징계라는 말을 쓰지만 그 말은 프로이트의 포르트 다 게임이나 부친 살해의 원리에서 암시를 얻은 것이기도 하다. 부친 살해는 상징 체계를 만들어내는 것이고 그것은 거울 단계의 자아를 억압한 것이다. 차이가 있다면 프로이트는 부친 살해에서 죄의식을 강조했고 라캉은 욕망이 거세에 의해 탄생됨을 강조했다. 경계 넘기를 강조한 라캉이 죄의식을 강조한 프로이트보다 더 정치적이고 사회적이다. 푸코, 들뢰즈 등이 정신분석을 사회성이 약한 보수 논리라 비난할 때 그들은 주로 프로이트를 겨냥한 것이다.

거세는 차이를 인정하는 초월적인 힘이다. 그 자체로는 텅 비었는데 순전히 차이로 기능을 발휘하는 것이 또 있다. 언어이다. 구조주의 언어는 상징계의 차이 만들기와 같다. 차이가 없는 세계는 죽음의 세계이다. 여기저기 달라붙어 공격적이 되는 자아를 분리시켜 차이를 두는 아버지의 이름이 상징계의 억압이요, 제3의 매개자다. 그렇지 않으면 서로가 서로의 신이 되고 맞수가 되는 거울 단계의 자아가 된다.[8]

영화 「L. A. 컨피덴셜」은 제3의 매개항을 잘 보여준다. 60년대 이상주의에 불타던 서부, 더 나은 미래를 약속하는 아메리칸 드림의 상징 할리우드는 야망에 가득 찬 사람들이 모여드는 환상의 도시이다. 그러나 이렇게 화려한 이상주 밑에는 마약과 매춘, 정치적인 부패가 도사리고 있고 L. A. 경찰은 범죄를 소탕하여 시민들에게 청렴한 경찰상을 보여주려 한다. 여기에 세 형사가 등장한다. 직설적인 성격의 버드 화이트는 근육이 강하여 겁주는 역할에 맞고, 빈센트는 경찰을 주제로 만드는 영화에 관여하는 유명 인사요 약삭빠른 노장이고, 액슬리는 야망과 냉철함을 지닌 머리 좋은 경위다. 그런데 카페에서 살인 사건이 일어나고 세 형사는 범인으로 지목되었던 흑인들을 체포하다가 사살했지만 석연치 않음을 직감한다.

수사반장 스미스는 세 형사를 적절히 이용하며 사건을 서둘러 마무리 지었고 개성이 뚜렷한 세 형사는 제각기 수사에 대해 의혹을 품는다. 강력계 형사이던 아버지가 범인을 추적하다가 의문의 죽음을 당했기에 경찰이 된 액슬리는 먼저 고찰

---

8) 동시대 욕망 이론가 르네 지라르는 바로 여기에서 그의 유명한 '욕망의 삼각 구조'를 만들었다 해도 과언이 아니다. 삼각 구조의 꼭지점이 제3의 매개자이다.

인 빈센트에게 손을 내밀며 도와달라고 한다. 빈정거리는 빈센트에게 아버지 이야기를 하면서 액슬리는 "롤로 토마시"라고 말을 한다. 법의 경계를 넘나들며 어딘가에 있을 아버지의 살인범에게 그가 붙인 가상의 이름이었다. 빈센트는 그를 도와 함께 수사를 시작한다. 그도 평소에 의문의 매춘 행위가 이 사건과 관련이 있다고 심증을 굳히고 있었기 때문이다. 버드 형사 역시 마약과 관련된 범죄 조직이 배후에 숨어 있다고 느끼고 나름대로 수사를 하고 있었다.

영화는 세 형사와 스미스 반장을 번갈아 비추어주며 사건을 펼쳐나간다. 도대체 누가 범인이고 어떻게 얼굴을 드러낼 것인가. 막연하게만 보이는 사건들이 갑자기 반전을 맞는다. 빈센트가 상의를 하려고 스미스 반장 집에 들렀을 때 스미스가 그를 쏘아 죽인 것이다. 그렇다면 스미스가 범인이다. 그런데 어떻게 남은 두 형사가 그가 범인인 것을 알겠는가. 바로 가상의 이름 "롤로 토마시"가 범인을 찾는 열쇠가 된다. 빈센트는 스미스의 총에 맞아 죽으면서 그에게 마지막 한마디를 던진다. "롤로 토마시." 그 말을 이상하게 여긴 스미스는 액슬리에게 혹시 롤로 토마시라는 사람을 아느냐고 묻는다. 바로 그 순간 액슬리는 놀라움을 감추며 단서를 얻는다. 그가 빈센트를 죽인 범인이다. "롤로 토마시"라는 말은 그와 빈센트밖에는 모르는 지어낸 이름이었다. 스미스가 빈센트를 죽였음을 알게 된 그는 지난 장부를 조사하고 그가 아버지를 죽인 롤로 토마시임을 깨닫는다.

치밀하게 짜인 이 영화는 지금까지의 서사가 롤로 토마시라는 가상의 이름에 의해 이루어져 왔고 범인이 액슬리의 손에 죽는 순간까지 바로 그 이름에 의해서 지속된다. 가짜 이름, 텅 빈 이름이 서사를 움직이고 인물들을 움직인다. 머리 좋은 액슬리는 가상의 이름을 지어 아버지의 원수를 갚으려 했고 노련한 고참 빈센트는 불의의 습격 앞에서 침착하게 또박또박 그 단어를 말하여 스미스의 정체가 노출되는 데 결정적인 단서를 준다. 비록 죽었지만 말 한마디로 복수를 한 것이다.

　알맹이 없는 텅 빈 이름이 이야기를 끌어가고 사건을 해결한다. 이것이 제3의 매개항, 혹은 아버지의 이름, 혹은 초월기표이다. 도대체 어디에 달라붙어야 좋을지 모르는 액슬리에게 그 텅 빈 단어가 스미스를 꼭 찍어준 것이다. 이처럼 제3의 매개자는 텅 빈 기표이지만 막강한 힘을 가진 상징계의 신이다. 그 신은 이야기를 만드는 신이다. 상징계는 언어의 세계요, 주체 속에는 죽음이 들어와 있기에 꿈을 꾸어야만 살아남는다. 꼬마 한스가 어머니와 아버지를 말과 동일시하여 공포를 느낄 때 아버지는 공포증에서 벗어나도록 이야기를 나눈다. 그리고 마침내 한스가 공포증을 극복했을 때 한스는 환상 속에서 이야기를 지어낸다. 아버지를 할아버지로 승격시키고 어머니와 결혼하는 이야기다. 수많은 신에 대한 두려움을 단 하나의 신으로 대치하는 길은 대상과 거리를 두고 환상을 창조할 수 있는 상상력이었다. 액슬리는 아버지의 원수에게 이름을 붙여주는 상상력이 있었다. 그리고 그 가상의 이름을 불렀을 때 진짜 범인인 스미스가 돌아보며 대답을 한 것이다. 이 텅 빈 기표가 바로 실재계이다. 아버지의 이름인 제3의 매개항은 실재계라는 텅 빈 공간이다. 만약 우리가 여기에서 이 텅 빈 공간을 노장사상의 도와 연결한다면 너무 지나친 비약일까. 텅 빈 무에서 하나가 나오고, 하나에서 둘이 나오고, 둘에서 만물이 나온다. 실재계에서 상상계와 상징계가 나오고 여기에서 수많은 이야기들이 나온다. 역사가 존재하고 만물이 존재한다. 상상계와 상징계를 묶어주는 실재계는 제3의 매개항이요, 도의 '무위'이다. (5장 참조)

상징계는 이름을 짓는 것이고 그 이름은 텅 빈 기표지만 삶을 끌어간다. 눈먼 기표가 욕망을 낳고 삶을 지속시킨다. 눈먼 화살이 반복과 순환을 낳는다. 아무것도 아닌 것을 단 하나의 그것으로 만드는 화살 때문에 우리는 살고 미끄러지고 또다시 살아난다. 그렇다면 반복과 순환을 일으키는 동인인 텅 빈 공간은 어떻게 형태를 바꾸는가?

3. 욕망의 미끼 — 오브제 (프티) 아

무의식은 오직 언어를 통해서, 상징계 속에서만 감지될 수 있기에 의식에서 무의식으로 퇴행할 수 있다고 가정하는 대상관계 이론은 틀렸다. 주체는 제어할 수 없는 타자를 지니고 있는데 주체의 사유를 투명하다고 믿은 데카르트의 로고스는 틀렸다. 정반을 합으로 수렴하는 헤겔의 변증법도 편집증적이다. 무의식을 고미다락쯤으로 생각하고 필요할 때마다 꺼내 쓸 수 있다고 보는 융의 사유도 맞지 않는다. 본질보다 실존

을 앞세웠지만 여전히 주체가 본질을 포착할 수 있다는 미련
을 버리지 못하는 사르트르의 실존주의도 단념하자. 대략 이
런 논지가 프로이트를 재해석하면서 분열된 주체를 강조하는
라캉의 입장이었다. 이제 그의 이론의 핵심인 욕망과 오브제
아의 관계에 대해 알아본다.

　오브제 아는 통합된 주체가 추구하는 바로 그 대상 A가 아
니다. 분열된 주체에서는 그렇게 보이지만 잡고 보면 아니라
는 뜻에서 대상 a 혹은 '오브제 프티 아(objet petit a)' 혹은 줄
여서 '오브제 아'라고 표기한다. 정신분석의 대타자는 죽음뿐
이기에 대상 a는 욕망을 부추기는 동인, 혹은 욕망의 미끼이
다. 오브제 아는 상징계에서만 나타난다. 상상계에서는 자아
와 대상이 분리되지 않기에 대상 a라는 것이 있을 수 없다. 자
아가 대타자(A)와 동일시하는 곳에서 대상은 나타나지 않는
다. 언어로 표현될 때만 오브제 아가 존재한다. 언어는 사물
자체가 아니라 사물을 지칭하는 사회적 약속이다. 자의적 체
계이다. 그러므로 그 자체가 이미지다. 이미지는 실체가 아니
라 실체의 대응물이다. 초월기표이다. 그런데 사람마다 경험
이 다르고 언어가 쓰이는 상황이 달라 하나의 언어는 많은 의
미를 갖는다. 기표는 흐르고 의미는 강물에 던진 그물로 건져
올린 물고기다. 그물 속에서 파닥거릴 때만 살아 있을 뿐 그
물을 벗어나면 죽는다. 의미는 잠정적이다. 의미는 살아 있는
물고기다. 그것이 이미지다.

　영롱한 빛깔은 생명의 빛깔이요, 그물 속의 고기처럼 살아
숨쉴 때만 가능한 아름다움이다. 그 영롱함이 이미지다. 이미

지가 사라지면 칙칙한 물체만 남는다. 우리가 악어의 가죽으로 가방을 만들고 물개의 털로 코트를 만들 때 살아 있는 악어의 신비하면서도 악마적인 피부, 살아 있는 물개의 반들반들한 털을 연상하면 안 된다. 그것들은 각자의 몸에서 떨어져 나와 생명을 잃으면 윤기를 잃은 칙칙한 물건에 지나지 않는다. 화학 약품으로 처리해서 윤을 낸다 해도 이미 그것은 물개의 털이 아니다. 같은 물개의 털이지만 살아 있을 때만이 영롱하고 우리를 매혹한다. 이미지가 우리를 유혹한다.

돈 주앙은 유명한 바람둥이다. 그는 분명히 이야기를 즐겨 듣거나 읽거나 감상하지 않은 사람이었을 것이다. 그가 책을 많이 읽는 사람이었으면 그렇게 바람을 피울 이유가 없다. 책 읽느라고 시간이 없어 그랬다는 게 아니다. 이야기, 말, 책, 영화는 상징계의 산물이다. 언어로 쓰이고 말을 통해 전달된다. 이미지의 세계이다. 이미지의 영롱한 빛에 걸려들면 실제로 그렇게 많은 여자들을 찾아다닐 필요가 없다. 이미지가 건히고 실물을 대하면 칙칙한 물체일 뿐이다. 자꾸만 실물에서 구원을 찾으려할 때 인간은 실패한다. 그렇다고 이미지 속에 너무 침잠해서 현실과의 거리를 유지하지 못해도 실패한다. 이미지와 현실 사이의 거리를 유지하는 넉넉한 주체는 그리 많은 실물들을 필요로 하지 않는다. 그래서 독서를 많이 한 사람이 삶에서 실패를 덜 한다.

라캉은 말한다. 남근이란 페니스에 베일을 씌워 영롱하게 만든 것이라고.(E. 320) 남근은 이미지이고 페니스는 실물이다. 그러기에 남근이 훨씬 더 막강하다. 비록 텅 비었지만 그것은 초월기표이고 "롤로 토마시"처럼 서사를 끌어가고 범인을 골라낸다. 롤로 토마시는 이미지요 남근이다. 액슬리의 죽은 아버지는 살았을 때보다 더 강력한 힘으로 스미스를 잡는다. 이것이 아버지의 이름이다.

포르트 다 게임을 하던 프로이트의 손자가 18개월이라는 것에서 상징계의 출발점을 잡은 것은 그 아이가 이미지를 창조했기 때문이다. 무엇이 이미지인가. 바로 아이가 당겼다가 던지고 다시 당겼다가 던지던 실패다. 실패는 아이가 애타게 기다리는 어머니다.(S11, 62) 아이는 어머니를 기다리면서 그 두려움을 놀이로 채울 줄 알게 된 것이다. 보인다, 안 보인다를 반복하면서 텅 빈 공허를 능동적인 이미지로 가득 채운다. 아이는 자신이 조종할 수 없는 어머니를 실패로 대체하여 마음껏 조종한다. 텅 빈 기표의 위력이요, 이미지의 위력이다. 사실 어머니가 돌아와 봐야 마음껏 조종하는 놀이보다 재미없다. 18개월에 아이는 이미 실패를 어머니로 대체할 수 있는 판타지의 주체가 된 것이다.

사랑을 할 때 늦추었다 당겼다 줄다리기를 하는 이유도 대타자와의 만남을 늦추고 그 공간에 이미지를 창조하려 하기 때문이다. 보인다, 안 보인다를 반복하면서 어머니가 오기를 기다리는 것이다. 만나고 헤어지고 다시 만나고 헤어지는 것이 사랑을 지속시킨다. 계속 만나는 것은 안 만나는 것과 같다. 임금님의 머리를 깎는 이발사는 새로 즉위한 왕의 귀가 당나귀처럼 크다는 것을 보았다. 왕은 절대 누구에게도 발설하면 안 된다고 명령했지만 이발사는 생각할수록 괴상해서 입을 다물고 있을 수가 없었다. 말을 못하니 마음의 병이 생겼고 그는 할 수 없이 아무도 없는 대나무 숲속의 움푹 파인 구멍에 대고 소리를 쳤다. 그런데 바람이 불 때마다 그 대나무 숲에서 "임금님의 귀는 당나귀 귀"라고 외치는 소리가 들렸다. 그 소리는 신의 말씀처럼 신비하게 들렸다. 억압되었기에 영롱하게 살아나 비밀스러운 계시가 된다. 박해를 받아야 영웅이 되는 논리와 같다. 억압이 그를 영웅으로 만든다. 그래서 영웅은 억압이 사라지면 영롱함이 사라지고 소시민과 다를 바 없어진다.

억압은 베일을 씌워서 영롱하게 만드는 상징계의 선물이다. 그것은 실물을 이미지로 만들어 욕망을 일으키는 대상(a)으로 만들기도 하고 또 반대로 우리의 시각을 흐려놓아 미혹(lure)을 낳기도 한다. 미혹이란 무엇인가. 흐릿해서 제대로 볼 수 없는 것이다.

이미 시작부터 우리는 시선과 응시의 변증법 속에서 만남이 아니라 그 반대로 미혹을 본다. 사랑에 빠지면 나는 바라봄을 갈구한다. 그러나 그건 너무나 실망스럽고 언제나 어긋난다—너는 결코 내가 너를 보고 있는 곳에서 나를 보아주지 않는다.
마찬가지로 내가 바라보는 것도 결코 바라보고 싶어 하는 것이 아니다. (S11, 102-103)

시선과 응시의 교차 속에서 나는 대상을 있는 그대로 볼 수가 없다. 라캉은 이것을 "깡통도 나를 바라본다."라고 말한다.

여름날 바다 위에 떠 있는 정어리 통조림 깡통이 나를 보고 있다. 나는 깡통을 있는 그대로 보는 것이 아니라 햇빛이 흰 알루미늄 깡통에 반사되어 깡통이 보내는 빛과 나의 시선이 교차되는 어느 지점에 떠 있는 이미지를 본다. 연인을 바라볼 때도 마찬가지다. 연인의 응시와 나의 시선이 교차되는 지점에 이미지가 생긴다. 응시가 미혹을 낳는다.

응시란 시각의 영역으로 흘러 들어온 주이상스이다. 상징계에서도 상상계의 꿈을 버리지 않는 타자가 시각의 영역에 나타나는 것이 응시다. 주체는 여전히 응시라는 짐승의 눈으로 본다. 보여짐이 가장 많이 작용할 때가 에로스의 영역이다. 부모를 만날 때는 외모에 그리 신경을 안 쓰지만 연인을 만날 때는 화장과 치장에 긴 시간을 소모한다. 언어가 가장 의미를 제대로 전달하지 못하는 경우가 연인의 담론이듯이 미혹이 가장 많이 개입되는 경우도 연인 사이다. 에로스는 이래저래 가장 거짓말을 많이 한다.

프로이트의 「본능과 그 변천들」은 무의식 속의 충동 혹은 주이상스가 상징계에서 어떻게 모양을 바꾸며 살아 있는지 설명한 글이다. 바라봄은 대상을 향해 투사되면서 보여지고 싶은 욕망이 된다. 관음증과 노출증이다. 관음증은 몰래 나 혼자 보는 데서 오는 쾌감이고 노출증은 대상에게 보여지는 데서 오는 쾌감이다. 관음증은 대상과 구별이 없이 하나가 되고 싶은 시선이다. 소유의 시선이다. 노출증은 내가 바라보는 만큼 너도 보아달라는 욕망의 시선이다. 그래야 둘이 하나가 되기 때문이다. 원래 바라봄과 보여짐은 하나였고 구별이 없었다. 그런데 상징계로 들어와 구별이 생기고 그래도 여전히 하나됨을 갈망하는 게 에로스이기에 관음증과 노출증은 사랑의 영역에서는 하나이다. 마치 사디즘과 마조히즘이 하나인 것과 같다.

사디즘이 마조히즘이요, 관음증이 노출증이기에 사랑은 사랑 받는 나를 보고 싶은 욕망이다. 이것이 거울 단계가 상징계에 들어와서 나타나는 타자의 소망이다. "나는 자신을 바라보는 나 자신을 본다."(S11, 80) 주체의 분열은 억압한 상상계가 타자로 들어와 있기에 일어난다. 응시는 상징계에 들어온 타자이다.

밀턴의 『실낙원』에서 아담이 선악과를 먹은 후 자신의 몸이 보여지는 것을 알고 수치심으로 몸을 가린 것은 주체의 반응이고 다음 순간 처음으로 정욕을 느끼는 것은 타자의 반응이다. 수치심은 보여지는 세계에서 주체가 느끼는 양심이다. 정욕은 주체가 제어하지 못하는 상상계의 여분인 실재계에 속한다. 바라봄과 보여짐이 하나라고 믿기에 대상을 공격하여 파괴하려는 사디즘적 욕망이다. 이것이 응시다. 사르트르가 열쇠 구멍으로 무언가를 들여다보다가 흠칫 놀랄 때 그는 주체의 반응과 타자의 반응을 동시에 드러낸다. 들여다보는 것은 관음증으로 타자의 반응이고 수치심으로 흠칫 놀라는 것은 주체의 반응이다. 보여진다는 것이 주체에게는 양심으로 작용하지만 타자에게는 노출증이기에 쾌감을 낳는다. 주체는 대상을 인정하고 대상에 거리를 두지만 타자는 대상과 하나라고 믿는 환상을 갖기 때문이다.

라캉은 열쇠 구멍을 들여다보다 흠칫 놀라며 수치심을 느끼는 사르트르의 타자를 두고 이렇게 말한다. "이 경우의 응시는 상징계의 대타자의 위치에 선 내가 상상하는 응시다." (S11, 84) 상징계의 대타자는 양심을 지닌 주체다. 내가 주체의 위치에 서서 타자를 드러내는 나를 바라보는 경우에는 놀라움과 수치심을 느낀다. 이것이 주체의 자기 반성이다. 이와 반대로 타자의 자리에 선 응시는 공격적이다. 응시는 이렇게 주체와 타자 가운데 어느 쪽에 서느냐에 따라 양심으로 나타나기도 하고 공격성이나 질투로 나타나기도 한다.

라캉은 응시를 "현실 속에서 본 꿈"이라고 말한다. 장자는 나비가 되는 꿈을 꾸었다. 무슨 뜻인가? "그는 현실에서 나비를 응시한다."

장자가 깨어났을 때 그는 자신에게 물었다. 나비가 장자 꿈을 꾸었는가. 그는 정말로 옳았다. 두 배로 옳았다. 첫째 그는 그가 미치지 않았다는 것을 증명한다. 그는 자신을 완벽하게 장주와 동일시하지 않는다. 둘째로 그는 그가 얼마나 옳은지 충분히 알지 못한다. (S11, 76)

장자는 나비가 되는 꿈을 꾸고 자신에게 물었다. 장자가 나비 꿈을 꾸었는가, 나비가 장자가 되는 꿈을 꾸었는가. 장자는 나비의 응시를 본다. 장자는 주체이고 나비는 억압된 거울 단계이다. 거울 단계에서 인간과 나비는 하나였다. 그 착각과 오인이 상징계 속에서 여전히 응시로 나타난다. 그래서 응시는 현실 속에서 본 꿈(나비)이고 인간의 삶에는 꿈이 필연적으로 들어와 있다.

프로이트의 '늑대인간'이 늑대가 나무에 앉아 자신을 똑바로 바라보는 꿈을 꿀 때 그도 역시 늑대를 응시한다. 거울 단계에서 그는 늑대였다. 그것이 억압되면 늑대가 자신을 바라보는 형상을 취한다. 늑대의 꿈은 노란 줄무늬가 있는 나비의 꿈으로 반복된다. 장자의 나비 꿈은 늑대인간의 줄무늬 나비 꿈과 같다. 둘 다 상징계로 들어온 잉여 주이상스이고 둘 다 주체 속에 자리잡은 실재계라는 타자이다. 응시를 지나치게 의식하면 주체는 증발하고 응시만 남는 웃지 못할 일이 일어난다. 허영심이 가득 찬 사람들이나 프로이트의 '쥐인간'처럼 모든 일에 결정을 내리지 못하는 강박증 환자의 경우다. 남의 말에 너무 민감한 옛날 어느 임금은 벌거벗고도 세상에서 제일 좋은 옷을 입었다고 착각했다. 노출증의 극치이다. 응시의 농도는 이처럼 살아가는 데 중요하다. 주체와 타자는 이웃으로 공존해야 한다. 타자를 인정하지 않으면 도착증이 된다. 환상을 제거한 삶이란 죽음이기 때문이다. 주체를 인정하지 않으면 정신병자가 된다. 환상이 없으면 주체는 거짓말조차 하지 못한다.

흉내 내기(mimicry)와 위장의 수법은 응시를 이용한 전략들이다. 전쟁시 적군을 무찌르기 위해 적군과 닮게 위장하는 것이 흉내 내기의 전략이다. 간첩의 경우 그는 적군 속에 진입하여 적군과 똑같이 행세하지만 그 닮음은 적군을 전복하기 위한 것이다.

흉내 내기는 뒤에 있는 것 그 자체와 구분되는 한에서 의미를 지닌다. 흉내 내기의 효과는 순전히 기술적인 의미에서 감추기이다. 그것은 배경과 조화를 이루기 위한 게 아니라 얼룩덜룩한 배경에 저항하여 얼룩덜룩해지는 것이다. 인간의 전쟁에서 행해지는 위장 전술과 똑같다. (S11, 99)

흉내 내기는 배경과 다르다는 것을 감추기 위해 배경과 같아지는 것이며 배경을 전복하기 위한 것이다. 그러므로 흉내 내기는 응시의 산물이다. 거울 단계에서 자아는 대상과 똑같다고 착각한다. 그러나 그 둘은 사실은 맞수이다. 공격성을 감추고 있는 닮음. 이것이 거울 단계의 자아와 이상적 자아이다. 위장이나 감추기는 맞수이거나 연인 관계일 때 잘 나타난다. 연인은 닮고 싶은 자아이상이면서 동시에 파괴하여야 할 맞수이다. 이것이 전복하기 위해 닮는 흉내 내기이다.

호미 바바(Homi BhaBha)는 라캉의 흉내 내기에서 탈(후기)식민주의 이론을 만들어냈다. 영국이 인도를 지배할 때 인도인들은 자신들의 이익에 맞는 부분들만 닮고 그렇지 않은 부분들은 닮는 척했다. 영국인들은 자신들의 문화를 이식하여 미개인을 문명인으로 개화시킨다는 명목으로 식민주의를 내세웠으나 그들의 꿈은 무산된다. 인도인들은 닮는 척하거나 얼룩덜룩하게 닮았고 영국인들은 "나를 닮되 나의 권력은 안 돼."라는 식으로 교화했다. 산뜻한 이식의 꿈은 혼란만 낳고 끝난다.

응시가 주체의 입장에 서지 않고 타자의 입장에 선 것을

"사악한 눈"이라고 말한다. (S11, 115) 공격성에 가득 찬 아이의 시선이 어른 속에도 있다는 것이다. 갓 태어난 동생이 어머니의 젖을 행복한 표정으로 빨고 있을 때 형은 그 아기를 죽일 듯한 시선으로 바라본다. 이것이 최초의 부러움, 혹은 질투이다. 라캉은 주이상스가 최초의 질투로 대치된다 하여 "jealouissance"라는 낱말을 만들었다. (S20, 100) 주이상스와 질투를 합친 조어이다. 오브제 아를 가진 동생을 응시하는 형의 모습은 인류 역사상 가장 치열한 질투가 형제지간의 것임을 연상케 한다.

응시는 그저 눈의 차원에 존재하는 게 아니다. 눈은 나타나지 않을 수도 있고 마스크를 쓸 수도 있다. 응시는 반드시 동료의 얼굴인 것도 아니다. 그것은 단순히 그 뒤에서 그가 우리들을 기다리고 있으리라고 가정되는 창문일 수도 있다. 그것은 주체가 대상이 되어 마주하고 있는 대상인 "an x"이다. (S1, 220)

응시는 대타자에 의해 보여지는 나를 보는 것이다. 그리고 이때 보여지는 나를 부풀리는 경우는 연인이나 맞수와 마주볼 때이고 왜소해지고 수치심을 느낄 때는 아버지의 법 앞에 설 때이다. 그러므로 대상 x는 응시를 유발하는 오브제 아이다. 응시는 오브제 아를 낳고 오브제 아는 응시를 유발한다. 둘은 서로 뗄 수 없는 관계이다. 이것이 응시로서의 오브제 아이다. "시각의 영역에서의 '오브제 아'가 응시이다." (S11, 105) 나비는 장주가 되고 싶고 갖고 싶은 오브제 아이다. 그리고 장주는 나비의 응시를 알기에 자신을 어느 한쪽에만 일치시키지 않는다.

우리는 무심코 사랑에 빠지고 그 이유를 설명하지 못한다. 그러나 기억하지 못하는 어릴 적의 상흔이 반복되거나 자신이 되고 싶었고 자신을 돌봐준 사람의 모습이 반복되는 경우는 아닐까. 그래서 연인은 아기 같으면서 동시에 아버지나 어머니 같은 양면성을 지닌다. 특정한 타입이 반복된다 하여 라캉은 이것을 "단일 성향(unary trait)"이라 부른다. 사랑에 빠질 때마다 실패를 반복할 경우도 바로 이런 특정 타입에 실패하는 것이고 어머니와 전혀 다른 여자를 원하던 남자도 결국 어딘가 어머니와 비슷한 여자를 선택한다. 여자의 경우도 마찬가지다. 자신을 알아주고 배려해 주는 남자를 원하면서도 동시에 아기같이 철없는 사람에게 매력을 느끼는데 이것을 모성 본능이라고 말하기도 한다. 이렇듯 첫사랑의 연인조차 원본이 아니라 이미 반복이다.

에로스의 두 속성인 돌봐주려는 애정 성향과 동일시하는 나르시스적 리비도에서 성의 쾌감은 어느 편에 속할까. 물론 나르시스적 동일시이다. 그래서 프로이트는 이것을 관능 성향(sensual current)이라 했다. 대상과 하나가 되려는 소망이 성 본능이다. 그것이 외부의 자극을 줄이고 만물이 하나 되던 최초의 주이상스로 돌아가는 길이기 때문이다. 사디즘과 마조히즘, 관음증과 노출증 등 파괴적인 공격성이 모두 여기에 속한다. 이성은 신사 숙녀를 원하지만 본능은 짐승 같은 폭력을 원한다. 주체는 교육받고 선한 사람을 원하지만 타자는 공격적이고 도발적인 짐승을 원한다. 에로스가 지닌 이 모순이 우리를 사랑의 실패자로 만들기 쉬운 부분이다.

응시 역시 그런 모순을 지니기에 응시의 쾌락은 내가 보여지는 노출증에 있다. 노출증이란 단순히 알몸을 드러내는 병이 아니다. 그것은 연인이 욕망의 눈으로 '바라보는 나 자신을 보려는' 욕망이다. 성의 쾌락은 '사랑받는 나를 바라보는 나'에서 나온다. 이것이 나르시스적 소망이다. 우리가 사랑을 주는 것이라고 착각할 때 우리는 실패하기 쉽다. 그것은 주체의 소망이다. 우리에게는 주체를 전복하는 잉여 주이상스인 실재계가 있다. 이 타자는 나르시스적 소망을 버리지 않기에 사랑받지 못하면 증오와 공격성을 드러낸다.

오브제 아는 '사랑받고 싶은 나 자신'이다. 그래서 연인의 모습에서도 자신만을 본다. 대상을 향한 나의 응시가 만든 미혹의 결과물이요, 에로스의 두 속성인 애정 성향과 관능 성향을 모두 지닌 것처럼 보이는 내 모습이다. 오브제 아는 만물이 하나임을 꿈꾸던 충동(주이상스)이 모여든 장소이고 욕망을 만들어내는 미끼이다. 그것은 근원적인 소외, 즉 상징계의 억압으로 남은 거울 단계의 여분인 실재계가 변신한 특권적 대상이다.(S11, 83) 오브제 아는 욕망의 신기루 속에서 멀리 보이는 오아시스이다.(S11, 270)

상실한 남근의 모습으로 완벽한 쾌락을 줄 것처럼 유혹하는 욕망의 미끼는 연인뿐 아니라 우리에게 삶의 의미를 주는 미혹의 대상들이다. 인생의 목표, 연인, 유행하는 옷, 소비 사회의 상품들, 우리를 사로잡는 스타…… 오브제 아는 어느 시대에나 있었지만 상품 사회, 미디어 사회에서 가짜의 폭은 예전보다 크다. 소위 부가가치가 큰 것일수록 실체와 허상의 차이가 크다. 이미지를 만들어 우리에게 그것만 있으면 결핍이 충족될 것 같은 환상을 주기 때문이다. 농경 사회는 흙에 가치를 두었지만 현대 소비 사회는 오브제 아로 가득 차 있다. 페티시즘으로 가득 찬 사회다.

페티시즘은 어머니가 남근을 갖지 않았다는 사실을 알고도 그 사실을 받아들이지 못하는 경우다. 아이는 남근의 대체물을 가짐으로써 거세를 거부하는데 그때 그 대체물 역시 일종의 오브제 아이다. "페티시(fetish)는 오브제 아의 특별한 경우이다."(Krips, 29) 페티시는 거세의 산물이요 응시에 의해 창출된 가치이지만 오브제 아보다 한 단계 낮다. 페티시는 오브제 아처럼 보이는 자질구레한 물건들에 매달린다. 그러나 오브제 아는 상징계에서 주체가 존재의 의미를 갖기 위해, 꽃이 되기 위해 이름을 불러준 대상이다.

사랑의 윤리는 '사랑은 주는 것'이라는 주체의 음성, 상징계의 가르침이 전부가 아님을 아는 것이다. 그 음성을 무너트리는 내밀하고 사악한 타자의 시선을 아는 것이 윤리다. 사랑은 바로 너 그 자체만을 사랑한다고 말하는 것이 아니다. 사랑은 너에게 부가된, 내가 살기 위해 너에게 덮어씌운 너 아닌 그 무엇(a) 때문에 널 사랑한다고 말하는 것이다. 그것이 오차를 줄이는 길이다. 만일 너 때문에 너를 사랑한다면 나는 너와 하나가 되기 위하여 너를 파괴하는 수밖에 없기 때문이다.

라캉은 사랑(amour)과 벽(mur)을 합쳐서 amur라는 말을 만들기도 했다.(S20, 4) 사랑 속에 벽이 들어 있음을 아는 것이 윤리다. 너와 내가 하나 되고 싶은 에로스의 소망을 가로막는 벽, 사랑을 건널 수 없고 통할 수 없는 벽으로 만드는 그 무엇이 오브제 아이고 바로 그것 때문에 우리는 사랑에 빠진다. 너를 사랑하는 이유가 너를 증오하는 이유인 것을 알 때 우리는 에로스의 파괴적인 마력에서 조금은 자유로워질 수 있다.

4. 부분충동들, 혹은 잉여 주이상스——응시, 음성, 젖가슴, 대변

아무것도 아닌 것이 모든 것이 되고 평범한 것이 '바로 그 것(the Thing)'이 된다. 죽음은 아무것도 아닌 무의 세계이고 만물은 평범한 것이다. 그런데 그것이 상징계의 억압에 의해 베일을 쓰고 욕망의 미끼가 된다. 속임 그림은 욕망의 동인인 오브제 아가 어떻게 나타나는지 보여주는 예이다. 제우시스와 패러시오스는 누가 더 실물같이 그릴 수 있는지 내기를 했다. 제우시스는 자신이 그린 포도나무에 새들이 날아와 쪼아대자 의기양양해서 말한다. "자, 내 그림이 얼마나 진짜같이 보이는지 알겠지요? 이제 베일을 걷고 당신의 그림을 볼까요?" 제우시스는 고개를 돌리고 패러시오스가 베일을 걷고 알맹이를 보여주기를 기다린다. 그런데 패러시오스가 그린 그림은 바로 그 베일이었다.(S11, 103) 포도나무는 새의 눈을 속였지만 베일은 사람의 눈을 속인다. 그 차이는 어디에 있을까. 라캉이 예를 든 이 유명한 일화를 조금 더 풀어보자. 짐승의 눈에 진짜

같이 보인 것은 포도였지만 사람의 눈에 진짜같이 보인 것은 베일이었다. 사람의 눈이 짐승보다 못한 게 아닌가. 홀로 사는 메뚜기는 바라보기만 해도 군집 메뚜기가 된다. 짐승은 바라보기만 해도 성 샘이 작동한다. 그러나 인간은 연인에 의해서 보여질 때만 성욕이 증진된다. 사람에게만이 언어의 세계, 아버지의 법에 의해 거세되었기에 미혹이 작용한다. 베일이 진짜처럼 보인다는 것은 이미지를 진짜로 보는 것이다. 살아 있는 원초적 아버지보다 토템이 된 죽은 아버지가 더 큰 힘을 지닌다. 이것이 상징계요, 이미지의 세계이다. 진짜처럼 보인 패러시오스의 베일 뒤에는 아무것도 없었다.

아무것도 없는데 단지 베일에 가려 있기에 알맹이가 있다고 믿는 것이 짐승과 다른 인간의 눈이고 이것이 응시이다. 베일이란 무엇인가. 주이상스의 억압이고 거세이고 금지이다. 금지가 오히려 욕망을 불러일으킨다. 베일은 그 뒤에 아무것도 없는데 그것을 걷으면 진짜가 나올 것 같은 환상을 주었다. 제우시스는 베일에 의해 보여진다. 베일은 오브제 아를 만드는 텅 빈 '원초적 기표'이다.

보여짐을 모르기에 짐승은 응시도 환상도 오브제 아도 갖지 않는다. 짐승에게는 정신병도 신경증도 도착증도 없다. 미친 닭은 없는데 미친 개가 있는 것은 개가 조금 더 지능이 높기 때문이다. 그러나 개에게도 환상은 없다. 더 나은 음식, 더 좋은 주인을 찾는 개는 없다. 배반을 모르는 개에게 한번 주인은 영원한 주인이다. 그러나 인간은 배반에 능숙하다. 그토록 사랑하던 연인들이 결혼식장에서 베일이 걷힌 뒤 얼마 못 가서 미워하거나 헤어지는 경우는 흔하다. 베일이 오브제 아를 만드는 예다.

만약 새가 자신의 모습을 그린다면 털이 하나도 없는 새를 그릴 것이고, 뱀이 자신을 그린다면 비늘이 없는 뱀을 그릴 것이고, 나무가 자신을 그린다면 잎새가 하나도 없는 나무를 그릴 것이라고 라캉은 말한다. (S11, 114) 무슨 뜻일까. 두 가지로 생각해 볼 수 있다. 짐승에게는 응시가 없기에 우리가 보는 모습과 다르게 본다. 미혹이 없는 시선으로 자신들을 볼 것이다. 또 다른 해석은 인간은 잎새나 털로 몸을 가려서 자신을 응시하게 만들지만 짐승이나 나무는 몸을 가리지 않는다는 뜻이다. 자연은 언어를 사용하는 상징 체계에 속하지 않기에 억압이나 금지, 거세를 모른다. 그러므로 털이나 나뭇잎으로 몸을 가리지 않고, 헛것을 짚지 않는다. 야망도 절망도 없다. 개에게는 한번 주인이 영원한 주인이요, 새는 언제나 똑같은 집을 짓고, 나무는 한결같이 한 줌의 흙에 발을 딛고 같은 자리에 서 있다. 자연은 속임 그림을 그리지 않는다. 그래서 정확하다. 흙에서 태어나 흙으로 돌아간다는 것을 알기 때문이다.

홀바인이 그린 「대사들」에서 가운데의 길쭉한 물건은 바로 보면 남근처럼 보이는데 고개를 약간 꼬면 해골로 보인다. 도대체 남근과 해골이라니 둘 사이의 거리는 너무도 멀지 않은가. 홀바인은 이런 그림으로 무엇을 말하려 했고 라캉은 이 그림을 왜 중요시하는가. 남근이란 우리의 욕망을 완벽히 충족시킬 것처럼 보이는 원초적 기표요 진리이다. 남근이나 진리의 본래 모습은 아무것도 아닌 해골이다. 무(nothing)이다. 무는 죽음이다. 만물이 하나 되는 흙이다. 흙은 만물이 모이는 중심이다. 텅 빈 공간이다. 이 무에서 음과 양이 태어나고 음양의 조화에서 만물이 태어난다. 흙은 정신분석이나 도에서 똑같이 만물이 순환하는 공간이다.

남근처럼 보일 때가 상상계 속에서 볼 때이고 돌아서다 힐 긋 해골을 보게 되는 것이 실재계의 순간이다. 실재계의 본질은 죽음이다. 해골을 남근으로 보는 것이 응시이다. 라캉이 그토록 선호하는 왜곡된 상이란 상상계에서 상징계로 들어가 실재계를 경험하는 것이다. 홀바인은 르네상스가 창조한 이성의 산물들이 남근처럼 보이지만 사실은 헛되고 헛된 무에 지나지 않는다는 것을 암시하려 했던 게 아닐까. 이성 속에 타자가 있다는 암시라면 홀바인의 「대사들」은 주체에 관한 혁신적인 그림이었다.

라캉은 달리의 녹아내리는 시계나 마그리트의 초현실주의 그림들을 좋아했다. 마그리트의 「강간」을 보자. 정면으로 보면 여자의 얼굴이다. 그런데 얼핏 다시 보면 여자의 나체이다. 얼굴을 보면서 동시에 벗은 몸을 생각하니까 강간이다. 왜 성희롱이라고 지탄받지 않고 예술이 되는가. 초현실주의자들은 그런 그림을 통해 인간의 무의식을 그리려 했다. 억압한 무의식이 더 강한 성욕을 낳는다거나 무의식이 여전히 상징계 속에 들어와 있음을 보여주어 의식의 투명성을 와해하려 했다. 착각에서 벗어나는 것이 폭력을 줄이는 길이라고 생각했다. 의식 속의 무의식을 그리려는 것이 그들의 새로운 패러다임이었기에 「강간」은 성희롱이 아니라 예술 작품이 된다. 그렇다면 그림의 목적은 재현이 아니라 숨은 무의식을 드러내어 서로가 짐승이 되지 않도록 조심하게 하는 데 있다. 라캉은 이것을 응시의 길들임, 혹은 응시 내려놓기라고 말한다. (S11, 101, 109, 111-112)

응시를 내려놓는다는 것이 무슨 의미인가. 사랑이 지닌 파괴욕, 얼굴을 보면서 벌거벗은 몸을 상상하는 사악한 눈이 주체의 피할 수 없는 잉여물이라는 진실을 받아들이는 것이다. 응시 내려놓기는 노장사상에서 말하는 '무위'의 길이다. 무위란 사물이 지닌 양면을 깨닫고 어느 한쪽에 치우치지 않는 도리이다. 주체와 타자는 서로 반대지만 이 둘이 공존해야 도착증이나 편집증을 막을 수 있다. 음과 양이 공존해야 만물이 순환하는 것과 같다.

응시를 낮추어 몸을 욕망의 대상이 아닌 만물의 일부로 그린 화가가 있다. 당시의 나체화는 여자의 몸을 밀실에 가두고 베일에 감춘 듯이 그려서 관객의 응시를 높이려 했다. 고갱은 아무것도 걸치지 않은 타히티 섬 여자들의 몸을 그렸다. 유럽 나체화가 부드럽고 흰 살결을 그렸다면 그는 햇볕에 검게 타고 근육이 그대로 드러나는 원시적인 몸을 보여준다. 「망고를 들고 있는 여자」를 보면서 여자에게 성욕을 느끼는 관객은 드물다. 젖가슴보다 그녀가 들고 있는 망고에 더 눈길이 간다. 아니 망고와 그녀의 젖가슴은 큰 차이가 없다. 그저 둘 다 자연의 일부로 보인다. 고갱의 나체화는 문명의 억압을 벗어던진 육체는 욕망의 대상이 아니라는 것을 증명한다. 커튼으로 반쯤 가려진 침실 안에 있는 부드러운 살결의 여자가 '속임 그림'이라면 고갱의 타히티 여인들은 베일 뒤에는 아무것도 없다는 것을 드러낸다. 이것이 응시를 내려놓는 화법이다. 이 것이 그를 독창적인 화가로 만든다.

응시란 시각의 영역에서 드러나는 잉여 주이상스, 혹은 부 분충동이다. 그러면 다른 영역에서 상징계의 여분이 된 충동 에는 어떤 것들이 있는가. 거울 단계 이전의 파편화된 몸으로 서의 존재, 그리고 거울 단계에서 자아를 완벽하다고 착각하 던 때의 속성들은 언어가 개입하기 이전의 것들이다. 자연과 하나라고 믿던 시절의 기억들, 예를 들면 어머니의 젖가슴에 묻혀 젖을 빨던 기억, 대변을 볼 때 느낀 쾌감, 자장가를 불러 주던 어머니의 음성, 자신의 옹알이, 빗소리, 바람소리, 물소 리……. 이런 것들이 만물과 하나라고 느끼던 시절의 아늑한 쾌감들이다.

라캉은 응시 외에 음성(혹은 소리), 젖가슴, 대변 등을 부분 충동으로 본다.(S11, 104) 그리고 이런 부분충동들은 나르시스 적 쾌감의 기억들로 성감대가 되는데 모두 몸의 갈라진 틈새 나 경계선들이다.(E, 314) 응시는 눈이고 음성은 목구멍이고 젖가슴은 입술이 닿는 틈새이며 대변은 항문이다. 갈라진 틈 새가 성감대가 되는 것은 자신의 몸과 대상이 하나가 될 가능 성들을 지닌 곳이기 때문이다.

프로이트는 리비도에 해당하는 단어로 "trieb"라는 단어를 썼는데 제임스 스트래치가 영어로 번역할 때 이것을 본능 (instinct)이라고 옮겼다. 라캉은 본능보다 충동(drive)으로 옮

길 것을 원한다.(E. 301) 본능은 짐승들도 지닌 것이다. 그러나 인간의 본능은 짐승과 달리 언어의 세계로 들어오면서 억압되어 여분으로 변형된다. 이것이 잉여 주이상스이다. 그렇다면 아버지의 법과 언어의 지배를 받아 변형되는 리비도를 그런 변형을 일으키지 않는 짐승의 리비도와 같게 볼 수는 없다. 그래서 라캉은 본능이라는 단어 대신 충동이라는 단어를 주장한다.

부분충동이란 상징계에 진입한 충동, 즉 잉여 주이상스이다. 이 억압된 리비도가 아름답고 영롱하게 빛나는 오브제 아를 만들어낸다. 부분충동들이 모여든 대상이 우리를 유혹한다. 죽었을 때는 칙칙한 이구아나가 살아서 영롱한 빛을 내는 것이 상징계에서 우리를 유혹하는 욕망의 미끼다. 상상계의 충동은 죽음충동이었고 상징계의 욕망은 삶충동이다. 반복은 죽음에 저항하는 삶충동이지만 죽음이라는 공간이 없으면 존재하지 못한다.

오브제 아로서 응시와 음성은 부분충동들 가운데 가장 많이 논의되는 부분이다. 젖가슴이나 대변이 몸 그 자체의 충동인데 비해 응시와 음성은 상징계와 밀접하게 연결되어 있기 때문에 그만큼 환상의 폭이 크고 미혹의 원인이 된다. 욕망에 찬 그윽한 눈길과 낮고 부드러우며 절제된 음성은 대단히 성적일 뿐 아니라 카리스마의 원천이다. 응시는 시각의 영역에 나타난 충동이고 음성은 언어에 달라붙어 의미를 좌우하는 말의 여분이다. 음성은 말에 달라붙은 욕망의 소리이다. 상징계 속에서 듣는 상상계의 소리이다. 현실 속에서 듣는 꿈속의 소리가 오브제 아로서의 음성이다. 연인에게서 듣는 말, 그리고 내가 연인에게 들려주는 말은 현실의 말이 아니라 꿈속의 말, 상상계의 말이다. 사랑은 연인의 말이 곧 내 말이고, 내 말이 연인의 말이기에 지속된다. 사랑은 연인에게 들려지는 내 말, 단어에 붙은 충동의 소리를 듣는 것이다. 그래서 말이 끝날 때 사랑도 끝난다. 사랑은 연인에게 보여지는 나를 보려는 충동일 뿐만 아니라, 연인에게 들려지는 나를 들으려는 충동이기도 하다.

응시의 예로 장주의 나비 꿈을 든다면 음성의 예로 프로이트의 꿈 이야기를 들 수 있다. 죽음을 앞둔 아들의 병상을 오랫동안 지킨 아버지는 아들이 죽자 침상을 다른 사람에게 잠깐 맡기고 옆방으로 가서 눈을 붙인다. 그때 아버지는 꿈을 꾸었다. 꿈속에 나타난 아들은 "아버지, 제가 불에 타고 있는 게 안 보이세요?"라고 원망하듯이 외쳤다. 깜짝 놀라 눈을 뜬 아버지는 옆방에서 시트가 불에 타는 소리를 듣는다. 달려가 보니 침상 옆에 세워둔 촛대가 쓰러지면서 시트에 옮겨 붙어 아들의 팔이 불에 타고 있었다. (S11, 70)

프로이트는 이 꿈을 아들이 살아나기를 바라는 아버지의 소망으로 풀이했다. 꿈속에서 아들은 분명히 살아서 아버지에게 외쳤던 것이다. 옆방에서 실제로 불이 났고 꿈속에서 아들은 살아서 외쳤다. 이것이 상징계 속에 들어온 상상계의 음성이다. 상상계란 꿈을 꾸는 것이다. 오브제 아가 충동의 대상이요 잡으면 미끄러지는 허상인데 그것을 위해 모든 열정을 바치는 우리는 꿈을 꾸고 있는 것이다. 열정을 바칠 대상이 없으면 인간은 살기 힘들다. 꿈이 없는 현실은 죽음 그 자체이다. 꿈을 빼면 인간은 아무것도 아니다. 그저 숨 쉬는 살덩어리에 지나지 않는다. 꿈은 주체를 살게 하는 타자이다. 타자는 주체의 산뜻한 기획을 무산시키지만 그런 기획조차 타자가 없으면 나올 수가 없다. 꿈속에서 듣는 아들의 음성은 아버지를 살게 하는 오브제 아이다.

아들의 음성을 들으면서 아버지가 퍼뜩 눈을 뜬 것은 옆방의 부스럭 소리 때문이었다. 꿈속의 불이 현실에서도 타고 있었다. 아버지는 꿈에서 깨어나고 싶지 않았다. 꿈에서 깨어나 그가 직면해야 하는 것은 아들의 죽음이었다. "아버지, 제가 불에 타고 있는 게 안 보이세요?"라는 아들의 외침을 그는 계속 듣고 싶었다. 우리는 모두 꿈에서 깨어나기를 원치 않지만 현실은 그것을 허락하지 않는다. 그는 옆방의 불을 꺼야만 하고 아들의 죽음에 직면해야 한다. 그것이 실재계다. 아버지는 꿈속에서 듣던 음성이 해골인 것을 경험해야 한다.

아버지가 아들의 외침을 더 듣고 싶어 할 때 그는 부스럭 소리를 듣는다. 옆방에서 시트에 불이 옮겨 붙는 소리다. 아들의 외침은 오브제 아이고 그를 현실로 돌아오게 만든 부스럭 소리는 실재계이다.

오브제 아로서의 음성은 아무것도 아닌 것을 '바로 그것'으로 만드는 충동의 소리다. 히틀러가 독일 군중을 사로잡을 때 그는 연설뿐 아니라 행진곡과 바그너의 음악까지 사용했다. 대중은 히틀러의 말을 들으면서 에로틱한 음성에 사로잡힌다. 그 음성은 성적이다. 어머니의 젖가슴처럼 아늑하고 평화를 약속하는 무엇이 있었다. 대중은 너와 나의 차이를 없애는 위력, 만물이 하나 되는 듯한 충동을 그의 연설에서 느낀다. 대중은 히틀러와 하나가 된다. 그의 공격적인 음성에 묻어 있는 아늑한 평화의 약속, 상징계의 온갖 차이를 지우는 듯한 그의 말은 에로스의 위력을 지녔다. 마치 엘비스 프레슬리의 노래에서 느끼는 광적인 열광과 비슷하다. 똑같이 에로틱하다. 대중은 그들에게 열광한다. 하나가 된다. 이것이 음성이 지닌 파시즘적 요소이다. 물론 히틀러의 음성과 엘비스 프레슬리의 것은 다르다. 전자는 폭력을 일으키고 후자는 대중의 가슴에 숨은 폭력을 간접적으로 발산시키는 장치이다. 전자는 선동이고 후자는 아리스토텔레스의 카타르시스처럼 미학의 영역이다.

응시가 수치심과 공격성의 두 종류로 나뉘듯이 음성도 히틀러의 파시즘적인 음성과 프레슬리의 카타르시스적 음성으로 나뉜다. 수치심을 일으키는 응시는 주체의 입장에서 자신을 보는 것이고 나르시스적 응시는 타자의 입장에서 자신을 보는 것이었다. 전자는 상징계의 대타자에 의해 보여지는 나를 보는 경우이고 후자는 상상계의 대타자에 의해 보여지는 나를 보는 경우다. 음성의 경우에도 똑같은 논리가 작용한다. 상징계의 대타자는 사회가 바람직하게 보는 이상적 자아이다. 아버지의 법이다. 신이 자신의 말을 듣는다고 생각하면 수치심이나 양심이 작용한다. 자기 반성적이 된다. 예술이나 미학이 지닌 윤리는 인간의 내부에 잠재한 공격성과 증오라는 타자를 불러내어 발산시키는 장치이다. 타자는 억압할수록 증진되기에 조금씩 인위적으로 발산시켜야 한다. 이것이 미학이다. 미학은 응시 낮추기이다. 노장사상의 '무위'는 라캉의 미학과 연결된다. 증오를 알고 그것을 우회적으로 순화시키는 것이 미학이라면 음과 양이 공존하며 춤을 추게 하는 무위는 미학이다.

정치적인 파시즘과 사랑은 분리되어 왔다. 정치는 공적인 차원이고 사랑은 개인적인 차원으로 개인의 사랑이 정치적인 것에 의해 짓밟히는 이야기들이 전통적인 서사였다. 그러나 정신분석, 특히 프로이트의 『그룹심리와 자아분석』, 그리고 라캉의 재해석 이후 이런 이분법은 와해된다. 둘 사이에 공통적으로 작용하는 것이 에로스다. 집단이 뭉치는 힘도 에로스이고 연인이 하나 되고 싶어 하는 욕망도 에로스이다. 그리고 이것은 상징계 속의 거울 단계이기에 미혹을 낳고 그 힘도 엄청나다. 역사상 우리가 이해하지 못하는 폭력들, 나치즘의 파괴적 속성과 증오를 설명하는 데 라캉은 큰 공헌을 했다. 파시즘은 개인의 사랑에서부터 미디어, 영상 예술, 이데올로기, 정치적 투쟁 등 모든 영역에 공통적으로 작용한다. 결국 사회도 개인이 부딪쳐 이루어지는 것이기에 사랑은 정치적인 투쟁의 장이 된다. 먹느냐 먹히느냐의 싸움이 에로스의 본성이기 때문이다. 정신분석은 개인의 심리에 대한 연구가 아니라 상호주체적인 윤리학에 가깝다. 이성으로 모든 것이 해결된다고 믿는 단순한 이상주의를 경계하는 윤리학이다. 이상주의가 지닌 위험한 도착증을 드러내는 부정(negative)의 윤리다.

음성이 먼저였을까, 응시가 먼저였을까. 인간이 태어나 눈을 뜨기 전에 자신의 울음을 듣고 자신을 달래는 어머니의 부드러운 목소리를 듣기에 음성이 먼저였다고 학자들은 말한다. 우리나라의 전통 '소리'는 바로 인간이 상징계의 차별에 저항하고 흙으로 돌아가고 싶게 만드는 순수한 음성이다. 태어나 자신이 들었던 최초의 울음으로 돌아가려는 시도이다. 속세의 티끌을 털고 흙으로 돌아가려는 것이기에 소리는 기표와 조화를 이룬다. 음성을 인정하고 끌어들여 기표를 반성케 하는 것. 이것이 미학이다. 미학은 폭력으로 연결되지 않고 카타르시스로 연결된다. 소리의 기능은 증오와 폭력을 정화한다.

미학과 파시즘은 다르다. 미학은 응시를 내려놓아 반복과 순환을 지향하고 파시즘은 응시를 고조시키고 해방시켜 정적인 주이상스로 돌아가려는 편집증적 증상이다. 미학이 기표의 세계에 머물면서 음성을 품어 안는다면 파시즘은 음성이 기표를 먹어버리고 상징계를 파괴하여 원형으로 돌아가려는 공격성이다. 미학이 사랑이라면 파시즘은 증오이다. 음성은 "기표화되지 않은 잔여물, 기표의 작동에 저항하는 어떤 것, 구조적인 논리 속에 있으면서 그 논리와 이질적인 여분"(Dolar, 10)이다. 음성은 실재계에 속한다.

플라톤은 공화국에서 음악을 추방하라고 했고 19세기 유럽에서는 음악원을 만들어 음악을 장려했다. 음성은 아폴론적 기능과 디오니소스적 기능을 동시에 갖고 있다. 국악에서 소리는 정화제지만 파시즘적 충동을 일으키는 연설은 파괴적이다. 사랑도 이와 같다. 잘하면 치유제요 잘 못하면 상흔이다. 잘하는 경우는 서로의 음성을 길들이고 낮추는 것이고 잘못하는 경우는 음성을 고조시켜 나르시스적 충동을 끌어내는 경우다. 음성이 오브제 아임을 알고 거리를 두는 것, 베일이 오브제 아를 만든다는 것을 알면서 그 베일을 걷지 않는 것, 그래서 둘 사이에 거리를 두고 대화를 연장하는 것, 이것이 치유제로서의 사랑이다. 반대로 베일을 성급히 걷어버리는 것, 한 몸이 되기 위해 공격성을 드러내는 것은 상처를 주는 사랑이다. 음성과 응시는 "최고의 치유제면서 동시에 최악의 독"이다. (Dolar, 19)

기표에 힘을 불어넣고 기표를 행동으로 옮겨가게 하는 힘이 음성이고 동시에 기표를 먹어버리고 파산 선고를 내리는 힘도 음성이다. "너는 왜 렘베르그가 아니고 크라코우로 갈 것이라 말했느냐, 정말 크라코우로 가면서." 이런 말이 부모와 자식 간이나 교실에서 선생이 지식을 전달하는 상황에서 나오는 경우는 드물다. 맞수이거나 연인일 때 오가는 말이다. 타자가 가장 왕성하게 자신을 드러내는 경우가 사랑과 분석 담론이다. 주인의 담론 혹은 지식 담론에서는 초월기표의 통제가 강해서 타자가 잘 드러나지 않는다. 그러나 사랑 담론에서는 "너는 왜 내가 바라보는 곳에서 나를 보아주지 않는가."라고 묻는다. 억압된 나르시스적 욕망 때문에 자신이 거짓말을 하고 상대방도 거짓말을 한다고 믿는다. 누군가를 미워하면 그가 나를 미워한다고 믿는 것과 같다. 사랑의 담론이나 분석 담론이 정치적인 것은 바로 이 속임수 때문이다. 소유하고 장악하여 지배자가 되고 싶은 꿈이 에로스의 본질이다. 이념이나 명분보다 억압된 거울 단계가 정치가를 만드는 게 아닌가. 우리는 이념이 달라 라이벌이 되는 게 아니라 라이벌이기에 그와 다른 이념을 택하는 경우를 흔히 본다.

5. 반복 너머에 실재계가 있다

아름다움과 완벽함은 시간이 흐르면 덧없이 사라진다. 그래서 사람들은 아름다움을 즐기기보다 그것에서 도망치려 하기도 한다. 상실의 아픔이 두려워 아예 사랑을 거부하는 사람도 있다. 그는 사랑을 하는 동안 내내 덧없음이 두려워 선뜻 손을 내밀지 못한다. 그러나 아름다움은 덧없기에 더 가치가 있고 상실의 슬픔 뒤에 우리는 더 굳건히 일어설 수 있다. 실패하기에 무언가 배우고 상실하기에 또 무언가 얻는다. 영원한 상실이란 없다. 우리가 죽어 흙이 되면 나무의 거름이 되고 나무는 열매를 맺어 날짐승의 먹이가 되고 날짐승은 다시 사람의 먹이가 된다. 한번 태어난 생명은 모양을 바꿀망정 결코 사라지지 않는다. 영원히 다르게 반복되는 삶 속에서 지금 이 삶은 아주 짧은 순간일 뿐이다. 그러니 마음 놓고 아름다움을 즐기고 마음 놓고 사랑하고 또 사랑을 잃으면 마음 놓고 애도하라. 영원 속에서 한 점의 상실일 뿐이니까. 『장자』에는 인간이 자연의 일부로서 영원히 순환하여 솔개가 되고 날짐승이 되는 등 만물의 순환을 노래한 시가 많다.(5장 참조)

프로이트는 1916년 「덧없음에 대하여」라는 아주 짧은 글을 썼다. 애도에 관한 이 글은 다음 해에 「애도와 우울증」으로 이어지고 나아가 「쾌감 원칙을 넘어서」에서 반복 강박과 죽음충동을 소개하기에 이른다. 글을 쓰던 당시에 프로이트 자신이 감지했었는지는 몰라도 지금 살펴보면 애도와 우울증은 반복충동과 죽음충동의 다른 이름이었다.

라캉이 이 중요한 글들을 놓칠 리 없다. 그는 애도에서 아주 중요한 용어인 실재계를 만들어낸다. 애도란 무엇인가. 사랑하던 대상을 잃었을 때 잠기는 슬픔이다. 나라를 잃었을 때, 부모나 자식이나 연인을 잃었을 때, 자유를 잃었을 때, 우리는 슬픔에 잠긴다. 처음에는 도저히 견딜 수 없을 것 같은 상처에도 시간이 흐르면 새 살이 돋고 다시 다른 대상을 사랑할 수 있게 된다. 애도는 자연스런 감정의 흐름이기에 병리 현상이 아니다.

애도는 주체 속에서 일어난 상실이다. 자아가 상징계에 진입한 경우이기에 리비도가 대상을 향해 흐르고 남근의 대체물인 오브제 아를 갖는다. 애도는 상실한 오브제 아의 텅 빈 자리를 메우는 슬픔이다. 대상이 떠난 빈자리가 실재계이다. 그 텅 빈 구멍을 슬픔이 메우지 않으면 유령이 나타난다. 부모가 돌아가시면 3년 상을 치른다. 3년 동안 빈자리를 애도로 메우지 않으면 죽은 사람이 꿈에 나타나고 환청을 듣게 된다.

라캉은 『햄릿』을 애도의 극이라고 말한다. 어느 날 잔디밭에서 낮잠을 자던 햄릿의 아버지가 갑자기 죽는다. 왕위를 노린 동생이 형의 귀에 독물을 넣은 것이다. 그는 죄를 참회할 시간도 갖지 못하고 복수를 부탁하는 유언장도 남기지 못한다. 억울하게 죽은 사연을 범인 외에 아무도 모르는 상태에서 그는 이승을 편히 떠날 수 없었다. 애도를 충분히 받지 못한 것이다. 그는 유령이 되어 햄릿을 찾아오고 복수를 부탁한다. 햄릿은 즉시 복수하지 못한다. 그는 상상계 속에 갇혀 타자의 욕망을 욕망한다. 어머니가 선택한 삼촌을 자신과 동일시한다. 아버지에게 있었던 남근이 삼촌에게 있으니 복수를 하지 못하는 것이다. 그가 아버지의 유령이 저승으로 떠나도록 복수를 한 것은 마지막 결투에서였고 그 역시 치명상을 입고 죽는다.

레어티스의 칼날은 오이디푸스가 눈을 찌르고 추방되는 것처럼 햄릿을 상상계에서 상징계로 진입하게 한다. 애도는 상징계의 것이다. 거울 단계에서는 애도를 하지 못한다. 자아와 대상의 구별이 없는데 누가 누구를 애도하는가. 만물이 하나인 곳에서 상실의 아픔이란 없다. 동일시와 공격성이 있을 뿐이다. 애도는 억압이 일어나고 상징계의 타자가 된 실재계를 슬픔으로 메우는 작업이다. 이 구멍을 메우지 못하면 온갖 유령이 다 들어온다.

실재계의 참모습은 죽음이다. 정적인 주이상스, 원형의 주이상스다. 인간이 태어난 흙이요, 태어나서 거울 단계에 이르기 전까지의 경험이다. 거울 단계에 이르는 6개월 이전에 아기는 그야말로 몸으로서 산다. 파편과도 같은 이 경험은 태어났지만 여전히 어머니의 몸 안에서와 같이 아무런 지각의 능력이 없는 때이다. 거울 단계의 착각과 오인조차 일어나기 전이다. 그래서 실재계는 태어나기 이전과 태어났지만 지각이 없는 시기를 합쳐서 말하기도 한다. 실재계는 삶의 시작이고 끝인 죽음이다. 태어나기 이전과 삶의 끝에 있는 죽음은 같기 때문이다. 라캉은 세미나 20권(90쪽)에서 실재계의 위치를 삼각형의 오른쪽 꼭지점에 놓는다. 그리고 세 꼭지점에 상상계, 상징계, 실재계를 놓고 이 세 개가 연속적으로 화살표에 의해 움직이게 그려놓는다.

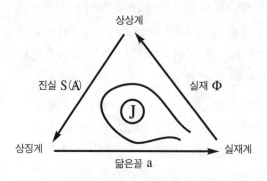

위 그림이 보여주듯이 실재계는 삶의 끝이고 시작이다. 도에서 말하는 흙이다. 만물은 죽어 흙이 되고 흙은 또 만물을 낳는다. 프로이트에게도 라캉에게도 이 죽음이 단 하나의 실재이다. 그러면 죽음충동인 주이상스와 실재계는 어떻게 다른가. 죽음충동은 태어나서 인간이 원형으로 돌아가고 싶어 하는 리비도이다. 그것은 충동인 이상 생명으로 잉태된 것이며 삶충동과 뗄 수 없이 하나이다. 4장에서 주이상스에 대해 충분히 서술할 기회가 있으므로 여기에서는 간단히 차이만 이야기하기로 한다. 주이상스는 삶의 시기에 따라 달라진다. 리비도가 삶의 시기에 따라 모습을 바꾸듯이 주이상스도 모습을 바꾼다. 원형의 리비도인 주이상스, 거울 단계의 리비도인 여성적 주이상스, 상징계의 리비도인 성적 주이상스, 혹은 잉여 주이상스로 형태가 바뀐다. 주이상스는 삶의 에너지다. 도에서 말하는 기(氣)이다. 기는 아메바처럼 살기 위해 모습을 바꿀망정 그 양에는 변함이 없다. 주이상스 불변의 법칙이다. 실재계는 상징계 속으로 들어온 죽음이다. 근원은 주이상스라는 리비도이지만 상징계 속에 흘러 들어온 어떤 현상이다. 실재계는 주체를 구성하는 한 요소이다. 주체는 상상계, 상징계, 실재계라는 세 차원으로 구성된다. 이 세 가지 차원으로 소설을 분석한 예를 보자.

헨리 제임스의 「정글 속의 짐승 Beast in Jungle」은 난해하기로 유명하면서 동시에 그의 가장 뛰어난 단편이다. 3월로 상징되는 마치라는 남자와 5월로 상징되는 메이라는 여자 사이에서 일어나는 이 복잡한 스토리는 상상계의 비극, 혹은 애도에 관한 이야기이다. 마치는 메이를 만나기 전에 과거에 대한 기억이 거의 없었다. 그는 마음에 간직한 게 없이 살아왔다. 친구도 가족도 없이 외계에 불시착한 텅 빈 남자를 메이는 만나준다. 그녀는 죽음을 앞두고 있었지만 그가 원할 때마다 만나주고 그에게 과거의 기억들을 하나씩 일깨워준다. 마치는 그녀 없이는 고아나 다름없기에 그녀가 떠날까 두려워한다. "나를 두고 가지 마라."라는 것이 그가 메이의 죽음 앞에서 한 말의 전부였다. 메이는 살아 있는 동안 마치에게 무언가를 일깨워주고 싶었다. 짐승이 뛰쳐나온다는 것을 말이다. 그러나 마치는 그게 무엇인지는 모르지만 튀어나오기만을 기다린다.

메이가 세상을 떠난 후 외롭게 남은 그는 어느 날 그녀의 무덤에 가서 멍청히 앉아 있었다. 그때 맞은편 무덤에 웬 남자가 엎드려 있는 게 눈에 띈다. 그 남자는 무덤 앞에서 슬프게 울고 있었다. 바로 그때 마치는 느꼈다. 자신의 가슴속에서 짐승이 뛰쳐나가는 것을.

물론 이 단편에 대한 해석은 난해한 만큼 여러 갈래가 있을 수 있지만 그중 하나는 제임스의 다른 작품들과 관련시켜 읽는 것이다. 결국 작가는 그의 많은 작품들에서 같은 이야기를 다르게 반복하게 되는데 그것이 바로 그의 주제 의식이요 사상이기 때문이다. 그의 소설들 속에는 순수하지만 자아의식이 강해 언제나 사랑할 기회를 제대로 포착하지 못하는 주인공들이 많다. 그들은 너무 늦기 전에 삶을 충분히 살고 싶어 한다. 그러나 경험 부족으로 자기 중심적 사고로 달라진 환경으로 때를 놓치고 만다. 이 단편에서도 마치는 메이의 넘치는 사랑을 깨닫지 못하고 그녀와 만나면 언젠가 자신을 남기고 그녀가 가버릴 것이라는 사실만 두려워한다. 상실이 두려워 사랑을 거부하는 것이다. 메이는 바로 그의 눈앞에 그가 기다리는 사랑이 있다는 것을 알려주고 싶지만 이루지 못하고 죽는다. 그가 두려워한 것은 혼자 남겨질 것에 대한 두려움이었다.

마치는 무덤가에서 슬피 우는 남자를 보면서 비로소 깨닫는다. 나의 고독 때문이 아니라 타인을 위해서 저렇게 울 수 있는 것이 바로 사랑이라는 것을. 메이와 함께 지켜보고 싶었던 짐승이 그 순간에야 비로소 그의 가슴에서 뛰쳐나간다. 너무도 늦게 찾아온 깨달음이다. 사랑은 나를 위해 두려워하는 게 아니라 너를 위해 울 수 있는 마음이다. 상실을 두려워하면 눈앞의 사랑을 볼 수 없다. 회피하기 때문이다. 풍요한 삶도

의미 있는 사랑도 너의 상실에 진정으로 가슴 아파할 준비가
되어 있을 때 찾아온다. 덧없음을 아는 것, 애도를 할 줄 아는
것이 삶이요 사랑이다.

　제임스 메라드는 이 단편을 세 단계로 나누어 분석했다.
(Mellard, 134) 마치의 기억 속에 파편적인 것들 외에 아무것도
없는 단계를 실재계, 아기와 어머니의 관계처럼 메이에 의해
회상되고 보충되는 단계를 상상계, 그리고 마지막에 무덤가에
서 슬피 우는 사람을 보고 마치의 가슴에서 짐승이 뛰쳐나가
는 단계를 상징계로 놓는다. 그런데 이렇게 셋으로 구분한 분
석은 각 단계의 속성을 설명하는 데는 설득력이 있지만 자칫
이 세 단계가 차례로 이어지는 독립된 단계라는 오해를 불러
일으킬 수 있다. 이 세 단계는 바로 지금 우리가 숨 쉬는 상징
계 속에서 이루어지고 있는 단계들이다. 만약 그렇지 않다면
실재계란 존재하지도 않는다.

　　실재계가 그 이전에 존재하지 않았다는 것은 두말할 나위도 없
　다. 그러나 주체의 차원에서 그것 없이는 아무것도 일어날 수 없
　다. (S2, 219)

　프로이트도 라캉도 무의식의 존재를 주장한 것은 오로지 현
실의 결핍과 모순을 설명하기 위한 것이었다. 의식 없이, 상
징계의 진입 없이, 우리는 아무런 사유도 말도 할 수 없다. 꿈
조차 이미 상징계의 산물이 아니었던가. 인간이 경험하는 순
서로는 앞설지 모르지만 상상계는 오로지 상징계 속에서 구멍

으로 존재할 뿐이다. 이것이 실재계이다. 실재계는 상징계의 모순을 설명하는 타자이며 상징계 이전에 거울 단계가 있었다는 것을 보여주는 증거이다.

애도는 실재계의 구멍을 메우고 슬픔의 리비도를 사랑으로 다시 전환하는 절차이다. 애도는 인간이 상실을 딛고 태어나 무로 돌아간다는 것을 일깨워주는 의식이다. 애도는 삶 속에서 죽음을 경험하는 절차이다. 애도가 무엇인지 깨달은 마치는 정말 누군가를 사랑할 수 있게 될 것이다. 자신을 위한 사랑이지만 그것이 남을 위한 것이 되는 그런 사랑을 할 것이다. 마치의 가슴속에서 짐승이 뛰쳐나온다는 것은 결코 짐승이 제거되었다는 뜻이 아니다. 짐승이 우리들 가슴에 있다는 것을 드러내는 장면이다. 무언가 튀어나올 텐데 그게 무엇일까. 짐승이었다. 정신분석에서 일차적 나르시시즘은 짐승이고 이차적 나르시시즘은 짐승을 억압한 인간이다. 주체 속에 억압된 짐승이 실재계이다. 애도는 인간이 짐승을 자신의 가슴에서 발견하는 것이다. 마치가 무덤에서 겪은 경험은 억압이 일어나는 순간이었다. 상징계로 진입하는 순간이었다.

실재계는 주체가 억압한 몸이요, 죽음을 아름답게 위장한 오브제 아이다. 신화나 서사 속의 가장 아름다운 여자는 셋째 딸이다. 프시케, 신데렐라, 코딜리어 등 에로틱한 욕망의 대상은 세 번째 딸이다. 그런데 이 세 번째의 특징은 모두 죽음이다. 신데렐라는 '한 줌의 재'란 뜻이고 코딜리어는 '침묵'이며 바사니오가 고른 세 번째 상자 속에는 금도 은도 아닌 납이 들어 있다. 프로이트는 「세 상자의 주제」에서 인간의 삶을 신화나 서사가 어떻게 도치시키는지 암시한다.

금은 남근이 있다고 믿었던 상상계이고 은은 상징계, 납은 실재계이다. 납은 죽음이었다. 죽음의 두려움을 극복하기 위해 세 번째 여자를 가장 사랑스런 여자로 만든 것이다. 인간은 처음에는 어머니를 그 다음엔 연인을 사랑하고 마지막으로 죽음의 품에 안긴다. 남근에 대한 꿈을 결코 포기하지 않으면서 대상을 바꿀 뿐이다. 이것이 반복이고 애도이다. 반복은 애도의 산물이다. 죽음을 욕망의 대상으로 바꾸어 죽음을 지연시키는 것이 서사이고 삶이다. 욕망, 오브제 아, 반복, 이것은 모두 삶충동의 다른 이름들이다. 그리고 삶충동의 동인이 죽음이라는 실재계이다. 텅 빈 공간이 순환의 동인이다. 이 공간이 만물을 낳는 '무위'임을 5장에서 볼 것이다.

조셉 콘래드의 『암흑의 핵심』은 많은 해석을 낳은 모더니즘 소설이다. 말로라는 선원이 몇 명의 뱃사람들 앞에서 자신이 겪은 아프리카의 오지에 대해 들려준다. 말로는 원래 이상주의에 불타는 영국 군인이었던 커츠라는 인물이 식민지에 가서 어떻게 변하는지 보여준다. 식민지에 문화를 이식하고 그들을 개조하겠다던 그의 꿈은 상아에 대한 탐닉으로 바뀌고 그의 야만성은 원주민을 앞지른다. 문명이 야만성 앞에 굴복하니 제국주의의 이상이란 허상에 불과하다. 그런데 말로는 뱃사람들 앞에서 커츠가 오지에서 죽어가면서 마지막으로 한 말이 "공포, 공포(horror, horror)."라는 말이었다고 전한다. 그리고 어둑한 강가를 떠나 그가 불빛이 영롱한 제국의 도시로 돌아왔을 때 커츠의 약혼자가 그를 찾아온다. 커츠의 끔찍한 변모를 모르는 그녀는 존경에 가득 차서 그에게 약혼자의 마지막 말이 무엇이었는가 묻는다. 마로우는 "당신의 이름"이었다고 대답해 준다.

어떻게 '공포'라는 끔찍한 마지막 말이 '당신의 이름'인가. 이것을 실재계와 연관시켜 풀어보자. 공포가 연인의 이름이라니. 가장 사랑스러운 여인이 죽음이라니. 상징계란 어둑하게 해가 저무는 템스 강이 아니라 도시의 불빛이다. 그것은 말과 삶의 영역이다. 죽음을 지연시키는 연인의 이름이다. 이름을 불러주는 것이 상징계다. 죽음의 공포를 극복하기 위해 영롱하게 빛나는 연인의 이름. 이것이 오브제 아이다. 상징계 속의 실재계는 살기 위해 사랑스럽게 변신하여 욕망의 미끼, 오브제 아가 된다. 죽음의 공포는 도시의 불빛 속에서 연인의 이름이 되고 말로는 작은 죽음을 겪고 다시 삶 속으로 들어온다.

실재계는 오브제 아로 변신하여 삶충동이 되기에 반복을 일으키는 동인이다.

늑대 인간의 경우를 보자. 프로이트의 분석들 가운데 이 경우가 특별히 중요한 것은 실재계와 관련되어 판타지의 차원이 작용한다는 것을 보여준다는 데 있다. 실재계는 판타지를 지지하고 판타지는 실재계를 보호한다. (S11, 41)

판타지는 꿈이다. 죽음의 현실을 외면하려는 베일이다. 커츠의 공포를 사랑스러운 당신의 이름으로 가리고 납 상자를 연인의 입맞춤으로 바꾸어놓는 언어의 마술이다. "아버지, 제가 불에 타고 있는 게 안 보이세요?" 죽은 아들은 꿈속에서 아버지에게 화가 난 듯이 외친다. 아버지는 이렇게 말하고 싶다. 나는 "꿈을 연장하고 싶다." (S2, 214) 이것이 실재계의 말이다. 상징계 속에서 상상계를 연장하는 것. 이것이 삶이다. 실재계는 상징계 속에서 삶을 꿈의 형식으로 연장한다. 그것은 장자를 응시하는 나비이다.

눈을 찌르고 추방된 오이디푸스는 콜로노스를 방황하며 묻는다. "나는 삶이 끝나는 시간에 만들어진 인간인가?" 그러면서도 그는 분노한다. 분노가 꿈을 꾸게 만든다. 죽음이 깨어남이라면 "삶은 꿈"이다. (S11, 53) 어린 한스는 어머니와 결혼하여 아이들을 많이 낳는 판타지를 만들 줄 알 때 거울 단계의 공포증을 극복하고 상징계로 진입한다. 프로이트가 말한 백일몽도 역시 상징계에서 꾸는 꿈이다. 그것은 상징계에 들어올 자격을 얻은 장자의 나비 꿈이요, 이로써 그는 판타지의 주체가 된다. 조신이 꿈에서 깨어났을 때 서사는 끝난다. 불교의 윤회에서 보면 한 끼 조밥이 채 다 익기도 전에 끝나는 것이 우리의 삶이다. 정신분석에서도 그렇다. 라캉은 이것을 기표의 순환이라고 말하고 만물의 순환으로 확장한다. 노장사상의 '무위'에서 암시를 얻어 실재계를 확립한 것이다. '무위'는 남근처럼 보이는 오브제 아가 사실은 해골임을 아는 실재계의 윤리이다. 남근과 해골이라는 음양이 모두 실재계라는 흙에서 나왔기에 어느 한쪽을 밀어붙이지 않는 것이 '무위'이다.

실재계의 핵은 죽음이다. 라캉은 이 핵을 죄의 값으로 나타난 증상이라는 의미에서 생톰(sinthome)이라고 부른다. 죽음은 신의 명령을 거부하고 이브를 택한 아담에게 내려진 벌이었다. 아버지의 이름을 거부하고 몸을 택한 인간에게 내려진 벌이다. 계속 꿈속에서 살고 싶은 환상(a)에 대한 벌이다. 단 하나의 신을 거부하고 수많은 신들을 맞으려는 나르시스적 동일시에 대한 처벌이다. "신들은 실재계의 영역에 속한다." (S11, 45)

애도가 끝난 후 리비도는 다시 대상을 향한다. 그러므로 실재계는 주체가 반복을 하게 만드는 동인이다. 실재계는 쾌락원칙 너머에 있는 반복 강박의 동인이다. 주체가 죽음을 가장 사랑스런 여인으로 바꾸어놓았기 때문이다. 만물을 움직이는 텅 빈 공간이 도(Tao)라면 실재계는 본래의 도이며 삶 속에 들어와 만물을 순환시키는 무위이다. 무위는 죽음이 곧 삶의 동인이고 해골이 남근의 이면인 것을 알고 음양의 양면을 공존하게 하는 윤리이다. 해골임을 알기에 남근을 포기하지 않는 것, 이것이 무위이고 라캉의 판타지 가로지르기이다.

실재계는 남근이 해골로 변하는 순간 존재를 드러낼 뿐 죽는 순간까지 포착되지 않는다. 그러기에 접근이 불가능하다. 분석의 대상이 되지 않는다. 분석하는 순간 빠져나가고 포착하는 순간 텅 비어버리기 때문이다. "실재계는 불가능이다." (S11, 280) 그것은 만물을 존재케 하지만 아무 곳에도 없는 도(道)와 같다. "그것은 작용은 하는데 형태가 없다." "도는 사물 너머 단어 너머에 있다. / 그것은 단어로도 그렇다고 침묵으로도 표현될 수 없다. / 도는 더 이상 말도 침묵도 없는 곳에서 이해된다."(『장자』, 25편 11절) 장자는 이것을 아는 것이 위대한 지혜라 했다. 실재계는 오직 주체가 반복을 통해 목숨을 이어가는 것으로만 증명된다. 반복 없이 실재계는 없고 실재계 없이 반복도 없다. 포르트와 다 사이에 실재계가 있다. 아이가 실패를 던지고 다시 끌어당기는 사이, 그 간격이 실재계이다. 어머니의 부재를 견디면서 아이가 던지고 당기기를 반복하는 이유는 무엇인가. 반복이 쾌락을 주기 때문이다.

실재계의 경험은 쾌락을 준다. 성적 오르가슴이다. 다시 살아나는 작은 죽음이기 때문이다. 베일을 쓴 오브제에 접근하는 동안은 꿈속에 있기 때문에 즐겁고 그것을 포착하는 순간은 나르시스적 동일시가 일어나기에 쾌락의 극치를 맛본다. 그리고 나서 상실의 나락으로 떨어진다. 오직 다시 꿈을 꾸기 위해서. 라캉은 지식은 얻어지는 것이 아니라 즐기는 것이라고 말한다.(S20, 97) 편지는 어딘가에 깊숙이 숨어 있는 게 아니라 보이는 곳에 있었다. 이미 표층 위에 올라와 있다. 그러므로 찾는 것도 얻어지는 것도 아니다. 그저 즐기는 것이다. 진리처럼 보이는 대상을 막상 손에 넣으면 허상으로 드러난다. 그렇다면 삶의 지혜는 대상을 향해 천천히 가는 것이다.

피카소는 "나는 추구하지 않고 발견할 뿐"이라고 말했다.(S11, 7) 지식이 얻어지는 게 아니라 즐기는 것이라는 말과 같다. 추구한다는 것은 진리가 어딘가에 깊이 숨어 있고 온전히 얻어질 수 있다는 암시다. 그러나 진리는 이미 표층 위에 올라와 있다. 정신분석은 상흔이 분석자와 환자 사이의 대화에서 얻어진다는 담론으로 현대 철학의 핵심이 된다. 상호주체

적인 기표는 순환한다. 봄이 오면 겨울이 오고 다시 봄이 오
듯이 탄생과 죽음은 순환하고 하나의 밀알이 떨어져야 싹이
돋는다. 기표의 순환은 죽음만큼 진리이다. 왜냐하면 순환시
키는 힘이 바로 실재계라는 죽음이기 때문이다. "실재계는 언
제나 같은 장소로 되돌아오는 것이다."(S11, 280)

　강박적인 반복 충동, 기표의 순환을 통해서 우리는 실재계
와 만난다.(S11, 52) 실재계와 행복하게 만나는 경우(eutuchia)
는 언제인가, 또 불행하게 만나는 경우(dustuchia)는 언제인가.
응시에도 음성에도 긍정적인 경우와 부정적인 경우가 있듯이
실재계와의 만남에도 두 가지 경우가 있다. 정신분석의 윤리
는 부정적인 경우를 통해 긍정적인 경우를 암시해 준다.

　실재계와의 행복한 만남은 애도가 이루어지고 반복을 향하
는 만남이다. 노장사상의 '무위'란 우리가 실재계와 행복하게
만나기 위해 지켜야 할 도리이다. 만약 애도를 거부하고 우울
증에 빠지면 반복이 이루어지지 않는다. 애도는 대상 리비도
이고 우울증은 나르시스적 리비도이다. 대상을 상실했을 때
우울증은 대상에 대한 비난에서 자신에 대한 비난으로 이어져
자살이나 파괴적인 충동이 된다. 애도가 삶충동이라면 우울증
은 죽음충동이다. 행복한 만남은 상징계를 벗어나지 않는 것
이고 불행한 만남은 상상계로 빠져버리는 것이다. 햄릿의 아
버지가 잔디밭에서 갑자기 죽음을 만나는 것은 실재계와의 불
행한 만남이다. 파시즘이나 독재정치의 끝은 불행한 만남이
다. 그러나 민주정치는 행복한 만남이다. 하나의 정당이 생명
을 다하면 애도를 맞고 곧이어 반대 정당이 자리를 잡기에 반

복이 이루어진다. "정치성이란 우리가 실재계와 만나는 형식들 가운데 하나이다."(Stavrakakis, 73)

하나의 진리에 고착되지 않고 모든 진리가 잠정적인 상호주체성의 산물이라는 것을 알려주는 것이 실재계의 윤리이다. 초현실주의 그림들은 실재처럼 보이지만 베일임을 드러내므로 윤리적이다. 마그리트의 「이것은 파이프가 아니다」라는 그림은 "재현과 실체의 거리를 드러내 실재계를 보여준다."(Stavrakakis, 85) 그것은 파이프처럼 생긴 그림이지 실제 파이프는 아니다.

실재계는, 기표의 순환을 통해 만물이 순환하고 삶은 이러한 윤회의 한 순간이라는 동양의 윤리에 따른다. 그리고 "반대가 도"라는 노자의 말과 같다. 실재계는 방향을 바꾸는 전환점(reversal)이다. 상실에서 대상으로 죽음에서 삶으로 방향을 바꾸게 만든다. 포르트를 다로 바꾸는 것이 실재계이다. 실패를 던지고 당기는 방향의 전환이 실재계에 의해 일어난다. 반복은 방향 바꾸기이다. 계절의 순환에서 실재계는 어디일까. 겨울이다. 겨울은 계절의 죽음이지만 봄의 부활을 잉태한 씨앗이다.

라캉은 프로이트의 기억의 방식에서 기표들의 순환을 끌어내고 그것을 동양의 노장사상과 연결시킨다. 그의 "네 가지 담론(the Four Discourses)"의 순환은 사계절의 순환이고 우리나라의 태극기를 그대로 옮겨놓은 아름다운 그림이다. 이 부분에 대한 논의는 5장으로 미루고 여기에서는 라캉의 실재계가 얼마나 폭넓게 우주와 인간의 삶을 관통하는가를 가볍게 언급하기로 한다. 예를 들어 실재계는 우리 몸의 원리이다. 요가에서는 이렇게 말한다. "우리의 몸은 균형을 위해 방향을 바꾼다." 계절의 균형을 위해 방향을 바꾸는 만물의 순환과 무엇이 다른가. 한마디로 실재계의 윤리는 만물을 지속시키고, 삶을 지속시키고 욕망을 지속시키고 그러면서도 마음을 비우게 한다. 이미지와 죽음이 한자리에 있음을 알려주기 때문이다. (S2, 254) 오브제 아는 이미지로 나타난 죽음이다.

욕망의 공식은 $ \diamond a $ 이다. 거세된 주체($)는 판타지를 통해($\diamond$) 대상(a)을 본다. 매혹의 대상 a는 대타자처럼 보이지만 죽음에 베일을 씌운 것이다. 그러기에 우리는 잡으면 저만큼 물러서는 대상을 향해 가고 또 간다. 죽음이라는 완벽한 대타자가 나타날 때까지. 욕망은 상징계 속에서 꿈(상상계)을 꾸는 것이고 꿈에서 깨어나는 짧은 순간이 실재계다. 이것이 주체를 구성하는 세 가지 차원이다.

어디서 많이 들어본 것 같은 리듬, 반복되는 어떤 리듬, 어떤 구절이 우리를 매혹한다. 어디서 많이 본 것 같은 모습에 끌려 사랑에 빠지는 것과 같다. 상징계에 나타난 매혹의 대상은 이미 상상계에서 겪은 모습이고 음성이다. 반복이 우리를 매혹한다. 그래서 유행하는 음악은 처음 들어도 예전에 들었던 것 같은 친밀감을 준다. 패션은 바로 이 친밀함을 다르게 반복하는 것이다. 건축 양식도 과거의 친숙한 형식에 어떤 부분만 당대에 맞게 바꾸어 창조하는 것이다. 어디에서 들은 것 같거나 어디서 본 것 같은 모습이 우리를 살게 한다.

3 전이

죽는 것, 잠드는 것, 그리고 꿈을 꾸는 것

개인의 심리라는 것이 있을까. 우리가 내 마음이라 믿는 것
도 남과의 관계 속에서 내 마음인 것이지 그저 내 마음이 어
딘가에 따로 보따리 속에 싸여 있는 것은 아니다. 나를 둘러
싼 부모, 가족, 직장, 사회 속에서 나의 사유가 존재한다. 알
튀세가 말했듯이 우리는 이미 태어나는 순간부터 우리를 둘러
싼 사회 조직 속에서 이름을 불린다. 상징계가 부르는 이름에
의해 우리는 존재한다. 정신분석을 흔히 개인의 심리를 다루
는 분야인 것처럼 말하는데 이것은 상호주체성이라는 가장 기
본적인 분석의 전제를 잊고 하는 말이다.

무의식은 너와 나를 이어주는 끈이다. 혼자 있을 때는 결코
무의식이 드러나지 않는다. 남과 이야기를 하면서 누군가를
사랑하면서 나와 대상 사이에서 무의식이 나타난다. 분석이란
대화를 통해 이루어지고 대화란 언제나 상호간의 접촉에서 나
온다. 둘 사이에서 무의식이 부딪치고 길들여지는 것이 분석

이다. 그러기에 정신분석은 심리학이 아니라 상호주체성을 다루는 사회적이고 윤리적인 분야이다.

꿈의 분석이란 꿈을 언어로 바꾸는 것이고 바꾸기 위해서는 의식의 감지가 필요하다. 꿈은 분석자와 환자의 무의식이 교차되면서 얻어지는 상호주체적 대화의 산물이다. 대상이 없는 사유란 없다. 정신병자가 아닌 이상 우리는 대상을 향해 리비도를 투사하는 상징계 속에서 살아간다. 그렇다면 무의식은 어떤 형태로 의식 속에서 숨을 쉬는가? 앞장에서 서술했듯이 반복이 첫 번째 생존 방식이다. 무의식이 상징계 속에 타자로서 존재하고 그 타자가 반복을 일으키는 동인이었다. 상징계 속의 타자인 실재계는 반복의 원인으로서 투명한 사유를 전복하는 주체 속의 여분이고 결핍이며 이물질이다. 죽음이 본질인 실재계는 살기 위해 오브제 아를 형성하고 이 욕망의 미끼가 우리를 가고 또 가게 만들었다.

오브제 아, 반복, 욕망하는 주체, 이런 현상들이 무의식이 상징계 속에 존재하는 모습이다. 그러면 반복은 정확히 무엇 때문에 일어나는가. 물론 실재계 때문이다. 상징계 속에 들어온 죽음 때문이고 이 죽음을 지연시키는 삶충동 때문이다. 반복하지 않으면 곧장 죽음이라는 대타자로 향한다. 그런데 반복은 동일하게 일어나지 않는다. 시간과 장소가 변함에 따라 다르게 나타난다. 이것이 전이이다. 전이는 정신분석이 개인의 심리가 아니라 상황과 연결된 사회적 윤리를 다루는 영역임을 보여준다.

1. 사랑은 "아니야!"라는 외침으로 시작한다

어느 날 갑자기 연락이 뚝 끊어진 친구. 전화로 농담인지 진담인지 모르게, 보고 싶다고 좋아한다고 말하던 친구. 곁에 있어도 좋고 없어도 좋아서 늘 한눈을 팔게 하던 친구가 갑자기 소식이 뚝 끊어진다. 이상하다고 느끼면서 하루 이틀이 지나고 공연히 그의 소식이 기다려진다. 자신도 모르는 사이에 사랑을 했던 것인가. 아니면 그의 "아니야!"라는 무관심이 없던 사랑을 끌어낸 것인가. 그는 친구의 전화를 기다린다. 연락이 오기만 하면 삶이 아주 쉬워질 텐데……

사랑은 "아니야!"라는 거부의 말을 들을 때 "예스!"라고 말한다.

"커피 한 잔 사줘. 이왕이면 자장면도." 그의 앞에서 국수 가락을 힘차게 죽죽 빨아올리고 게걸스럽게 뭐든지 잘 먹던 여자가 어느 날 갑자기 입맛을 잃는다. 그가 뭘 사준다 해도 거절한다. "너 왜 그러니? 갑자기 내가 싫어졌어?" 여자는 왠지 그를 슬슬 피한다. "아니야! 절대 아니야! 그런 일은 있을 수도 없고 있어도 안 되고 또……."

사랑이 뒷덜미를 잡아당기고 옷소매를 놓아주지 않을 때 여자는 "아니야!"라고 힘차게 고개를 저을 수밖에 없다. 노예가 되기는 싫으니까. 사로잡힐 수는 없으니까. 그런데 어떻게 하면 내가 사로잡을 수 있을까.

사랑은 "아니야!"라고 외치는 순간에 자리 잡는다. 사랑은 그런 식으로 자신의 존재를 드러낸다. 우리는 사랑하고 있음을 반대로 말해야 알아듣는다. "나 보기가 역겨워 가실 때에는 죽어도 아니 눈물 흘리오리다."라고 말하는데 울고 있다는 뜻으로 알아듣고, "영변의 약산 진달래꽃"을 아름 따다 가실 길에 뿌리면 사뿐히 즈려 밟고 가시라고 말하는데도 어딘지 섬뜩해진다. 혹시 자신을 버리고 가는 것은 연약한 꽃을 짓밟는 것처럼 잔인한 짓이니 알아서 행동하라는 은근한 협박은 아닌가. 사랑은 그런 것이다. 에로스는 원래 위장이 가장 심하다. 거짓말을 가장 많이 한다. 상징계로 들어오면서 억압이 일어나는 것이 바로 이 에로스, 너와 내가 하나 되고픈 나르시스적인 소망이기 때문이다.

프로이트는 1925년 「부정 Negation」이라는 글을 썼다. 분석자는 환자가 마음을 열고 기억을 더듬어 입을 열 때 억압된 것을 밝힐 수 있다. 그런데 억압된 것은 그리 쉽게 정체를 드러내지 않는다. 대부분 그것은 현실이 금지한 어떤 것이기 때문이다. 말을 술술 할 때보다 망설이고 갑자기 말미를 흐려버리거나 어물어물 넘어가려 할 때 무언가 숨어 있기 마련이다. 환자가 갑자기 "아니야!"라고 심하게 거부한다. 프로이트는 바로 그때부터 분석이 시작된다고 말한다. "아니야!"는 억압이 있다는 증명이다. (239)

무의식은 거부를 모른다. 주이상스나 거울 단계는 기표의 영역이 아니다. 기표로 표시되는 것은 이미 상징계로 진입한 것이기에 무의식이 있다는 증거는 거부로 나타난다. 억압이란 안 된다는 소리다. "아니야!"는 의식이 무의식에게 하는 말이다. "아니야!"는 의식이 무의식과 연결되는 순간이다. 무의식은 현실에서 금지한 어떤 것이다. 흙으로 돌아가고 싶은 실재계의 소망, 이마고와 하나가 되고 싶은 상상계의 소망이 무의식이다. 흙처럼 편안하게 해주고 어머니처럼 보살펴주는 무한한 애정, 좋은 것은 갖고 싫은 것은 뱉고 싶은 끝없는 이기심, 나와 똑같은 이상적 자아를 파괴하여 하나가 되려는 잔인한 공격성⋯⋯. 이런 것들이 무의식의 꿈이다.

라캉은 무의식이 거부를 모른다는 프로이트의 말을 이렇게 표현한다. "대타자의 타자란 없다."(E, 311) 혹은 "주이상스의 타자란 없다." 무의식은 결코 "아니오"라는 단어를 모른다. 그러나 남과 어울려 살아야 하기 때문에 무의식의 꿈들은 상징계에서 결코 이루어질 수 없다. 보여지는 세상에 던져진 것이 인간의 운명이다. 사실 거울 단계에서도 나르시시즘은 착각이고 오인이었다. 대상과 하나가 되는 것, 거울 속의 완벽한 이미지와 만나는 것은 우리가 죽어야만 가능하다. 그러기에 그런 꿈은 상징계에 들어오면, 유아기를 벗어나면 현실과 타협을 해야 하고 갈등을 일으킨다. 그것이 억압이다.

사랑 고백은 그리 쉽지 않다. 자신의 마음속에서조차 이미 억압이 일어나기 때문이다. 밖에서 오는 억압이 강하면 마음의 벽이 낮아지고 밖의 억압이 약하면 반대로 마음의 벽이 높아진다. 『로미오와 줄리엣』은 밖의 장벽이 너무 높아 안의 장벽이 낮아지는 경우이다. 서로 증오하던 두 가문 사이에서 우발적인 싸움이 일어나고 증오의 벽이 고조된 지점에서 두 가문의 아들과 딸이 사랑에 빠진다. 두 사람은 서로 원수가 되어야만 한다. 미워해야만 한다. 그런데 이런 입장이 그들을 첫눈에 반하게 만든다. 로미오가 이룰 수 없는 사랑에 대한 그리움으로 금지된 성에 들어섰을 때 둘은 첫눈에 반한다. 그러나 사랑에서 '첫눈'이란 없다. 그것은 이미 전이된 것이다. 로미오가 금지된 성에 몰래 들어간 것은 다른 여자에 대한 그리움 때문이었다. 그리고 그 여자 역시 이루어질 수 없는 사랑이었다. 반복이다. 아니 세 번째 반복이다. 금지는 그 이전, 상징계로 들어올 때 이미 있었다. 길러준 사람에 대한 나르시스적 사랑이 억압된 이후 금지는 언제나 사랑에 빠지게 되는 동인이었다. 에로스의 영역에서 "안 돼!"는 "돼!"이다. 노자가 말했듯이 "반대가 도"이다. "예"라고 말하는 양과 "아니오"라고 말하는 음이 공존하는 것이 도의 원리이기 때문이다.

줄리엣은 유모에게 로미오에 대한 사랑을 이렇게 말한다. 우리들 사이에는 장벽이 너무 높으니 남들처럼 질질 끌 시간이 없구나. 토라지고 무관심한 척하여 애를 태우게 할 여유가 없구나. 외적인 억압이 너무 강하면 내적인 억압은 낮아진다. 이제 둘의 사랑은 장벽을 무너트리고 어떻게 하나가 되느냐에 집중된다. 그들은 마술의 힘을 빌려 법을 무너트리려고 했지만 둘 사이의 오해로 똑같이 죽음을 택하게 된다. 사랑 담론, 혹은 분석 담론의 본질을 이렇게 잘 이야기해 주는 서사도 흔치 않다. 만약 그들이, 마술이 성공하여 결합되었을 때, 장벽을 무너트렸을 때, 그들이 발견한 것은 무엇이었을까? 에로스의 시체다. 이게 우리가 목숨을 걸고 싸운 것의 전부인가? 그들은 이렇게 물었을지 모른다.

지루한 반복 대신에 둘이 하나가 되어 죽는 것이 에로스의 완벽한 성취이다. 그러나 그것은 동시에 아무것도 아닌 무, 주이상스인 것처럼 보이지만 주이상스가 전무한 곳으로 귀환하는 것이기도 하다. 죽음이 두려워 노예가 되는 것, 바로 그것이 자유를 얻는 길이다.(E. 308) 자살 충동을 그대로 실천하는 것은 진정한 자유가 아니고, 하나 되기 위해 대상을 파괴하는 것도 진정한 자유가 아니다. 자유란 그보다 더 힘들게 얻어질 때 가치가 있다. 자유와 죽음은 선택이나 대립의 관계가 아니라 주체와 타자, 혹은 음양처럼 공존의 관계이다.

로미오와 줄리엣은 자유를 실현하지는 못한다. 마술이 완벽하게 실현되지 못하고 오해로 인해 실패하기에 둘의 죽음은 어쩔 수 없는 한계에서 오는 비극이다. 그리고 죽음의 원인이 지극한 사랑이었다는 데서 관객은 박수를 보낸다. 흙으로 돌아가 한 몸이 되기 전에 둘은 사랑의 극치를 보여준다. 연인의 죽음 앞에서 자신도 목숨을 버리는 사랑의 증명이다. 그리고 그것이 두 가문을 화해하게 만든다. 증오를 화해로 바꾸는 힘이 사랑의 미학이다.

두 가문의 화해를 잠깐 미루어놓고 둘의 죽음에 눈을 돌려보자. 에로스는 하나가 되는 것이고 그것은 살아 있는 한 불가능하기에 사랑의 극치는 죽음이다. 그러나 죽음을 담보로 하는 사랑은 윤리적이지 않다. 그러기에 『로미오와 줄리엣』은 비극이고 젊은 열정의 산물이다. 아니 마술의 실패다. 사랑의 소망은 둘이 하나 되어 죽는 것이지만 사랑의 윤리는 둘이 둘이 되어 사는 것이다. 장벽은 그렇게 마약의 힘으로 무너지는 것이 아니었다. 장벽이 무너지고 남는 것은 에로스가 아니고 무너진 돌더미와 흙더미이다. 칙칙한 장벽의 잔해가 뒹굴 뿐이다. 둘이 몰랐던 것은 억압이 욕망을 만든다는 것이다. "아니오"가 "예"를 만들고 "예"일 때 "아니오!"라고 말하는 것이 에로스의 속성이다. 로미오가 금지의 성으로 들어갈 때 그는 다른 여인을 만나려 했던 것이고, 줄리엣이 유모에게 무관심한 척해져 질질 끌 시간이 없다고 말할 때 그녀는 그 이유를 몰랐다. 물론 알았더라면 불후의 명작이 태어나지 않았을 테지만.

사랑은 장벽 만들기이다. 서로 어긋나는 모순 속에 에로스가 존재한다. 그렇다면 그 모순을 지워버리면 사랑도 죽어버린다. 이것이 장미의 위대한 모순이다. 장미(rose)는 에로스(eros)다. 모순이란 "아니오"가 "예"라는 데 숨어 있다. 도둑맞은 편지는 뒤집어져서 되돌아온다. 메시지를 보낸 자는 항상 도치된 형태로 다시 그것을 받는다. 「'도둑맞은 편지'에 대한 세미나」에서 장관은 여왕에게서 훔친 편지를 남들이 보는 곳에 놓는 대신에 그것이 여자가 보낸 편지처럼 보이도록 겉봉을 뒤집어 여자의 글씨체로 다시 쓴다. 남들에게 보이는 세상으로 들어가기 위해 뒤집어놓은 것이다. 뒤팽 역시 마찬가지다. 그는 그 편지가 여왕이 찾는 편지임을 알아본다. 그리고 미리 자신이 준비해 간 편지와 바꿔치는데 그때 그 편지 속에 자신이 평소 장관에게 하고 싶었던 복수의 말을 쓴다. 여왕보다 장관이 한 수 높고 장관보다 뒤팽이 한 수 높다. 아니 한 수 낮은 것인가? 뒤팽은 언젠가 장관에게 모욕을 당한 적이 있었고 이제 그 모욕에 대한 대가를 지불한다. 장관은 도치된 편지를 보냈고 뒤팽에게서 도치된 편지를 받는다. 편지는 도치된 형태로 되돌아온다. 이것이 거울 단계에서 상징계로 들어온 이후 기표의 순환이 드러내는 중요한 양상이다. 음이 양이 되고 양이 다시 음이 되는 반전과 도치가 순환을 형성한다.

기표는 도치된 형태로 순환된다. 아니 도치된 형태가 아니면 순환이 일어나지도 않는다. 그것이 전이의 시작이고 기표의 운명이다. 최초의 억압이 일어나는 순간을 보자.

다시 말하면 타자와의 관계에서 주체의 원시적 욕망이 제 자신을 증명하려 애쓰는 한, 타자와의 관계는 언제나 부정(negation)의 기본적이고 근원적인 요소를 그 속에 포함한다. 그것이 바로 도치의 형태로 나타난다.(S1, 61)

프로이트가 말한 부정, 혹은 거부는 억압의 다른 표현이다. 그리고 라캉은 부정이 상징계 안에서, 주체와 대상의 관계에서 도치된 형식으로 나타난다고 말한다. "지금 이 강연장에서 당신과 내가 마주 보듯이 사랑은 그런 것입니다." 스무 번째 세미나를 끝내면서 라캉은 그렇게 말했다. 마주 본다는 것은 무엇인가. 주체와 타자의 관계이다. 음과 양의 관계이다. 상징계의 가장 기본적인 관계이다. 상호주체성은 나란히 서거나 똑같이 겹쳐지는 것이 아니라 마주 보는 관계이다. 원래 이상적 자아는 마주 보는 데서 생겨난다. 거울 단계에서 아이가 자신의 이미지를 보고 환호할 때 거울에 나타나 상은 대칭의 것, 마주 보는 상이었다. 도치된 상이다. 이상적 타자란 자신의 모습을 거꾸로 본 것이다.

거꾸로 된 꽃병이 오목거울에 반사되어 바로 서고 그 상이 다시 평면거울에 비추어진다. 그리고 사람의 눈이 그 평면거울을 보는 그림이 있다.(S11, 145) 같은 말을 다르게 반복하기 좋아하는 라캉이 그의 책들에 적어도 세 번이나 출현시킨 이 그림은 자아가 상상계에서 상징계로 들어올 때 일어나는 도치를 뜻한다. 자아가 상징계로 들어설 때 거꾸로 들어온다는 것은 무슨 뜻인가. 상징계의 입장에서 보면 주체 속에서 타자는 언제나 반대말을 한다. 또 상징계로 들어오기 전, 주체가 대상과의 관계 속에서 언어로 구현되기 전, 가장 원초적인 자아이상은 도치된 상이었다. 그리고 그것이 상징계 속에서도 타자로 여전히 주체 속에 자리 잡는다.(E, 2) 거울 단계는 주체 형성의 원형이었다. 꽃병은 여러 가지로 문제다. 안과 밖이 하나이기에 꽃을 자꾸만 바꾸어 꽂게 하더니 이제는 뒤집어져서 들어온다.

오인은 영원한 운명이다.(Lee, 24) 주체는 오인에서 시작되기에 타자라는 판타지를 지닌다. 억압은 거울 단계의 도치된 자아이상이 초자아로 자리 잡는 것이다. 초자아란 상징계 속으로 들어온 이상적인 자아의 모습이다. 도치된 거울상이다. 이것이 억압이 일어난 주체, 거세된 주체, $이다. 억압의 결과 저항이 일어나는데 그 저항은 언제나 도치된 형태로 나타난다. 저항이란 바로 억압을 뚫고 여전히 존재하는 타자, 거울 단계의 소망이기 때문이다. 초자아란 주체의 그림자이다.

상징계가 결코 지울 수 없는 오목거울에 비친 상이다. 그림자는 항상 주인을 따라다닌다. 누가 주인이고 누가 노예인가. 장자가 말하듯 사람은 자신이 만든 그림자로부터 도망칠 수 없다.(31편) 둘 사이는 타자의 관계이다. 주인이며 노예이고, 노예이며 주인이다. 영원히 만날 수 없으면서도 포기할 수도 없는 연인이다. 초자아는 현실에 들어온 대타자이기에 도덕적이지만 대단히 위험하다. 언제든지 주체를 전복할 수 있는 막강한 주이상스다. 그것의 본질은 원시적 아버지이기 때문이다.

없음을 있음으로, 무를 유로 바꾸는 것이 억압이고 전이는 그 결과 나타나는 도치 현상이다. 기표의 세계에서 전이는 피할 수가 없다. 거울 단계의 도치된 상이 그대로 상징계에 들어와 타자로, 주체의 얼룩으로 존재하기 때문이다. 사랑이 찾아온 것을 우리는 "아니야"라는 부정으로 의식하고 사랑이 떠났을 때 우리는 "예"라고 말한다. "너를 진정 사랑했다."고 아무런 저항 없이 말하는 것은 언제나 사랑이 끝났을 때이다. 상징계 속으로 들어온 부분충동들은 언제나 전이를 일으킨다. 부분충동이 만들어내는 산물인 오브제 아는 도치된 자기 얼굴이다. 대상의 모습에서 거꾸로 된 자기 얼굴을 보기에 왜곡된 상이다. 우리는 연인을 제대로 볼 수 없다. 상징계가 바람직해하는 이상적인 대상 속에서 상상계의 대타자를 보는 것이 응시다. 응시는 사디즘과 마조히즘의 공격성을 띤 관음증이다. 또 연인에 의해 보여지는 쾌락으로 노출증이다. 두 경우 모두 왜곡된 상을 낳는다. 전자는 대상을 부풀리는 시각상의 왜곡이고 후자는 자아를 부풀리는 시각상의 왜곡이다. 둘 다시각에서 나타나는 전이 현상이다.

　　당신이 대타자의 응시와 만날 때 당신은 바라보는 눈이 아니라
눈먼 눈을 만나는 것이다. 응시는 분명하거나 꿰뚫어보는 눈이 아
니고 지식이나 인식으로 가득 찬 시선도 아니다. 그것은 흐릿하고
그 자체의 즐김에 흠뻑 빠져서 그 자체를 향해 되돌아오는 눈이
다. (Copjec, 36)

　　대타자의 응시와 만날 때 우리는 공격성을 띠거나 반대로
보여지는 자신을 바라보는 쾌락을 즐긴다. 둘 다 나르시시즘
적 쾌감으로 결국은 하나이다. 관음증과 노출증은 사디즘과
마조히즘처럼 하나가 서로 마주 보는 거울 단계의 즐거움이
다. '흉내 내기'는 응시가 언제나 그 자체를 향한다는 것을 보
여주는 좋은 예이다. 소를 숭배하는 인도인들이 소고기를 먹
는 영국인들의 관습을 배울 때 그들의 "예"는 "아니오"였다.
의식에서의 긍정은 무의식에서는 부정이다. 그들은 복종하는
척했지만 소고기를 먹는 영국인들의 관습을 따르지 않는다.
첩보 활동을 위해 적의 모든 행동과 관습을 닮지만 그것은 오
로지 전복을 위한 닮음이다. 그들의 예스는 노우였다. 닮음
속에 숨어 있는 파괴와 전복이 에로스 속의 타나토스이기에
라캉의 정신분석은 저항을 담은 정치적 이론이 될 수 있다.
　　멀쩡한 사람을 남근으로도 보고 해골로도 보는 것이 시각상
의 '전이'이다. 원래 해골인 것을 상징계로 들어올 때 베일을
씌워 남근으로 바꾸었다. 도치치고는 엄청난 도치다. 죽음을

가장 사랑스런 셋째 딸로 바꾼 것과 같다. 문명은 바꿔치기이다. 문명은 죽음을 에로스로 바꾼 것이다. 억압이 저항을 낳고 저항이 전이를 낳는다. 그리고 거기에서 태어난 세 번째 딸이 문명이다.

거친 폭풍우도 창밖을 통해 보면 아름답고 아늑하게 보인다. 폭풍의 한가운데에 서면 공포를 느끼지만 창문을 통해 보면 아늑해 보이는 이유는 창이 공포를 거세하기 때문이다. 창이 공포를 '오브제 아'로 만들기 때문이다. 커츠의 '공포'를 '그대의 이름'으로 만든다. 한밤중에 따뜻한 아랫목에서 후드득후드득 빗방울이 떨어지는 소리를 들으면 어머니의 자장가를 듣는 것처럼 스르르 잠이 온다. 따스한 방 안에서 폭풍우에 나뭇가지가 흔들리는 소리를 들을 때도 마찬가지다. 밖에서는 공포와 파괴와 죽음이 집 안에서는 아늑하게 느껴진다. 이것이 문명이고 억압이다. 억압은 죽음의 공포를 아늑한 쾌감으로 바꾼다. 어둑한 객석에 앉아 화면 속에서 일어나는 공포와 파괴를 즐기는 것도 스크린이 억압의 구실을 하기 때문이다. 스크린은 총알이 튀어나오지 못하게 막고 괴물이 걸어나오지 못하게 막는다. 판타지의 창은 이처럼 폭력과 공격성을 즐김으로 도치한다. 이때 억압으로 인해서 생기는 즐김을 전이로 인해 나타난 증상(symptom)이라고 부른다. 증상은 제거할 수 없는 타자이다. 삶을 지탱하고 죽음을 지연하는 문화적 장치이기 때문이다.

정신병에서 증상은 나타나지 않는다. 전이가 일어나지 않기 때문이다. 억압이 없기 때문이다. 정신병자는 거울 단계에 갇혀 정상적인 대화를 하지 못한다. 그는 폭풍우의 한가운데 서서 대타자의 음성을 듣는다. 자신이 말하고 자신이 대답한다. 자아가 곧 신이다. 독재자는 아첨의 무리에 싸여 오랫동안 고립되면 환청에 빠진다. 그리고 파멸한다. 끝이 보이지 않는 공포와 폭력에 시달리기 때문이다. 환청은 전이가 일어나지 않는다는 증거다. 거울 단계의 착각이 그대로 지속되고 도치가 일어나지 않는다. 도치된 상이 주체의 얼룩이요 타자인데 주체가 아예 형성되지 않기에 타자도 없고, 전이나 증상도 없다. 이것이 편집증이고 파라노이아이다. 모든 독재자는 자신의 그림자를 보지 못한다. 우주가 음양으로 이루어진 것을 모른다.

전이가 일어난다고 해서 무조건 행복한 정상인은 아니다. 전이에는 두 종류가 있다. 사로잡히지 않기 위해 부정하는 "아니오"가 있고 사로잡기 위해 부정하는 "아니오"가 있다. 자신이 사로잡혀 사랑의 노예가 되지 않으려 할 때 그는 속으로 자신에게 "아니오"라고 말한다. 속으로 "아니오"라고 말할 때 그것은 아가페적 사랑이다. 노예가 되기를 거부하는 사람은 연인도 노예로 만들지 않는다. 이것이 긍정적 전이이다. 자신의 자유와 연인의 자유를 인정하는 것이 사랑이다. 주체가 타자를 인정하면서도 타자의 노예가 되지 않는 거리를 둔 사랑이다.

부정적 전이는 자신이 노예가 되어 연인도 노예로 만들려는 나르시스적 증오이다. 그는 자신이 아니라 연인에게 "아니오"라고 말한다. 무관심을 가장하여 연인의 질투심을 불러일으킨다. 공격성으로 사랑을 확인하려 한다. 혐오스러운 말로 상처를 준다. 거울 단계의 동일시에서 오는 파괴적인 속성이다. 부정적 전이는 나의 자유도 대상의 자유도 인정하지 않는다. 타자가 주체를 압도하여 에로스의 파괴적인 속성인 증오가 사랑을 먹어버리고 그 자리를 차지한다. 무위가 깨어지고 죽음에 이르는 실재계와의 불행한 만남이다.

그렇다면 긍정적인 전이는 우리에게 완전한 행복을 주는가? 고귀한 사랑에도 슬픔이 찾아든다. 인간이 숨 쉬는 대가로 지불한 한 줌의 살, 타자는 주체가 지워버릴 수 없는 그림자이다. 아무리 달래도 타자의 위력은 엄청나다. 주체가 아무리 연인을 높이 올려놓고 숭배하면서 닮으려 애를 써도 연인은 발아래로부터 긴 그림자를 만들어 어디를 가나 그에게 찰싹 붙어 떨어질 줄을 모른다. 그림자는 늘 몸처럼 그를 떠나지 않는데 그림자에게는 몸이 없다. 이것이 사랑의 슬픔이다.

전이는 몸을 그림자로 만든 것이다. 그림자가 없으면 사랑조차도 없다. 없는 사랑을 만들어내기 위해 몸을 죽였으니 사랑은 텅 빈 그림자를 사랑하는 것이다. 연인을 높이 승화시키면서 몸을 죽인 것이다. 증오를 억제하기 위해 몸을 죽인 것이 억압이고 텅 빈 그림자를 끌어안고 행복하다고 말하는 것이 전이다. 전이는 몸이 없는 사랑이다. 이것이 사랑을 하지 않으면 삶의 의미가 없고 사랑을 하면 고통스러운 이유다.

전이는 이처럼 인간과 인간을 맺어주는 끈이다. 어떻게 맺어져야 그런대로 오차를 줄이고 이 풍진 세상을 행복하게 살 수 있는가. 불안을 줄이고 아늑한 쾌감을 최대로 늘릴 수 있는가. 전이는 삶의 불안과 공포를 아늑한 평화로 바꾸는 방식에 대한 사유이다.

2. 나는 언제나 아는 것보다 더 많은 말을 한다

흙에서 나와 흙으로 돌아가는 인간은 짐승과 닮았지만 그렇다고 짐승은 아니다. 새의 내장을 들여다보면 전혀 그렇지 않을 것 같지만 인간의 것과 아주 흡사하다. 기본적인 것은 모두 공통된다. 모양이 다를 뿐이다. 바다 속에 사는 넙치를 잡아 갑판 위에 올려놓으면 마치 꼬리 달린 삼각연 위에 희미하게 그려놓은 사람의 얼굴 같다. 눈, 코, 입이 모양은 조금씩 달라도 넙치의 얼굴 위에 다 그려져 있다. 그래서 인간은 자신과 짐승을 구별해야 했다.

넙치와 구별하기 위해 나온 최초의 선언이 "인간은 생각하기에 존재한다."는 말이 아니었을까. 가자미나 넙치는 눈, 코, 입을 가졌지만 생각을 못한다. 말을 할 줄 모르기 때문이다. 언어가 없고 문화가 없다. 그저 먹고 종족을 번식하는 행동밖에 모른다. 미신의 위력과 자연의 폭력에서 벗어나고자 인간이 스스로를 자연과 구별 짓고 문명을 발전시킬 때 '생각한다'는 것은 힘이었다. 사자의 발톱보다 고래의 몸통보다 인간의 머리가 더 힘센 무기였다. 생각한다는 특권은 화려한 문명을 창조해 왔다. 그런데 19세기 말부터 시작이 되어 20세기 중반에 이르면 '생각한다'는 로고스에 대한 반성이 시작된다.

계몽주의는 엄청난 파괴력을 낳았고, 문명의 발전은 특정 인종과 성의 차별을 딛고 이루어져 왔다. 정신분석은 로고스에 대한 반성으로 주체 속에 제어하지 못하는 공격성이 있음을 알린다. 이제 생각한다는 것만으로는 부족하다.

무엇이 고려되어야 하는가. '말하는 것'이다. 말을 할 때 튀어나오는 '몸'을 고려해야 한다. 생각은 주체 속에서 일어나지만 말(speech)은 인간과 인간 사이에서 일어난다. 생각만으로 인간과 사회를 설명할 수 없다. 그 생각이 어떻게 발화되어 의사가 소통되는가. 이것이 문명을 창조하고 삶을 지배한다. 방화, 타살, 혁명, 그리고 위대한 예술의 창조에 이르기까지 인간은 짐승과 다르지만 그렇다고 투명한 의식의 주체만도 아니다. 폭력과 문명은 생각의 영역만이 아니라 상호주체적인 인간 관계의 산물이다. 자살이 왜 상호주체적인가. 스스로 자기 목숨을 끊는 행위인데. 그러나 자살은 보여지는 세상에 살기 때문에 일어난다. 우울증도 자살도 예술의 창조도 너무나 예민하게 남을 의식하기 때문에 일어난다. 대타자에 의해 보여지기 때문에 우울증도 생기고 열등감 때문에 자살이나 방화, 폭력이 일어난다.

이란에서는 못다 지은 축구 경기장에 너무 많은 관중이 몰려 몇십 명이 죽고 부상을 당했다. 그러면 축구장 건물이 완벽하고 객석 수에 꼭 맞게 입장시키는 미국에서는 사고가 없어야 한다. 그러나 그곳에서는 총기로 학생들을 쏘아 죽이거나 납치하거나 건물에 불을 지르는 사건들이 일어난다. 아무리 머릿속으로 생각해서 완벽한 건물을 만들고 알맞은 수의 사람들을 입장시켜도 폭력은 여전히 일어난다. 이성만으로는 설명되지 않는다. 폭력, 우울증, 자살은 사유의 영역이 아니라 보여지는 세상에 살기에 일어나는 공격성이다. 그것들은 개인의 마음속이 아니라 상호주체적인 전이의 장에서 일어난다. 폭력은 사유가 아니라 말하기의 영역에 속한다.

그곳이 바로 불투명성이 시작되는 부분이다——결국 전이란 무엇인가? 우리가 생각하는 효력을 발휘하는 전이란 본질에 있어 발화 행위, 바로 그것이다. 사람은 진실하게 속을 몽땅 털어놓으며 다른 사람에게 말을 하지만 바로 거기에 진정한 의미의 전이, 상징적 전이——즉 대화에 개입한 두 존재를 변화시키는 무언가가 일어난다. (S1, 109)

프로이트가 발견한 전이를 라캉은 한층 더 밀고 나가 전이의 역동성이 분석이라는 결론에 이른다. "나는 말하기에 존재한다." 이것이 라캉의 사상이다. 말이 모든 것을 해결해 주지 못해도 말밖에 의지할 곳은 없다. "신보다 더한 신은 없다."라고 이슬람 사람들이 말하듯이 라캉에게 "문제를 해결하는 데 말보다 더 나은 해결 수단, 말보다 더 나은 말은 없다."(S2, 158) 라캉이 "나는 생각하지 않는 곳에서 존재한다."라고 말할 때 바로 그 생각하지 않는 곳은 말을 할 때 튀어나오는 몸이다.

혼자 생각할 때는 잠잠하던 몸이 말을 할 때 튀어나온다. 발화는 대상을 향해 가는 것이지 고립된 것이 아니다. 상호주체성이라는 너와 나의 공간이 말이 노는 무대요 싸움터다. 그리고 이곳에서 전이가 일어난다. 데카르트의 주체가 생각을 한다면 라캉의 주체는 말을 한다. 전자가 고립된 사유를 가정한다면 후자는 너와 나 사이라는 전이를 가정한다. 전이를 일으키는 장본인은 물론 주체 속의 얼룩인 타자이다. 상호주체적이지 않은 게 어디 있는가. 깡통도 우리를 보고 나뭇잎도 우리를 본다. 장님도 보여지는 것을 느끼며 산다. 상징계 그 자체가 이미 보여지는 것이기에 전이는 떼버릴 수 없는 그림자다.

억압 혹은 금지는 주체의 밖에서 일어난다. 그것은 세상의 담론이 만든다. 저항은 억압이나 금지를 당한 주체 안에서 일어난다. 그래서 라캉은 "금지는 저항이 아니다."라고 말한다.(S2, 127) 상징계의 법인 금지는 그 자체 속에 경계 위반을 품고 있다. 우리는 신이 없으면 모든 게 가능할 것이라 믿지만 정신분석은 신이 없으면 아무것도 가능하지 않다고 말한다. 신경증이 이것을 증명한다.(S2, 128) 정신병자에게는 너무도 신이 많아 신이 없고 신경증자에게는 신을 믿을 수 있는 마음의 여유가 없어서 신이 없다. 신경증자는 즐김을 두려워하고 남이 즐기는 것을 증오한다. 그는 환상을 만드는 것이 두려워 불만 외에 아무것도 느끼지 않으려 한다. 환상은 전이가 이루어져야 생겨난다. 신경증 환자는 전이를 두려워한다. 그는 이미지나 부가가치나 승화가 모두 거짓 같아 보인다고 거부한다. 모두 전이의 산물들이다. 전이는 삶을 탄력 있게 해주는 쿠션이다.

억압은 위반을 낳고 위반은 창조를 가능하게 하는 신을 만든다. 신이 위반이라니? 신을 만든 것은 주체이지만 그 신을 믿는 것은 주체 속의 얼룩인 타자이다. 신은 전이의 산물이다. 우리는 신을 숭배하기 위해서 닿을 수 없이 높은 곳에 올려놓았기에 그분의 얼굴을 볼 수 없다. 다만 그림자만을 본다. 늘 나를 쫓아다니는 그림자는 바로 나의 그림자다. 그래서 자신을 먼저 사랑하지 않으면 신을 사랑할 수 없다. 신의 얼굴에서도 우리가 보는 것은 자신의 얼굴이다. 연인의 얼굴에서 내가 보는 것이 내 얼굴이듯이.

전이는 주체 속에서 일어나고 주체 밖으로 나아간다. 상호 주체적인 발화의 현장에서 전이가 일어난다. 그러므로 나는 아는 것보다 더 많이 말한다. 그리고 말하는 것보다 더 많이 말한다. (S1, 266) 말은 주체가 하지만 더 많이 말하는 것은 타자다. 주체는 "나는 너를 사랑한다."라고 말하지만 타자는 "나는 나를 사랑해."라고 말한다. 주체는 나는 너를 닮고 싶다고 말하지만 타자는 나는 너와 하나가 되고 싶다고 말한다. 전이는 이 두 개의 말이 동시에 대상을 향해 떨어지는 것이다.

주체의 말과 타자의 말이 도치되는 경우는 사랑 담론에서 가장 두드러진다. 주인 담론이나 대학 담론은 도치된 타자의 음성을 은폐한다. 그에 비해서 사랑 담론이나 분석 담론은 타자를 잘 드러낸다.[9] 무의식이 자신의 얼굴을 가장 많이 은폐하려 드는 곳이기 때문이다. 무의식은 언제나 부정을 통해 드러낸다. 이것이 자신을 노출시키는 방식이다. 위장과 과장과

---

9) 네 가지 담론의 특성은 5장에서 자세히 설명된다.

응시가 가장 심하기에 거짓말을 제일 많이 하는 담론이다. 타자는 자신을 숨김으로써 드러낸다. 미학이 스스로를 숨김으로써 드러내는 것과 같다. 그래서 분석 담론, 혹은 사랑 담론은 미학이다. 우리가 늘 누군가를 그리워하고 영화나 소설이 사랑 이야기를 즐기는 것은 그것이 가장 잘 위장된 담론이면서 가장 정직한 담론이기 때문이다. 진리가 드러나는 방식을 가장 잘 보여주기 때문이다.

　주요섭의 단편 「사랑 손님과 어머니」에는 두 개의 말이 동시에 튀어나오는 장면이 있다. 달걀이 아주 귀하던 시절, 사랑 손님을 떠나보낸 어머니는 달걀 장수에게 "더 이상 달걀 안 사요."라고 말한다. 어른들의 사랑을 이해하지 못하는 어린 딸 옥희는 의아해한다. 난 달걀이 먹고 싶은데 왜 안 산다는 거지? 그런데 엄마의 참담한 표정을 보면서 옥희는 입을 다문다. 그 애가 이해하지 못할수록 독자는 더 절실하게 사랑의 아픔을 느낀다. 타자는 뒤집어져서 상징계로 들어오기에 어린 소녀는 그것을 포착하지 못하고 그런 소녀의 순진함이 어른에게 더욱 절실하게 자신을 보게 한다. 뒤집는 것이 타자의 속성이다. 독자는 뒤집는 맛에 미학을 즐기고 사랑 담론을 즐긴다. 뒤집는 것이 왜 즐거운가. 법은 위반을 위해 만들어진 것이고 위반은 언제나 쾌락을 준다. 위반은 상상계의 흔적이요, 그곳은 자극이 없던 아늑한 쾌감의 영역이다. 뒤집기를 잘할수록 미학적이고 쾌감을 주고 윤리적이다. 왜 윤리적이기까지? 솔직하게 우리들 자신의 속임수를 드러내고 우리가 얼마나 짐승성을 버리지 못하는지 말해 주기 때문이다. 윤리란

156

정직함 속에서 옳은 방식을 찾는 길이다. 미학은 사랑 담론이나 분석 담론처럼 전이를 드러내기에 도덕적인 강의보다 윤리적이다.

나는 말하기에 존재한다. 나는 더(혹은 덜) 말하기에 존재한다. 흐르는 기표들의 강물에 그물을 던져 말을 건지는 지점, 자아와 대상이 만나 주체와 타자를 만드는 지점이 '매듭 지점 (nodal point, 혹은 point de capiton)'이다. 거울 단계를 봉합하고 상징계로 진입할 때 꿰맨 흔적이 남듯이 상징계는 흔적을 남긴다. 이것이 상흔이고 반복의 기점이다. 거세가 일어난 지점이요 전이가 시작되는 지점이다. 최초의 꿰맨 흔적으로 우리는 자꾸만 되돌아간다. 프로이트의 「언캐니」에서 거세를 상징하는 모래인간이 다른 모습으로 되풀이되어 나타나듯이, 라캉의 '매듭 지점'은 반복의 시점이다. 어머니와 한 몸이었던 평화로부터 불안의 세상으로 내던져진 최초의 상흔이 배꼽이다. 그래서 늘 되돌아가고 또 되돌아가는 반복의 지점이다. 배꼽은 거세와 저항과 전이가 차례차례 일어나는 꿰맨 자국이다. 데리다도 신화의 배꼽인 제우스의 신전 옴파로스를 가지고 타자와 전이를 설명한다. (Derrida, 38)

배꼽은 어머니와 나를 이어주던 끈을 잘라버린 흔적이다. 라캉의 용어로 꿰맨 흔적이다. 사이코는 이 흔적이 없는 사람이다. 사이코는 여전히 어머니와 자신이 한 몸이라고 착각한다. 배꼽이 없는 사람이다. 라캉이 융에 대해 불만을 느끼는 것은 그가 배꼽 없는 사람과 있는 사람을 분명히 구분 짓지 않았다는 데 있다. 심하게 말하면 라캉은 데카르트 이후 서구의 지식도 배꼽을 못 보고 있다고 생각했다. 그는 융이 정신병과 신경증을 리비도의 변형쯤으로 생각하고 근본적인 차이를 강조하지 않았다고 말한다. (S1, 115-117) 프로이트는 정신병과 신경증의 차이를 중시했다. 라캉에게 전이와 역전이는 가장 중요한 항목이고 이것은 정신병과 신경증이 구분되듯이 상상계와 상징계가 구분되기에 일어난다. 그래서 프로이트가 「나르시시즘에 대하여」라는 글에서 논의한 내용을 라캉은 「두 개의 나르시시즘」(S1, 118-128)에서 반복한다.

일차적 나르시시즘은 자아와 대상의 구별이 없어 애니미즘처럼 만물과 자신을 동일시하는 환상이다. 유아가 상징계로 들어서면 거울 단계에서 지녔던 이상형인 이마고를 대상에 투사하는데 이때 여전히 거울 단계에서 가졌던 하나라는 착각이 개입된다. 이차적 나르시시즘이다. 다시 말하면 상상계의 자아 보존 본능은 상징계로 진입한 후 대상 본능(혹은 성 본능)으로 분리된다. 그러나 여전히 나르시시즘을 투사하는 것은 같다. 대상을 향해 투사되지만 여전히 자아에게로 돌아오는 게 리비도의 속성이다. "리비도적 충동은 상상계의 기능 위에 집중된다."(S1, 122) 라캉은 바로 이 다르면서도 같은 것을 강조한다. 전이는 다르면서 같기에 일어난다. 일차적, 이차적이란 다른 차원이지만 나르시시즘은 여전히 붙어다닌다. 그러므로 전이는 이차적 나르시시즘에 의해 생겨난 것이다.

자아는 특정한 개체이지만 자아이상은 그가 지녔던 환상 속의 이상형이다. 이마고는 타입이지 개체가 아니다. 상징계는 떠도는 말의 세계이지 몸의 세계가 아니다. 그런데 우리는 연인을 특정 개체로 착각한다. 떠도는 말의 세계에서 몸을 찾으려 한다. 너와 내가 하나라는 꿈을 버리지 않는다.

그것은 섹슈얼 파트너의 존재가 아니다. 한 개인의 특정성이 아니다. 내가 타입이라고 불러왔던, 말하자면 이미지라는 것과 지극히 친밀한 어떤 것이다. (S1, 121)

전이는 바로 이 이미지, 혹은 타입과 실제 연인 사이의 틈새에서 일어난다. 타입을 보면서 그 이미지가 나와 한 몸이 될 수 있는 개체라고 믿는다. 이미지를 보면서 몸이라고 믿는다. 타입을 보면서 자신을 보는 착각이 미혹(lure)이고 여기에서 나타나는 상이 '오브제 아'이다. 거꾸로 된 꽃병이 오목거울에 반사되어 바로 선다. 그리고 그것이 평면거울에 반사된다. 이것이 전이이다. (S1, 124)

아가페적 사랑과 에로스적 사랑이 있는 것도 바로 이 두 개의 나르시시즘, 두 개의 거울이 있기 때문이다. 에로스는 상상계에 기반을 둔 사랑이다. 이것이 파괴적이고 공격적이어서 상징계로 끌어올린 것이 아가페적 사랑이다. 그러나 이 두 가지 사랑은 서로 분리되지 못한다. 아가페 속에 여전히 에로스가 강력한 힘으로 도사리고 있기 때문이다. 그리고 성의 본질은 어디까지나 에로스이다.

최초의 전이는 두 개의 나르시시즘에서 보듯이 사랑이었다.(S1, 142) 그리고 최초의 승화도 이상화도 여기에서 일어난다. 승화는 억압에 의해 몸을 이미지로 바꾸는 것이다. 수많은 신을 단 하나의 신으로 올려놓는 것이 승화이다. 연인과 거리를 두고 그를 닮으려 노력하는 것도 승화이다. 성이 완벽한 충족을 주지 않는다는 것을 깨닫고 불가에 몸을 바치는 조신의 행위도 승화이다. 이상화는 다르다. 이상화는 자아가 거울 속에서 자신을 이상적인 완벽한 이미지로 보는 착각이다. 거울 속에서 본 자아이상을 대상에게 투사하여 이상적 자아를 사랑하는 것이 이상화이다. 무엇이 다른가. 승화는 몸을 버리고 이미지를 택하는 것이고 이상화는 몸에 집착하는 것이다. 승화는 조신이 불가에 귀의하듯이 절망에서 벗어나 탈출구를 찾는 길이고 이상화에는 반드시 실망과 가치 절하가 따른다. 이상형이 바로 자신이기에 하나가 되지 못하면 증오하게 되고 하나가 되려고 파괴하면 아무것도 아니라는 것이 드러난다. 연인을 높은 곳에 올려놓고 숭배하며 닮으려 애쓰는 길은 승화이고 베일이 걷히고 아무것도 아님을 알았을 때 연인의 가치를 절하하는 것은 이상화의 결과이다. 승화는 내 그림자를 숭배하는 길이고 이상화는 그림자를 몸으로 착각하여 소유하려는 것이다. 승화는 아가페이고 이상화는 에로스이다.

그렇다면 사랑의 진실은 어디에 있는가? 승화는 그림자를 따르라 하고 이상화는 실망을 따르라 한다. 승화와 이상화를 조화시키는 길은 없는가? 몸과 이미지를 모두 사랑하는 길은 없는가? 너를 파괴하지 않으면서 너와 하나 되는 길은 없는가? 정신분석이 말하는 '진실'이란 무엇인가. 잠깐 귀를 기울여보자. 우리는 살아가면서 실수를 한 뒤에야 진실을 본다. 진실은 오류에 의해 드러난다. 분석에서 진실은 말실수에서 드러난다. 완전히 포착할 수도 없고 잡으면 놓치는 말실수가 진실을 드러낸다면 분석에서 진실이란 오류의 뒷덜미를 잘못 잡는 것이다.(S1, 265) 해답은 언제나 힐끗 보이는 듯하다가 사라진다. 말실수로부터 진실을 끌어낸다면 진실은 이미 착오를 품고 있다.

주체는 몸을 통해 말을 한다. 그 자신이 뭐라고 말하는지 모르는 진실의 말을. "그는 언제나 그가 의미하는 것보다 더 많이 말하고 언제나 그가 말하고 있다고 생각하는 것보다 더 많이 말한다."(S1, 266) 진실은 오류로부터 나온다. 그것은 이미 전이된 말이다. 주체가 예라고 말하는데 타자는 아니오라고 말하는 것이 분석의 진실이다. 그러면 '지식'은 무엇인가. 전통적으로 지식(knowledge)은 진실(truth)과 일치했다. 그러나 라캉에 오면 지식은 타자를 지우고 진실은 타자를 수용한다. 그러므로 진실은 지식의 범위를 넘어선다. 진실은 지식보다 넘치거나 모자란다. 진실은 타자를 인정하고 지식은 타자를 억압해 왔다.(S2, 95)

하이데거는 진리를 꽃병에 비유했다.(S7, 119) 꽃병은 물을 담는 그릇이다. 의미를 담는 기표이다. 그러나 꽃병은 안과 밖이 없다. 꽃병은 위가 열려 있기에 안이 곧 밖이다. 이것은 상상계와 상징계가 뫼비우스의 띠처럼 연결된 것과 같다. 주체와 타자가 서로 적이면서 이웃인 것과 같다. 둘은 서로 반대말을 하면서도 뗄래야 뗄 수 없이 하나이니 적과의 동침이다. 타자는 주체에게 "껍데기는 가라"고 소리치고 주체는 타자에게 "지금까지 네가 알맹이였어? 난 내가 주인인 줄 알았는데."라고 말한다. 누가 껍데기이고 누가 알맹이일까.

인도인이 영어를 할 때와 일본인이 영어를 할 때 그 영어는 같은 영어지만 아주 다르게 들린다. 모국어의 어조가 영어와 합쳐져서 나오기 때문이다. 일본인은 일본식으로 영어를 말하고 인도인은 인도식으로, 스페인 사람은 스페인식으로 영어를 한다. 아무리 외국어를 철저히 배워도 모국어의 흔적은 지워지지 않는다. 어머니의 음성은 고집스럽다. 그 고집은 배움으로 막을 수가 없다. 모국어는 침입하는 영어를 방해하고 간섭하면서 제3의 언어를 만들어낸다. 이것이 전이다. 모국어가 영어와 아주 다른 언어 조직을 가지고 있을 때 영어를 배우기는 힘들다. 간섭이 심하기 때문이다. 전이에서 알맹이는 모국어다. 영어는 껍데기다. 부분충동인 음성이 어머니의 언어에 해당하기 때문이다.

일본의 생선회, 중국의 자장면 등도 한국에 오면 한국식으로 바뀌고 미국에 가면 미국식으로 바뀐다. 어머니의 음식, 어머니의 음성은 전이를 일으키며 살아남는다. 이때 알맹이는 언제나 녹지 않는 타자, 어머니의 것이다. 상징계로 진입해도 상상계가 녹지 않고 그대로 들어와 얼룩이 되어 전이를 일으키고 반복을 하게 만든다.

우리가 사는 삶은 껍데기가 알맹이를 몰아내는 삶이다. 그런데 이때 은밀하게 타자가 속삭인다. 알맹이는 결코 녹지 않는다고. 아무리 영어를 배워도 모국어가 간섭하고 아무리 외국 문화가 들어와도 우리 전통이 녹아버리지 않는다. 다만 전이를 일으킬 뿐이다. 알맹이는 전이 속에서 자신을 드러낸다.

흙, 어머니의 젖가슴, 음성, 응시는 상징계 속에서도 결코 제거되지 않는다. 전이의 형태로 자신을 보존한다. 전이는 두 개의 이질적인 문화가 제3의 어떤 것을 만드는 것이다. 이것이 문화의 혼혈성이다. 순수 문화란 순수한 주체가 있다고 가정할 때만 가능하고 만약 그런 문화가 있다면 그것은 배꼽이 없는 문화다. 모든 문화는 이미 전이된 문화다. 타자가 그토록 고집스럽다면 주체가 할 일은 무엇인가. 타자와의 타협이다. 타자를 제거했다고 착각하면 오히려 타자가 주체를 먹어버린다. 이것을 아는 것이 진정한 주체성이다. 노장사상의 '무위'란 바로 주체와 타자 중 어느 한쪽 편을 들지 않고 양쪽의 균형을 지키는 도리이다. 이것이 대상을 파괴하지 않으면서 사랑하는 길이다.

들뢰즈가 그의 저서 『안티 오이디푸스Anti-Oedipus』를 발간했을 때 라캉은 그가 자신의 이론을 훔쳤다고 느낀다. 비록 들뢰즈 앞에서는 그를 칭찬했지만 후에 그가 자신의 세미나에서 "욕망하는 기계"의 아이디어를 얻어냈다고 불만을 표시했다.(Roudinesco, 347-348) 그리고 살아생전에 세미나는 했을망정 책을 내지 않으려 했던 것도 다른 사상가들이 자기 것을 훔쳐갈지도 모른다는 우려 때문이었다고 한다. 『에크리』만 해도 출판사에서 간청하여 간신히 원고를 얻었는데 분량이 엄청나고 난해하여 난감해하는 출판사 측에 대해 라캉은 전혀 수정도 삭감도 허락하지 않았다고 한다. 당대의 사상가들은 그들이 프로이트에게 빚졌다고 생각했을 테고 라캉은 프로이트를 재해석하는 자신을 훔친다고 생각했을 것이다. 훔친다는 표현보다 아마 라캉 자신의 말처럼 그들은 "라캉의 욕망을 욕망"했다고 표현하는 것이 더 정확하지 않을까. 아니 그들도 라캉처럼 프로이트의 욕망을 욕망했다. 그것이 한 시대의 패러다임이었다.

전이는 독창성이다. 전이는 상호주체성이다. 그것은 타자의 욕망을 욕망하는 것이다. 프로이트의 '도라 분석'을 라캉이 재해석한 것을 보면 왜 그가 남들이 자기 것을 훔친다고 분노했는지 이해가 간다. 분명히 프로이트와 같으면서도 다르기 때문이다. 프로이트는 도라의 신경증을 이렇게 분석했다. 도라는 아버지를 흠모하면서 동시에 증오했다. 그가 K 부인을 사랑하면서 방어로 K를 자신에게 주려 했기 때문이다. 도라는 K의 구애도 거절한다. K의 키스를 왜 거절했는가. 가장 밑에 억압된 무의식은 도라가 K 부인을 사랑한다는 것이었다. 그러므로 도라는 아버지와 자신을 동일시했다. 동성애가 금지되었던 당시에 이런 결론은 충격적이었지만 프로이트는 슈레버의 분석에서도 그랬듯이 동성애를 병의 원인으로 본다. 그것이 충격적일수록 깊이 억압된다고 믿었던 것이다. 그런데 분석 도중 프로이트는 역전이를 일으켜 K를 자신과 동일시하고 왜 도라가 K의 키스를 거부하느냐고 끈질기게 물고 늘어진다. 라캉은 프로이트의 역전이를 지적한다. (E, 91)

라캉은 도라의 신경증은 그녀가 아버지의 욕망을 욕망한 것이라고 본다. K 부인을 사랑한 아버지의 욕망을 욕망하여 그녀도 K 부인을 사랑했다는 것이다. 상징계의 대타자인 아버지의 욕망을 모방한 결과가 동성애였다. 이런 결론은 프로이트와 초점이 다르다. 무의식의 존재를 억압된 동성애로 밝힌 프로이트에 비해 라캉은 욕망은 (대)타자의 욕망이라고 말한다. 그리고 프로이트는 도라가 전이를 일으켜 치료가 중단되었다고 불평했고 라캉은 프로이트 역시 역전이를 일으키고 있음을 강조했다. 진실이 어딘가에 묻혀 있다고 믿었던 초기의 프로이트에 비해 라캉은 해답은 어딘가에 숨어 있는 것이 아니라 이미 표층 위에 올라와 있음을 강조한다. 둘 사이에 주고받는 대화 속에 진실이 들어 있다. 말실수, 아니오라는 부정……. 이런 것들이 진실의 조각들이고 그것을 현재의 욕망으로 엮는 것이 해답을 찾는 길이었다.

진실은 둘 사이의 발화 속에 들어 있다. 진실의 목덜미를 잡는 손은 누구인가. 오류의 손이다. 주체 속에는 제어하지 못하는 거울 단계가 들어와 있기 때문이다. 거꾸로 들어온 꽃병, 반대로 말하는 타자가 있기 때문이다. 전이의 주체는 판타지의 주체와 함께 프로이트의 자아를 재해석한 라캉 이론의 핵심이다. 결국 라캉도 프로이트의 욕망을 욕망했고 바흐친, 지라르, 바르트, 알튀세, 들뢰즈 등도 대타자의 욕망을 욕망했다. 상징계의 대타자는 프로이트, 마르크스, 소쉬르였을 것이다. 아니면 새로운 패러다임이라는 권력이었을까? 지식은 곧 권력임을 '프로이트의 흔적들'에서 느낀다.

3. 안다고 가정되는 주체

　나는 대타자가 욕망하는 것을 욕망한다. 거울 단계의 나르시시즘은 여전히 욕망의 기본이다. 햄릿이 어머니의 욕망을 욕망하여 삼촌을 죽이지 못하듯이 주체는 상징계 속에 들어와 있지만 몸은 여전히 상상계 속에 있다. 정신분석에서 육체와 영혼의 분리는 일어나지 않는다. 몸과 주체는 음과 양처럼 연결되어 있다.

　육체와 영혼을 분리하고 몸을 추방하려 했던 플라톤과 달리 아리스토텔레스는 인간을 몸으로 보았다. 플라톤은 시인이 억압해야 할 감성을 부추겨서 이성을 마비시킨다고 믿었다. 그래서 시인을 공화국에서 추방해야 한다고 말한다. 아리스토텔레스는 감성은 추방한다고 제거되는 게 아니라 오히려 억누르면 한꺼번에 터져 공화국 건설에 지장을 준다고 본다. 인간을 몸으로 보고 한 단계씩 갈등을 고조시켜 절정에 이르렀을 때 방출시키자는 것이 아리스토텔레스의 책략(plot)이다. 플롯은 긴장을 최대로 고조시키고 절정에서 반전이 오고 긴장이 해소되는 미학의 기본 형식이다. 이것이 바로 우리 몸의 원리다. 아리스토텔레스의 책략은 몸의 책략이었다.

　피터 브룩스는 라캉의 전이와 반복 강박을 아리스토텔레스의 플롯과 연결시켜 『플롯을 위한 읽기 *Reading for the Plot*』라는 책을 썼는데 여기서 소설의 플롯과 성적 주이상스는 그대로 하나가 된다. 몸의 오르가슴은 플롯의 반전과 긴장의 방출에 해당한다. 분명히 아리스토텔레스의 미학은 그의 윤리학보다 더 정직하다. 그러나 한 가지 아리스토텔레스에게 섭섭한 것은 인간을 몸으로 본 것은 좋은데 방출이 여분을 남긴다는 것을 몰랐다는 점이다.(S20, 143) 이것이 라캉이 몇 번씩 강조하는 부분이다. 만약 여분을 남기지 않는다면 단 한번의 방출로 다시는 성욕이 일어나지 않아야 한다. 성은 상상계에 속하는 요구(demand)가 아니라 상징계에 속하는 욕구(need)이다. 우리가 음식을 한 번 먹고 영원히 배가 부르지 않듯이 성도 마찬가지이다. 그래서 "성관계는 없다."라고 라캉은 알 듯 모를 듯한 말을 했다.

라캉이 그토록 강조하는 여분이란 무엇인가. 그것은 전이 때문에 생긴 것이고 그것 때문에 우리는 아는 주체가 아니라 '안다고 가정되는 주체'가 된다. 플롯은 왜 여분을 남기는가. 아무리 잘 만들어진 소설이라도 한 번 읽고 의미가 완벽히 포착되는 경우는 없다. 늘 넘치거나 모자란다. 고전은 수없이 다시 읽히고 같은 소설을 가르치는 선생은 해마다 다른 소리를 한다. 앞선 해석에 무언가를 보태고 첨가하고 그러고는 더 잘 이해하게 되었다고 말한다. 어릴 때 본 영화를 다시 보면서 왜 그때는 저 부분을 못 보았을까 의아해하는 것도 해석이 넘치거나 모자라기 때문이다. 여분을 인정하는 주체, 여분을 인정하는 플롯, 여분을 인정하는 몸으로 오기까지 우리는 프로이트와 소쉬르를 기다려야 했다.

인간의 욕망이 대타자의 욕망일 때 우리는 자신이 무슨 말을 하는지 모르고 말을 한다. 말을 하고 나서야 무슨 말을 했는지 안다. 상대방의 말을 듣고 나서야 비로소 무슨 말을 했는지 안다. 몸이 튀어나왔기 때문이다. 분석자는 환자의 말을 듣고 과거로부터 해답을 찾는 게 아니라 현재 환자가 내게서 무엇을 듣고 싶어 하는지를 알아내야 한다. 환자가 더 말하는 게 무엇인지 덜 말하는 게 무엇인지 알아내는 것이다. 무의식은 타자의 담론이다. 더 말하는 것, 덜 말하는 것이 억압된 무의식이요 타자이다. 환자 자신도 모르는 타자의 말을 듣고 분석자는 증상을 풀어낸다. 증상은 타자이고 타자는 말이다. 말로 풀어내는 것이다. 그러니까 두 사람 사이에서 타자들이 말을 주고받는 게 분석이다.

말하자면 우리가 무의식의 주체일 때 옳은 대답은 "누가 말을 하는가?"라는 물음이다. 분석의 모든 경험이 가르쳐준 것은 만일 주체가 자신이 무엇을 말하는지 모른다면 혹은 도대체 말을 하고 있는지도 모른다면 그로부터 대답은 나올 수 없기 때문이다. (E, 299)

누가 말을 하는가? 타자가 말을 한다. 타자는 누구인가. 인간과 인간 사이의 섬이다. 있다는 것을 알지만 결코 건널 수 없는 섬을 정현종은 이렇게 노래한다.

사람들 사이에 섬이 있다.
그 섬에 가고 싶다.

섬은 투명한 소통을 가로막는 무엇이다. 너와 내가 하나가 되고 싶은 소망을 가로막는 장벽이다. 타자는 원래 하나가 되

고 싶은 나르시시즘인데 섬이 왜 타자인가. 거울 속의 자아를
완벽한 이상형으로 보는 착각이 상징계 속으로 들어와 타자가
되었으니 섬은 거울 속의 자기 얼굴이고 만물에서 자기 얼굴
을 보는 착각이다. 우리는 짐승이 되지 않으려고 언어의 세계
로 진입했고 그 결과 타자라는 섬을 안고 있다. 언어 속에 이
미 섬이 들어 있다. 무수히 흐르는 기표들 가운데 잠깐 의미
를 담는 그물망이 언어이기에 섬은 잡힐 듯하지만 다시 저만
큼 멀어진다.

  우리들 사이에서 진정한 소통을 가로막는 섬은 내 얼굴이
다. 너에게서도 나만 보는 짐승이다. 보여짐은 모르고 바라보
기만 하는 짐승이 섬이다. 그 짐승은 언어를 모른다. 언제나
흙으로 돌아가고 싶은 짐승, 몸에 꼭 맞는 작은 둥우리 하나
면 만족하는 짐승이 보여지는 세상 속에서 외롭게 떨고 있다.
너무나 집이 커서, 아예 살 집이 없어서, 너무나 돈이 많아서,
아예 돈이 없어서 짐승은 외롭다. 짐승은 몸에 꼭 맞는 집이
그립다. 섬은 텅 빈 큰 집에 살고 있는 짐승이다. 섬은 아주
어릴 때 거울 속에서 본 내 얼굴이다. 지금도 연인의 얼굴에
서 보는 내 얼굴이다.

  사물은 각각 그들 자신의 거울을 가지고 있다. 내가 나의 거울
을 가지고 있듯이, 나와 사물은 서로 비밀이 없이 지내는 듯하여
각자의 작은 소리까지도 각자의 거울에 비추인다. 비밀이 없음은
그러나 서로의 비밀을, 비밀의 많고 끝없음을 알고 사랑함이다.
우리의 거울이 흔히 바뀌어 있는 것을 발견한다. 거울 속으로 파

고른다. 내 모든 감각 속에 숨어 있는 거울이 어디서 왔는지 나는 모른다. 사물을 빨아들이는 거울, 사물의 피와 숨소리를 끊게 하는 입술식 거울, 사랑할 줄 아는 거울, 빌어먹을, 나는 아마 시인이 될 모양이다.

혹시 프로이트나 라캉이 쓴 시가 아닐까. 그러나 정현종의 「거울」이라는 시다. 사람들은 저마다의 거울을 가지고 있고 거울에 비추이는 한 비밀이 없을 것 같은데 사실은 이 거울이 비밀을 만든다. 거울이 너와 나 사이에 건널 수 없는 섬을 만든다. 내 모든 감각 속에 숨어 있는 거울이 어디서 왔는지 모르지만 적어도 나는 거울이 있다는 것을 안다. 거울은 어디에서 왔는가. 정신분석은 이것을 설명하느라 애를 쓴다. 섬이 있는데 도대체 그 섬이 왜 생겼는지 두고두고 생각한다. 분석가들은 시인이기 때문이다. 시인은 언어로 마음을 전하지만 그 언어가 충분치 않다는 것을 뼈저리게 느낀다. 언어를 배우기 이전 거울 단계가 있었는데 그 거울은 언어가 아무리 어루만져도 녹지도 부서지지도 않는다. 그런데 바로 그 녹지 않는 거울이 우리를 살게 하고 사랑하게 한다. 그러니 프로이트는 시인이었다. 라캉도 시인이었다. 정현종이 시인이듯이. 아니, 우리 모두 시인이다. 섬이 있어 외롭고 섬이 있어 술을 마시고 섬이 있어 사랑에 빠지는 우리는 모두 시인이다.

거울은 언어로도 녹일 수 없는 타자이다. 주체 속의 타자란 집이 클수록 외로운 짐승이다. 아무도 건드리면 안 된다. 만일 없애려 하면 섬은 점점 커진다. 그래서 시인은 그 짐승을 사랑한다. 거울을 사랑한다. 비밀의 끝없음을 사랑한다. 사랑은 "아니오!"라는 외침으로 시작되듯이 타자로부터 시작된다. 거울이 우리를 울게 하고 웃게 한다. 거울은 욕망이다. 거울은 '증상'이다. 증상이란 상징계가 억압한 거울에 비친 우리들의 모습이다. 억압을 피해서 거꾸로 들어온 거울상이기에 거울은 내가 세상에서 제일 예쁘다고 말한다. 「백설 공주」에 나오는 거울은 진실을 말하지만 우리들의 거울은 내가 되고 싶은, 갖고 싶은 소망을 말해 준다. 괴물 같은 왕비를 보고 당신이 세상에서 가장 아름다운 백설 공주라고 말해 준다. 아주 어릴 적에 남을 때리고 내가 맞았다고 울던 동일시가 여전히 어른이 되어서도 타자로 나타난다. 못생긴 왕비가 백설 공주인 줄 아는 것이 증상이다. 얼마나 좋은가. 그래서 정신분석은 증상을 파괴하지 말고 즐기라고 말한다.

증상을 파괴하는 사람은 백설 공주를 즐기지 못하고 파괴하는 사람이다. 백설 공주를 즐기는 사람은 연인을 높이 올려놓고 흠모하고 닮으려 애쓴다. 연인을 즐기지 못하고 파괴하면 남는 것은 괴물이다. 증상은 괴물 같은 왕비가 백설 공주로 보이는 오브제 아이다. 너의 증상을 제거하려 하지 말고 즐겨라. 증상은 불안을 극복하는 은총이다. 결핍을 채워주는 환상이다.

'안다고 가정되는 주체'는 거울을 품은 주체이고 끝없이 비밀이 많은 주체이다. 그리고 증상으로 살아가는 주체이다. 증상이 제거되면 죽는 몸이기에 증상을 안고 산다. 그러나 증상은 그리움이다. 백설 공주는 언제나 거울 속에서 나를 볼 뿐 거울 밖으로 나올 수가 없다. 그녀는 몸이 아니라 이미지다. 그래서 한 몸이 되고 싶은 원초적인 소망을 버릴 수 없기에 우리는 그리움을 안고 산다. 증상이 그리움인 것은 그것이 진짜 몸이 아니라 전이된 몸이기 때문이다. 증상은 기표로 바뀐 몸, 이미지로 바뀐 몸이다.

그래서 열정을 바칠수록 그림자는 커진다. 외로움이 그녀를 사랑하게 했는데 그 사랑이 외로움을 더 키운다. 이것이 사랑의 아이러니다. 전이 때문이다. 공격성을 줄이고 신의 은총을 받기 위해 전이가 일어나는데 은총은 아이러니다. 신은 우리에게 사랑은 주는 것도 받는 것도 아니라고 말한다. 사랑은 줄 수도 받을 수도 없는 근원적인 결핍이다. 결핍의 주체는 '아는 주체'가 아니다. 우리가 아는 주체라면, 주는 만큼 받고 받는 만큼 준다면, 이 세상에는 억울함도 고통도 없을 것이다. 아니 아예 사랑이라는 그림자 놀이도 없을 것이다. 만일 우리가 아는 주체라면 우리는 죽음으로 직행한다. 그래서 정현종은 거울이, 비밀이, 사랑을 하게 한다고 말한다.

만일 우리가 정말 아는 주체라면 우리는 거울 속에서 진짜 내 얼굴을 본다. 괴물 같은 왕비의 얼굴이다. 왕비는 살 목적을 잃는다. 살아야 할 이유가 없다. 백설 공주가 없는 세상을 무슨 재미로 살 것인가. 차라리 몰라도 좋으니 백설 공주를 보게 해다오. 그래서 자신의 죄가 무엇인지를 본 오이디푸스는 눈을 찌른다. 거세는 아는 것을 포기하는 대신에 아름다운 공주를 보는 길이다.

라캉에게 계몽주의의 지식은 밤을 모르는 바보의 지식이다.

우리는 계속 빛만 있는 세상, 낮만 계속되는 세상에서 살지 않는다. 죽도록 일만 하고 쉬지 않는 삶은 삶이 아니다. 낮은 밤 때문에 존재하고 빛은 어둠이 있기에 존재하며 남자는 여자가 있기에 존재하고 양지는 음지가 있기에 존재한다. 악이 있기에 선이 존재하는 것과 마찬가지다. 우주의 원리를 음양의 상호의존으로 본 동양의 도 사상에 라캉이 매료된 것은 우연이 아니었다. 부모는 언제나 자식들이 우애 있게 살기를 원한다. 그러나 형제는 먹는 것을 놓고 싸우고 재산을 놓고 싸우고 여자 때문에 싸운다. 그들이 하나로 합치는 경우는 이웃이 그 집을 해치려 할 때뿐이다. 형의 우애가 솟구치는 순간은 이웃집 아이가 동생을 때리는 경우다. 선은 없다. 악이 있기에 그 반동으로 생길 뿐이다. 주체가 타자를 품고 있기 때문이다. 주체가 선이 되면 타자는 악이 되고 주체가 악이 되면 타자는 선이 된다. 음과 양은 그늘과 양지처럼 끊임없이 자리를 바꾸며 순환한다.

라캉은 데카르트 이후 계몽주의, 그리고 헤겔 식의 지식이 증오를 모른다고 말한다.(S20, 91) 증오를 모르면 사랑도 알 수 없다. 진실이 오류에 의해 태어나듯이 사랑은 증오에 대한 반동으로 나오기 때문이다. 거울 단계의 증오 때문에 거세가 일어나지 않았던가. 폭력적인 아버지 때문에 질서의 상징인 아버지의 이름이 나오지 않았던가. 라캉은 상징계 이전을 언어 이전이라는 뜻에서 "블라블라(blahblah)"라고 표현한다. 그리고 프로이트의 쾌감원칙을 정욕 원칙(lustprinciple)이라 했다.(S20, 56) 블라블라가 왜 언어 이전의 상상계이고 정욕인

가. 정욕이란 대상과 하나가 되려는 나르시스적 리비도이고 거울 단계의 기본이다. 그런데 사실 이때는 엄밀히 성을 모른다. 그저 만물이 하나라는 착각에서 이질성을 받아들이지 못한다. "동질성의 상태(homeostasis)"(S11, 31)를 유지하며 외부의 자극을 인정하지 않는 단계이다. 우리가 병이 났을 때 같은 종류의 병원균을 조금 넣어주면 치료가 된다. 이것이 동종요법인데 상상계는 바로 그런 속성이다. 근친상간이다. 의식하지 못하는 정욕이니까 블라블라이다. '블라'끼리 붙는 동종요법이다. 이 몸의 원리가 상징계 속에서 타자로 발동을 할 때가 신음이고 성과 연결된 정욕이다. 프로이트의 쾌감 원칙을 정욕 원칙이라고 말할 때 우리는 잊으면 안 되는 것이 있다. 비록 쾌감 원칙이 정욕 원칙이라 해도 비록 상상계가 짐승이라 해도 성과 연결된 정욕은 거세된 후에 일어난다는 것이다. 그래서 상징계의 주이상스를 성적 주이상스라고 말한다.

몸의 원리는 근친상간이요 블라블라이다. 그리고 언어의 세계로 들어와서도 블라블라는 사라지지 않는다. 전이는 블라블라가 언어에 붙어 있기에 일어나고 블라블라 때문에 우리는 무슨 말을 하는지 모른다. 지식은 블라블라를 못 보고 투명한 언어인 줄 착각하는 데서 나온다. 그래서 지식은 정욕을 모른다. 밤을 모른다. 낮만 있다고 착각한다.

지식이 밤의 존재를 어렴풋이라도 알게 되기에는 프로이트와 소쉬르가 무대 위에 등장할 때까지 기다려야만 했다. (S20, 96) 프로이트는 의식 이전에 '블라블라'가 있었다고 말하고 소쉬르는 언어에 '블라블라'가 붙어 다닌다고 말한다. 프로이트는 무의식이 의식에 붙어 다니며 '아니오'를 말하게 하고 소쉬르는 언어가 절대적인 것이 아니라 기표와 기의로 되어 둘이 떨어질 수 있음을 암시했다. 낙원에서 이브가 뱀의 유혹을 받고 아담의 손을 놓듯이 기표와 기의가 손을 놓을 수도 있다고 암시했다. 라캉은 그 사이로 바람이 술술 스며 들어가는 것을 보여준다. 기표의 강물을 보여준다. 의미는 강물에 던진 그물 속에서 그저 잠깐 팔딱거리는 물고기에 불과하다.

프로이트와 소쉬르를 합친 사람이 라캉이다. "무의식은 언어처럼 구조되어 있다." 라캉을 대표하는 이 선언은 바로 프로이트와 소쉬르를 합친 말이다. 언어가 무의식을 품고 서로 반대말을 한다. 주체가 타자를 품고 서로 반대말을 한다. 의식이 '양'하면 무의식이 '음'이라 말하고, 주체가 '낮'이라 하면 타자는 '밤'이라 한다. 겨울은 여름을 품어 안고 가을은 봄을 품어 안으니 이것이 정신분석의 마주봄(envers)이고 노장사상의 음양이며 오행이 아닌가. 뜨거움의 반대쪽에 차가움이 있고 부드러움의 반대편에 딱딱함이 있으며 이 네 개의 마주봄들이 춤을 추니 계절도 담론도, 같은 원리에서 끝없이 순환한다.

'포르트' 하면 '다'라고 하니 그것이 세상 만물을 정과 반으로 본 구조주의가 아니고 무엇인가. 그런데 이 마주봄이 정지하지 않고 순환한다. 주체(양)와 타자(음)는 전이와 욕망과 반복을 낳고 결국은 해체론, 혹은 후기구조주의에 이른다. 라

캉은 구조주의에서 출발하여 자연스럽게 후기구조주의로 넘어
간다. 라캉에게 탈구조주의란 말은 없다. 그리고 그의 해체,
혹은 기표의 유희는 끝없는 순환과 반복의 영속성이요 만물과
계절의 놀이이다. 이것이 그가 동양의 도 사상을 배우고 노장
사상에 매료된 이유이다. (Roudinesco, 351–352)

지식은 스스로 새롭게 다시 태어남으로써 생명을 연장한다.
프로이트와 소쉬르를 합성한 라캉 이후 지식은 변한다. 주체
는 타자를 품고 있어 "안다고 가정되는 주체"이고 지식은 타
자가 있는 한 반복을 면치 못한다. 주체가 '낮' 하면 타자가
'밤'이라 하니 밤과 낮은 끝없이 반복된다. 프로이트의 손자
가 실패 놀이를 하듯이 '포르트'와 '다'가 반복된다. 남편 오
디세우스가 돌아올 때까지 아내 페넬로페는 뜨개질을 해야 했
다. 그녀는 낮이면 짜고 밤이면 풀었다. 그렇게 해야만 구혼
자들을 물리치고 남편을 기다릴 수 있었다. 그녀가 낮이면 짜
고 밤이면 풀면서 남편의 부재를 견디는 방식과 아이가 실패
를 던지고 당기면서 반복을 하는 것과 무엇이 다른가. 주체와
타자는 '예'와 '아니오'를 반복하면서 실패 놀이를 한다. 어머
니가 올 때까지, 남편이 올 때까지, 죽음이 올 때까지.

전이는 반복을 낳는다. 전이는 반복의 한 조각이다. 욕망은
반복이다. 내가 얻고 싶은 대상을 얻었을 때도 욕망은 여전히
남는다. 그리고 대상은 새로워진다. 더 많은 돈, 더 좋은 집,
더 좋은 음식, 더 좋은 작품, 그리고 새로운 연인…… 반복은
새로움을 요구한다. (S11, 61) 이것이 인간의 비극이다. 짐승은
늘 같은 먹이에 싫증을 내지 않는다. 그러나 인간은 같은 음

식, 같은 연인을 참지 못한다. 왜 그럴까? 환상 때문이다. 자신의 결핍을 완전히 채워주리라 믿었던 대상이 그럴 수 없다는 것을 알면서 그것과 다른 대상을 원하게 된다. 그저 다른 대상이어야만 아직도 남은 이 그리움을 완전히 충족시킬 것이라 믿는다. 이것이 인간만이 지닌 허영이다. 헛되고 헛된 망상이다. 그런 대상은 죽음 외에는 없다. 그저 반복이 있을 뿐이다. 삶 자체가 그런 것이다. 그래서 반복은 새롭게 반복하기, 다르게 반복하기이다. 전이는 반복을 새롭게 하는 동인이다. 연인이나 삶의 목표를 높이 올려놓고 천천히 다가가는 사람은 이런 반복의 속임수를 알기 때문이다. 반복은 늘 새롭게 하는 것이지만 하늘 아래 새로움이란 없다. 이것이 독창성의 원리요 사랑의 원리이다. 진리의 법칙과 사랑의 법칙과 정치의 법칙은 다르지 않다. 안다고 가정되는 주체가 진리를 구상하고 사랑을 하고 정치를 하기 때문이다.

4. 당신은 내게서 무엇을 원하시나요?

미의 여신 아프로디테는 프시케를 질투했다. 너무도 아름다운 프시케가 사람들의 찬사를 받으면서 자신은 뒷전으로 밀려났기 때문이다. 감히 인간이 신의 아름다움에 도전하다니, 그녀는 화가 났고 곧 복수를 하기로 마음먹는다. 아프로디테는 아들 에로스를 불러 사랑의 화살로 프시케에게 상처를 주라고 말한다. 에로스는 잠든 프시케가 측은했지만 그녀의 옆구리에 화살을 대었고 그 순간 실수로 자신도 상처를 입는다. 그 후 어찌된 일인지 두 언니는 시집을 가서 잘 사는데 셋째 딸인 프시케만 누구 하나 청혼하는 남자가 없었다. 걱정이 된 부모는 신탁에 문의했고 신탁은 그녀가 인간이 아니라 신의 아들과 결혼할 몸이라고 알려준다. 부모는 그녀를 아무도 살지 않는 깊은 숲 속에 집을 짓고 혼자 살게 한다.

그곳은 곧 프시케의 궁전이 되고 그녀는 사랑하는 남자와 행복한 나날을 보낸다. 그런데 프시케는 밤마다 찾아와서 그녀를 사랑해 주는 남자가 누구인지 얼굴도 알 수 없었다. 연인은 그녀에게 모든 것을 주지만 자신의 신분에 대해서만은 아무것도 알려주지 않는다. 그는 자신이 누구인지 알려 하지 말라고 했고 그녀는 그 약속을 굳게 지킨다. 어느 날 두 언니들은 동생이 궁금하여 숲속으로 찾아온다. 그리고 행복한 그녀의 모습에 질투를 느낀다. 언니들은 이것저것 비밀을 캐내다가 남자의 얼굴을 본 적이 없다는 프시케의 말에 놀라면서 그의 정체를 알아보라고 설득한다. 프시케는 의심이 들었고 두 언니가 일러준 대로 밤에 촛불을 켜고 잠든 남편의 얼굴을 본다. 언니들의 상상과 달리 그는 너무도 잘생긴 청년이었다. 그 순간 촛농이 떨어져 잠이 깬 에로스는 영영 그녀 곁을 떠나버린다. 그 이후 사랑을 다시 찾기 위해 프시케는 많은 시련을 겪어야 했다.

이 신화가 우리에게 말해 주는 것은 무엇일까. 사랑을 할 때 우리가 부딪히는 첫 번째 함정은 "당신은 누구인가"라는 영원한 물음이다. 사랑에 빠지는 순간 "아니야!"라는 부정이 일어나면서 동시에 "누구인가"라는 물음이 그림자처럼 따라다닌다. 부정은 의식의 소리이고 누구인가는 무의식의 소리이다. 부정은 주체의 말이고 누구인가는 타자의 말이다. 타자의 말은 억압된 거울 단계의 말이다. 거울 단계는 너와 내가 하나라고 착각하던 행복한 시기이다. 그렇다면 당신은 누구인가라는 물음은 내가 누구인가라는 물음이 아닌가. 이것이 사랑의 아포리아이다. 막다른 골목, 출구가 없는 골목이다. 연인의 얼굴에서도 나만 보는 게 에로스의 본성인데 어찌 나를 볼 수 있는가.

당신은 누구인가라는 물음은 영원하다. 그리고 에로스의 함정이다. 얼마나 많은 연인들이 이 물음에 굴복하고 사랑을 잃었던가. 내가 누구인가에 대한 물음이란 사랑받는 나를 보려는 응시이다. 거울 속의 나요 자아이상인 연인을 통해 나를 보는 길은 연인의 사랑을 받는 나를 보는 길이다. 사랑받는 나를 보려는 응시가 나를 함정에 빠트린다. 확인하기 위해서는 의심해야 하기 때문이다. 프시케의 의심은 에로스와의 약속을 무너트린다. 의심이 사랑을 앞지르는 것은 너에 대한 사랑보다 '사랑받는 나를 보려는' 욕망이 더 크기 때문이다.

리어왕은 세 딸 가운데서 막내딸을 가장 사랑했다. 이제는 연인의 품보다 대지를 그리워할 나이가 된 그는 코딜리어에게서 사랑의 맹세를 듣고 싶었다. 그러나 위의 두 딸은 갖은 아첨으로 아버지에 대한 사랑을 맹세했으나 셋째 딸만은 자식된 도리로 사랑하겠노라는 담담한 말뿐이었다. 분노한 그는 코딜리어를 추방하지만 결국 그녀에게서 구원을 받는다. 언니들의 배반과 달리 그녀는 끝까지 자식의 도리를 지킨다. 폭풍우 속을 헤매면서 왕은 자신이 속은 것을 참회하고 말로써 사랑을 재려 한 어리석음을 후회한다. 그러나 말로써 마음을 재려 한 것뿐 아니라 그는 사랑받는 자신을 보려는 욕심 때문에 불행을 겪는 것은 아닐까. 그는 코딜리어를 사랑했고 그 사랑을 확인하려 했다. 하지만 사랑받는 자신을 보려는 응시가 그녀를 죽게 했다.

　오셀로는 장군이지만 무어인이었다. 검은 피부의 이방인이었기에 그는 순진한 아내 데스데모나의 사랑에 자신이 없었다. 오셀로의 전쟁담에 흠뻑 빠져 결혼한 아내 역시 오셀로를 모르기는 마찬가지다. 여기에 진급에 실패한 이야고의 복수가 그들을 비극으로 몰아넣는다. 이야고가 악의에 가득 차서 한 방울 한 방울 순진한 장군의 귀에 불어넣은 의심의 기름 방울은 결정적인 순간에 오셀로를 훨훨 타오르게 만든다. 셰익스피어의 비극 『오셀로』는 아무것도 없는 데서 살인에 이르는 증오의 환상을 만들어내는 말의 위력을 보여준다. 아내를 죽이고 나서야 장군은 그가 속았음을 깨닫는다. 그의 욕망은 이야고의 욕망이었다. 사랑은 사랑받는 나를 보려는 욕망이었다.

　당신은 누구인가를 묻는 것은 상징계의 물음이 아니라 실재계의 물음이다. 그래서 그 물음에 대한 답은 사랑의 상실이거나 죽음이다. 실재계는 상징계가 억압한 무의식이다. 이 하계의 대타자는 태어나기 이전의 열반인 죽음이거나 태어났지만 열반이라고 착각하는 거울 단계의 대타자이다. 흙, 어머니의 젖가슴, 어머니의 남근인 아버지가 이마고로서 하계의 주인이다. 이것이 상징계로 들어와 이상적인 이미지에 투사된다. 연인은 원래 하계의 주인이었다. 그래서 자꾸만 당신이 누구냐고 물으면 상실과 죽음을 보여줄 수밖에 없다. 당신은 누구인가 묻는 것은 나는 누구인가 묻는 것이고 그 대답 역시 상실이거나 죽음이다. 나는 태어난 이상 죽는다. 이것 말고 내 주머니 속에는 아무것도 없다. 해골밖에 보여줄 게 없다. 이것이 실재계와 동일시하는 주체이다.

남근인 줄 알았는데 해골이라니? 그러면 해골을 피하려면 어떻게 해야 하나? 해골 대신에 남근을 보려면 이렇게 물어야 한다. "당신은 내게서 무엇을 원하시나요?" 당신이 누구냐고 묻지 말고 당신이 내게서 원하는 것이 무엇이냐고 묻는 것이다. 이것이 실재계의 대타자인 해골과 동일시하지 않고 상징계의 대타자인 오브제 아와 동일시하는 것이다. 상징계의 대타자는 내가 되고 싶은 이상형이다. 상징계가 원하는 이상형이다. 삶의 목표요 사랑하는 연인이다. 당신이 원하는 것이 무엇이냐고 묻는 것이 왜 상징계적 사랑인가.

분석 담론은 상징계적 사랑의 모범이다. 초기의 프로이트는 자신의 발견에 자신이 없어 초조했다. 도라가 K의 키스를 거절한다고 끈질기게 호숫가를 맴돌 때나 분석의 실패를 도라의 전이 때문이라고 책임을 전가할 때, 프로이트는 자신감이 전혀 없는 연인이었다. 자유연상이 실패할지도 모른다는 불안감이 그를 초조하게 만들었다. 모든 것을 알아야 한다. 분석가는 환자의 기억을 더듬어 과거의 상흔을 밝히고 신경증을 치료해야 한다. 분석가는 진실을 캐내야 한다. 이런 압박감이 자신도 전이를 일으키고 있다는 사실을 못 보게 했다. 최악의 연인이다. 도라를 때리고는 자신이 맞았다고 우는 어린아이다.

분석에 자신감을 갖기 시작했을 때 프로이트는 스스로 책임이 있음을 받아들이기 시작한다. 분석가도 전이를 일으킨다는 것을 인정한 것이다. 분석가는 모든 것을 다 아는 사람이 아니라 모른다는 것을 아는 사람이다. 그가 밝히는 상흔은 과거 어딘가에 고스란히 묻혀 있던 것이 아니라 이미 환자와의 대화 속에 들어 있다. 1914년 「기억하기, 반복하기, 문제를 해결하기」에서 그는 이렇게 말한다. 자유연상법이란 기억 속의 틈새를 메우고 억압에 의한 저항을 극복하는 것이다. 그런데 환자는 억압하거나 망각한 것을 기억하지 못하고 행동한다. 그는 무의식중에 행동을 반복한다. 반복 강박이 기억의 방식이다. 반복은 망각한 과거를 현재 상황으로 옮기는 것이고 의사에게 전이하는 것이다. 그러므로 의사는 "그의 병을 과거의 사건이 아니라 현재의 힘으로 다루어야 한다."(151) 분석은 전이 없이 이루어질 수 없다. 주체가 아니라 타자가 상흔의 원인을 밝힌다는 것이다. 초기의 프로이트에 비해 얼마나 자신감이 생겼는가. 약 십년 사이의 변화였다.

라캉이 프로이트를 존경하는 이유도 바로 그의 이런 변화에 있었다. 라캉에게도 전이란 과거의 상황을 현재에 경험하게 되는 것이다. 분석은 주체의 저항을 뚫고 나오는 타자의 말을 듣는 것이고 그것은 과거가 현재로 옮아온 것이다. 그러기에 분석자는 겉으로는 과거의 기억을 묻지만 속으로는 현재 당신이 원하는 것이 무엇인가, 무슨 대답을 내게서 원하는가를 묻는다. 환자의 병을 자신에게 전이시키고 병의 원인을 찾아낸다. 이것이 무의식을 매개로 두 사람이 병을 나누는 것이다.(Nazio, 18) 프로이트의 「늑대인간 분석」은 분석자가 환자의 증상에 참여하여 병의 원인이 되는 경우를 잘 보여준다.

늑대인간은 프로이트에게 겸손을 가르친 환자였다. 분석이 무지를 안고 이루어진다는 겸손이었다. 프로이트는 여기에서 상흔의 원인이 어떻게 구성되는가를 솔직하게 보여주어 데리다와 라캉 등 현대 해체론에 큰 영향을 미친다. 러시아의 귀족 가문에서 태어난 세르게이는 네 살 때부터 동물 공포증과 불안, 우울, 강박 등의 증세를 보이다가 열여덟에 발병하여 프로이트의 치료를 받는다. 창가 침대 위에 누워 있는데 창 앞에 늙은 호두나무가 쭉 서 있었다. 겨울 밤 저절로 창문이 열리더니 하얀 늑대들이 큰 호두나무에 앉아 있는 것을 보고 아이는 무서워졌다. 예닐곱 마리쯤 되는 늑대들은 아주 희고 꼬리는 여우 같고 귀는 쫑긋하니 양을 지키는 개 같았다. 아이는 늑대에게 잡아먹힐 것 같은 두려움으로 소리치며 잠에서 깬다. 네 살이나 다섯 살쯤 되었을까, 그때부터 그는 늘 꿈에 끔찍한 것을 볼까 봐 두려워한다.

프로이트는 환자가 기억하는 어릴 적의 꿈이 이미 상징계에서 들은 여러 가지 이야기들과 섞여 전이되었다고 본다.

한 살 반 때 아버지와 어머니의 성교 장면을 충격적으로 지켜보았고 그것이 도치되어 늑대가 지켜보는 것으로 나타났다는 원초적 장면, 혹은 원본은 반복으로 추론된 것이다. 어머니의 엎드린 모습이 하녀의 걸레질하는 모습으로, 후에 물가에서 빨래하는 여자의 자세로 반복된다. 그때마다 그는 욕정에 빠지곤 했다. 그런데 왜 늑대로 나타나는가. 그는 어머니가 되어 아버지의 사랑을 받고 싶었다. 동성애가 억압되었던 것이다. 어릴 적에 세르게이는 아버지의 사랑을 놓고 누이와 경쟁을 벌였다. 누이는 그보다 더 재능이 있어 아버지는 늘 누이를 칭찬했다. 그는 아버지를 성적인 대상으로 생각했기에 거세 위협에 시달렸고 아버지를 두려워했다. 이 두려움이 늑대 꿈을 꾸게 한다.

그런데 여기서 잠깐 멈추어 생각해 보자. 혹시 이것은 프로이트 자신의 콤플렉스는 아닐까. 그가 어머니를 소유한 아버지에 대해 느꼈던 부러움과 아버지의 사랑을 놓고 배다른 형들과 가졌던 경쟁 의식, 그리고 아버지에 대한 동성애로 인한 두려움……. 이런 것들이 분석마다 되풀이된다면 그것은 프로이트 자신의 콤플렉스가 아니었을까. 도대체 그가 찾은 해답은 누구의 판타지인가, 누가 말을 하는가? 이런 추측을 뒷받침이라도 하듯이 프로이트는 이렇게 말한다.

그것들은 실제 일어난 일들이 아니라 판타지들이다. 그러나 지금 여기에서 내가 주장하려는 것은 그것들이 환자의 판타지가 아니라 분석자 자신의 판타지라는 점이다. 그는 자신의 어떤 콤플렉스들 때문에 분석을 받는 환자에게 그 판타지들을 강요한다. (52)

도라의 전이 때문에 분석이 실패했다고 말하던 프로이트와 얼마나 다른가. 이것이 그의 위대함이었다. 분석은 모른다는 진실을 받아들이는 것이었다. 모른다는 것은 환자를 추궁하고 그의 전이를 나무라는 것이 아니라 그의 증상을 분석자가 떠맡고 스스로 병의 원인이 되는 것이다. 만일 환자가 분석자의 대답에 고개를 저으면 병은 낫지 않는다. 그러므로 분석자는 끊임없이 물어야 한다. "당신이 내게서 원하는 것은 무엇인가요?"라고.

원본이 구성된 것임을 보여주려던 벤야민, 폴 드만, 데리다, 펠만 등 예일 해체론자들이 프로이트의 대담한 이 발언을 그냥 지나쳤을 리 없다. 허구적 구성물이 진실을 구성한다. 진실은 오류에서 나온다. 이것이 해체론이나 후기구조주의, 그리고 그 이후 정치적인 문화 이론들의 바탕을 형성한다. 진실은 오류의 목덜미를 잡는 것이라는 라캉의 말과 무엇이 다른가.

어떤 사람이 장례식에 갔다. 그리고 "길이길이 행복하소서."라고 말했나. 그는 머리털이 뽑히게 책망을 받고 집으로 쫓겨 와서 혼이 난다. "그렇게 말하는 게 아니야. '주여, 그의 영혼을 편히 잠들게 하소서.'라고 해야지." 그는 집을 나와 또 사람들이 모인 곳에 갔다. 그리고 "주여, 그의 영혼이 편히 잠들게 하소서."라고 말했다. 그는 또 머리털이 뽑히게 망신을 당하고 집으로 돌아온다. 그가 갔던 곳은 결혼식장이었다.(S2, 85) 라캉은 이것이 분석에서 드러나는 현상들이라고 말한다. 현재 속에 들어온 과거이다. 결혼식에서는 장례식 얘기를 하고 장례식에서는 결혼식 얘기를 하는 것은 과거가 현재 속에서 말을 하는 것이다. 프로이트가 말했듯이 과거의 기억은 현재의 힘으로 다루어지고 환자의 병은 분석자의 병이 된다. 이것이 전이이고 상징계적 사랑이다.

분석은 상흔, 고착, 재생산, 전이로 이루어지고 우리들의 배움도 이렇게 이루어진다. 지식을 가로막는 무지가 있고 이것이 지식을 재생산한다. 사랑을 가로막는 벽이 있고 그것이 사랑을 지속시킨다. 도라 분석이 그랬듯이 분석자는 안다고 믿는 순간 실패한다. 프시케는 에로스의 얼굴을 보려고 했을 때 사랑을 잃고 리어 왕은 사랑을 확인하려 했을 때 실패하며 오셀로는 사랑받는 자신을 보려 했기에 연인을 잃는다. 에로스는 얼굴을 보이지 않는다. 타자는 말로 끌어낼 수 없는 불가능성이요 무지이다. 신을 사랑할 때 우리는 신의 얼굴을 보려 하지 않는다. 신이 정말 있는지 확인하지 않는다. 대신에 신이 원하는 것이 무엇인가를 묻는다. 그리고 신이 원하는 것, 그것을 하려는 마음, 이것이 아가페라 불리는 상징계적 사랑이다.

무지는 사랑을 지키는 미덕이면서 동시에 삶의 미덕이다. 모든 것을 알게 되면 사랑이 끝나듯이 삶도 끝난다. 오이디푸스는 모르고 아버지를 죽이고 어머니와 결혼한다. 그는 신탁이라는 상징계의 법을 무지로 충족시킨다. 법은 이미 그 속에 모름을 지닌다.(Zupančič, 167) 라캉은 스무 번째 세미나를 마치면서 그가 앞으로 무엇을 할 것인가 묻는 제자들에게 이렇게 답한다. 연인이 무엇을 할 것인지 아는 것은 참사랑이 아니라고.(S20, 146) 이 세미나를 묶은 책의 제목은 앙코르(Encore)였다. 일흔두 살의 라캉은 더 살고 싶었다. 자신의 내일을 모를 때 반복이 가능하다. 연인이 누구인가 알려 하지 않을 때 앙코르가 가능하다. 돌 위에 새겨진 글씨들이 완전히 읽히지 않듯이(S20, 34) 사랑은 쓰이기를 멈추지 않는다.(S20, 145) 사랑은 천년 전에 돌 위에 쓰인 글씨들이다.

"죽는 것, 잠드는 것, 그리고 어쩌다 꿈을 꾸는 것"(『햄릿』, 3막 1장), 이것이 전이의 주체이다. 삶은 꿈을 꾸는 것이다. 환상은 무거운 어깨의 짐을 가볍게 덜어주고 미움을 없애주고 두려움을 덜어준다. 햄릿은 죽느냐 사느냐 그것이 문제라고 말했고, 정신분석은 꿈을 꿀 수 있느냐 아니냐 그것이 문제라고 말한다.

4 주이상스

먹히지 않으려면 환상을 창조하라

죽어 묻히는 곳은 흙이고 잠드는 곳은 어머니의 품 안이고 꿈을 꾸는 곳은 연인의 품 안이다. 흙은 태어나기 이전의 고향이고 어머니는 어릴 적의 고향이고 연인은 사춘기의 고향이다. 나이가 들어 연인에게 버림받은 사람들의 고향은 어디인가. 다시 포근한 흙의 품 안이다. 우리는 죽어도 꿈을 포기하지 않는다. 언젠가는 고향에 돌아가리라는 꿈을.

꿈은 리비도다. 우리를 살게 하는 에너지이다. 죽는 것, 잠드는 것, 어쩌다 꿈을 꾸는 것은 정신분석이 말하는 우리의 삶이다. 죽는 것은 열반에 드는 것이요, 어머니의 품 안에서 잠이 드는 것은 철없이 낙원을 믿는 것이요, 어쩌다 꿈을 꾸는 것은 실낙원에 살면서도 여전히 낙원의 꿈을 버리지 못하는 것이다. 프로이트는 이 세 단계를 열반 원칙, 쾌감 원칙, 현실 원칙이라고 불렀다. 그는 기독교보다 불교를 선호하지는 않았지만 삶의 후반부에 이르러 죽음충동을 발견할 때 '니르바나'라는 불교적인 용어를 사용한다. 열반이란 무엇인가. 속세에 대한 미련을 훌훌 털어버리고 물처럼 구름처럼 달처럼 사는 것이다. 마음을 비우고 부처의 경지에 이르는 것이다. 유태인 학살의 어두운 먹구름이 시시각각 비엔나를 향해 조여올 때 프로이트는 기독교보다 불교 용어를 더 좋아하게 되었을지도 모른다. 노장사상이 선불교의 밑거름이 되었으니 열반은 우리의 몸이 도(Tao)라는 텅 빈 공간, 흙에 드는 경지이기도 하다.

그러나 프로이트는 인간이 살아 있는 한 열반에 들 수는 없다고 말한다. 물처럼 구름처럼 달처럼 살려 하다가도 금방 미움이 차오르고 탐욕이 차오르고 미련이 차오르는 게 인간이다. 마음을 비우려는 것도 욕심이요, 그리움을 지우려는 것도 욕심이니 목숨이 붙어 있는 한 우리는 욕심을 버릴 수 없다. 그래서 그에게 열반은 미지막 숨을 거두는 순간에 드는 곳이요 영원한 고향일 뿐, 살아서는 그저 열반의 꿈을 꿀 뿐이다. 열반에 드는 꿈, 고향에 가는 꿈 말이다. 라캉은 어떤가. 그는 프로이트의 세 가지 원칙을 어떤 식으로 해석하는가.

1. 주이상스, 혹은 도의 경제 원칙

아폴론은 뱀을 퇴치하고 의기양양하게 활과 화살을 가지고 노는 에로스를 얕보았다. 마음이 상한 에로스는 복수를 다짐

했다. 에로스는 가지고 있던 두 개의 화살 가운데 금촉의 화살로 아폴론을 쏘았고 납촉의 화살로 다프네라는 아름다운 요정을 쏘았다. 아폴론은 사랑에 빠져 다프네를 미칠 듯이 쫓아다녔지만 다프네는 남자라면 머리를 내두르며 도망쳤다. 다프네가 어떤 말을 해도 아폴론에게는 사랑스럽게 들렸고 반대로 아폴론이 쫓아올수록 다프네는 그가 싫어졌다. 필사적으로 도망치는 그녀를 뒤쫓던 아폴론의 팔이 아슬아슬하게 그녀에게 닿으려고 할 때 다프네는 큰 소리로 강의 신에게 도움을 청했다. 그녀의 부드러운 가슴은 딱딱한 나무껍질에 싸이고 두 팔은 나뭇가지가 되었다. 아폴론은 월계수로 변한 그녀에게 언제나 함께 있을 것이라고 말한다. 그는 월계수로 활과 화살통을 만들어 늘 지니고 다닌다.

에로스가 두 개의 화살촉을 가지고 있었다니 정신분석은 신화를 다르게 반복한 것이 아닐까. 에로스의 금촉과 납촉은 리비도의 두 가지 속성이다. 금촉은 흠모이고 납촉은 증오이다. 금은 너와 내가 하나 되어 우주를 만들려는 묶음이고, 납은 그러기 위해서는 너를 파괴할 수밖에 없는 해체요 타나토스이다. 닮고 싶은 이상형이면서 지상에서 없어져야 하는 사람, 흠모하기에 둘을 인정할 수 없는 대상, 이것이 리비도의 두 가지 속성이다. 자아 보존 본능과 죽음 본능이라는 리비도의 두 가지 측면이 금촉과 납촉이다. 만일 에로스에게 하나의 화살만 있었다면 삶은 존재하지 않는다. 금촉만 있으면 우주는 팽창하여 터질 것이고 납촉만 있으면 우주는 파괴되어 영원히 잿더미로 남을 것이다.

다프네는 죽어서 나무가 되었다. 그리고 아폴론의 활과 화살 통이 되었다. 금촉과 납촉이 있기에 만물이 순환한다. 라캉은 죽음을 두 번째 삶이라 했다. 인간은 죽으면 흙이 되고 나무의 거름이 되어 나뭇가지가 되고 잎이 된다. 그리고 나무는 죽어서 화살 통이 되고 화살 통은 벌레의 먹이가 되고……. 라캉이 말하는 기표의 순환이요, 도에서 말하는 만물의 순환이다. 단풍잎은 떨어져 거름이 되고 꽃은 겨울의 망각 위에서 피어난다. 죽음은 삶의 일부이다. 죽음이 없이 삶은 아예 존재하지 않는다. 음 없이 양은 존재하지 않는다. 음이 무엇인가. 보이지 않지만 만물을 낳는 텅 빈 공간이다. 아무것도 하지 않지만 모든 것을 이루어내는 만물의 근원인 '도'이다. 죽음은 정신분석의 메타언어요, 노장사상의 출발이다. 프로이트는 리비도는 공격적이라고 말했고 라캉은 "무의식 속의 성은 죽음이 본질"이라고 말한다. (S11, 199)

아폴론에게 가장 소중한 잃어버린 반쪽이 다프네였듯이 아리스토파네스의 가장 소중한 잃어버린 반쪽 라멜라(Lamella)는 죽음이었다. 삶의 동반자는 죽음이다. 사랑은 언제나 죽음과 함께 다닌다. 자유는 언제나 죽음의 이웃이었다. 새벽의 여신 오로라는 연인 티토노스에게 영원한 생명을 주었다. 그러나 젊음을 함께 주는 것을 깜박 잊었다. 알프레드 테니슨의 시에서 늙은 티토노스는 아침이면 붉게 타오르는 아름다운 오로라에게 애원한다. 빼앗아간 죽음을 되돌려 달라고. 자유만 있으면 자유가 없는 것과 같다. 자유가 무엇인지 알 수 있으려면 자유가 없음을 맛보아야 한다. 무의식이 성이 되기 위해서 우리에겐 작은 죽음이 필요하다. 이것이 무의식의 경제 원칙이다.

　프로이트는 리비도를 투자한다거나 리비도의 경제 원칙이라는 말을 즐겨 쓴다. 세상에서 우리가 경제 원칙을 잊는 단 한 순간이 사랑에 빠질 때인데 도대체 성과 경제 원칙이 무슨 상관이 있는가. 서로 원수지간이겠지. 그러나 리비도에 한해서 성은 경제 원칙대로 움직인다. 프로이트가 후기에 자신의 이론을 정리한 글「마조히즘의 경제적 문제」(1924)를 보자. 마조히즘은 리비도의 특성이며 거울 단계의 공격성이다. 너와 나를 하나로 보는 거울 단계에서 대상 공격은 곧 자아 공격이다. 사디스트는 동시에 마조히스트이고 주인은 노예이다. 고통을 당하는 대상의 얼굴에서 자기 모습을 보는 것이 쾌감을 준다. 너와 내가 하나 되어 태어나기 이전의 흙으로 돌아가는 환상을 주기 때문이다. 흙으로 돌아가는 것, 죽는 것, 열반에 드는 것이 '근원적 마조히즘(Primary Masochism)'이다.

　태어나기 이전의 어둠의 세계로 돌아가고 싶은 해체의 리비도를 라캉은 '주이상스(Jouissance)'라 이름 붙인다. 프로이트의 죽음충동(death drive)과 리비도를 연결시킨 것이 라캉의 주이상스이다. 주이상스는 고통과 뗄 수 없는 쾌락이다. 삶의 저편이기에 '대타자의 주이상스(Jouissance of the Other)'라고도 한다. 그런데 인간은 한번 세상에 태어나면 주어진 삶을 살아야 한다. 금방 죽으려면 힘들게 태어날 이유가 없다. 살아야 한다는 숙명에서 주이상스는 형태를 바꾼다. 그때그때 상황에 맞게 변형되는 것이다. 자극을 최소한 줄이고 쾌감을 늘리면서 죽음충동을 달래고 지연시켜 삶을 지속시킨다. 이것이 주이상스의 경제 원칙이다. 이 단계는 둘로 나누어진다. 유아기는 만물이 하나요, 자신이 어머니의 남근이요, 자아와 대상을 동일시하는 근원적 나르시시즘의 시기이다. 이 착각의 시기를 이차적 마조히즘, 혹은 '여성적 마조히즘'이라 한다. 자신이 때리고 맞았다고 우는 아이는 공격적인 사디스트이면서 동시에 수동적인 마조히스트이다. 프로이트의 여성적 마조히즘은 라캉에게는 거울 단계의 리비도에 속한다. 그래서 '여성적 주이상스(Feminine Jouissance)'라고 부른다.

유아가 거세 위협으로 오이디푸스 콤플렉스를 극복하는 시기가 '도덕적 마조히즘'이다. 죄의식과 양심을 갖는 시기이다. 그런데 이때 주의할 것은 극복이라는 것이 근친상간에 대한 소망을 완전히 청산한다는 뜻이 아니다. 아버지가 위협하니까 리비도를 현실 원칙에 맞게 수정하는 것뿐이다. 초자아는 도덕적으로 감시하는 양심이지만 그것의 속성은 이드이다. 의식 속의 무의식, 문명 속의 불만은 놀랍게도 초자아이다. 초자아를 견고한 양심으로만 보면 안 된다는 것이 라캉의 주장이다. 자아뿐만 아니라 초자아라는 법도 그렇게 견고하지 않다. 이드, 자아, 초자아 모두 하나의 리비도이다. 리비도인 이상 죽음충동밖에는 없다. 삶이란 태어난 이상 죽음을 지연시키기 위해 죽음충동을 변형하는 것일 뿐이다. 리비도는 아메바처럼 불변의 것이다. 이쪽을 누르면 저쪽이 툭 불거지고 저쪽을 누르면 이쪽이 툭 불거지는 쌀자루 같은 것이다. 우리의 몸은 쌀자루이고 몸을 움직이는 리비도는 아메바이다.

위의 내용을 정리하면 근원적 마조히즘이 열반 원칙, 여성적 마조히즘이 쾌락 원칙, 도덕적 마조히즘이 현실 원칙이다. 죽음이 근원적 마조히즘이라면 이것을 지연시키는 여성적, 도덕적 마조히즘이 삶충동이다. 라캉은 리비도의 속성인 마조히즘적 쾌락을 '즐김'의 뜻을 지닌 조어, "주이상스"라 부른다. 이것은 노장사상에서 만물의 근원인 텅 빈 공간 '도'와 만물을 움직이는 에너지인 '기'를 합친 것에 해당된다. 라캉은 여성적 마조히즘을 여성적 주이상스라 부르고, 도덕적 마조히즘을 '잉여 주이상스(Surplus Jouissance)', 혹은 '성적 주이상스'라 부른다. 라캉은 주이상스를 주로 성적 주이상스인 잉여쾌락으로 사용하였기에 주이상스를 희열, 혹은 즐김이라고 번역하기도 하지만 이것은 앞의 두 단계를 포함하지 못하는 번역이다. 원래 주이상스는 오르가슴을 표현하는 속어 'to come'에서 나온 단어이다. 밀러(Jacques-Alain Miller)는 남근적 주이상스와 성적 주이상스로 나누었고(Miller, 22-23), 나지오(Juan-David Nasio)는 근원적 마조히즘을 '대타자의 주이상스'라고 부르기도 한다.(Nasio, 27-28) 맥카넬은 잉여 주이상스를 '다른 주이상스(the other Jouissance)'라고 부른다. 학자들마다 조금씩 명칭이 다른 이유는 라캉이 세 개의 주이상스를 뚜렷하게 구분하여 이름 붙이지 않았기 때문이다. 그리고 이 세 가지는 실제로는 오직 상징계 속에서만 존재하기 때문이다. 상징계로 들어온 성적 주이상스를 가장 많이 언급하다 보니 혼란이 일어나자 최근에 학자들이 이렇게 구분을 했다. 그러나 프로이트의 이론을 뒤지면 우리는 좀 더 쉽게 라캉의 주이상스를 이해할 수 있다.

프로이트는 세 단계의 마조히즘을 구분하면서 "이 세 원칙들 가운데 어느 것도 다른 것에 의해 축출되지 않는다."고 말했다. 세 개의 원칙들이 서로 현실의 요구에 맞게 수정될 뿐 하나가 다른 하나를 몰아낼 수 없다는 뜻이다. 라캉은 주이상스에 대해 어느 단계의 주이상스가 비난을 받아야 하는지 그게 문제라고만 말한다. "어느 단계"라는 말은 바로 프로이트가 마조히즘을 세 단계로 구분한 것을 염두에 두고 한 말이 아니었을까. 이제 다시 한번 정리해 보자. 근원적 마조히즘은 태어나기 이전의 죽음이니까 실재계에 해당된다. 주이상스이다. 여성적 마조히즘은 상상계에 해당된다. 여성적 주이상스이다. 도덕적 마조히즘은 상징계 속으로 진입한 죽음이다. 이 것이 가장 중요한 타자이고 잉여쾌락이며 성적 주이상스이다. 그냥 주이상스라고 말할 때 흔히 이 단계를 가리키는 수가 많다. 우리는 상징계 속에서만 사유가 가능하기 때문이다. 주체 속의 잉여 주이상스, 이것이 몸이고 타자이고 사유의 대상이다.

잉여쾌락은 중요하다. 억압으로 상상계의 쾌감이 제거되었다는 착각을 갖기 쉽지만 쾌감이 더 증진되었다는 것을 보여주기 때문이다. 억압은 공격성을 즐김으로 바꾸어놓는다. (S7, 3, 7) 주이상스는 상상계에서 남근으로 착각되고 상징계에서 성적인 것으로 변모되어 주체 속의 타자가 된다. 도의 근원인 흙이 음이 되고 여기에서 양이 나오듯이 법이 오히려 쾌감을 쾌락으로 변모시킨다. 도가 주이상스라면 음은 여성적 주이상스이고 양은 잉여 주이상스가 된다. 도는 실재계이고 음은 상상계이고 양은 상징계이다. 억압은 음에서 양이 태어나는 순간이다. 노장사상에서 상징계는 무극에서 태극으로 옮아간 후, 음과 양이 공존하는 모습을 띤다. 이 가설은 서구 전통적인 윤리관과 아주 다른 것으로 라캉이 정신분석의 윤리에서 강조하는 부분이다. 칸트와 사드, 안티고네와 크레온, 그리고 보로미언 매듭의 세 번째 고리, 꿰맨 자국을 강조하는 것 등은 억압이나 법이 이미 경계 넘기임을 보여주는 예들이다. 잉여쾌락은 법의 타자이다. 주체가 타자를 제거한 게 아니라 타자 없이는 주체가 탄생하지도 못한다. 음 없이 양은 없다.

라캉은 자신의 가장 중요한 용어인 주이상스가 프로이트의 마조히즘의 경제 원칙에서 나왔음을 이렇게 암시한다.

프로이트의 근원적 마조히즘이 우리에게 가르친 것은 삶이 말하기를 박탈당할 때 할 수 있는 최후의 말은 콜로누스의 오이디푸스가 던진 저주의 마지막 말 외에 없다는 것이다. (S2, 232)

오이디푸스의 마지막 말은 무엇이었나? "삶은 치유되기를 원치 않는다."였다. 삶은 죽음으로부터 면제되기를 원치 않는다. 라캉은 프로이트의 근원적 마조히즘에서 침묵과 죽음을 보았다. 쾌감 원칙 너머에 죽음충동이 있다는 프로이트의 말을 받아 라캉은 "쾌감 원칙 너머에 주이상스가 있다."고 말한다. (S11, 184) 주이상스는 죽음이다. 그런데 이 용어가 희열이

나 오르가슴의 의미를 지니는 것은 오직 억압되어 성적 주이
상스로 변모했을 경우이다. 거세되었으나 오히려 더 강해진
잉여 주이상스, 이것이 잉여쾌락이요, 성적 희열이다. 오르가
슴이란 바타이유의 말처럼 "작은 죽음"이다. 주이상스가 죽음
이냐 희열이냐 하는 논란은 바로 이런 미묘함 때문에 일어난
다. 프로이트와 라캉이 강조하고 또 강조하는 말은 바로 억압
한 무의식이 형태를 달리하여 돌아온다는 것이고 그래서 리비
도는 모습을 위장할 뿐 자신의 소망을 결코 포기하지 않는다
는 것이다. 주이상스는 음양과 오행을 낳는 '도'처럼 변형되
며 만물을 순환시킨다. 도는 아무것도 하지 않으나 이루지 않
는 것이 없다.

연인을 만날 때 꼭 친구와 함께 만나는 사람이 있다. 대개
그런 경우는 데이트 초반전에 쑥스러워서 대화를 이어줄 사람
이 필요한 경우이거나 만난 지 오래되어 시들해진 경우이다.
금지의 벽이 무너지면 성은 힘을 잃는다. 자기보다 더 잘난
친구 앞에서 연인을 시험해 보려는 경우도 있다. 연인이 그
친구가 아닌 자신을 선택하면 자존심이 올라가는데 이 허영심
을 채우려다 연인을 빼앗기는 경우가 많다. 제삼자가 있으면
세 사람 사이에서 성적 쾌락이 증진된다. 그럴 때 더 잘생긴
친구와 연인이 맺어지는 것을 나무랄 수는 없다. 제삼자가 있
으면 자신과 연인은 긴장하게 된다. 가장 긴장하지 않는 사람
이 제삼자이고 이 무심함이 연인을 매혹한다.

하루키의 소설 『상실의 시대』에서 어릴 적부터 사귀어온 두
연인은 어느 날부터 남자의 친한 친구와 함께 데이트를 하게

된다. 두 사람은 너무나 친해서 남매 같기에 성적 충동이 일어나지 않았고 그래서 제삼자를 끼웠는데 후에 결국 이 제삼자와 여자가 관계를 갖게 된다. 물론 남자가 자살을 한 이후지만. 성과 사랑은 다르다. 사랑은 친숙함과 이해에 기반을 두지만 성은 금지에 의해 증진된다. 이 소설에서 여자는 죽은 연인을 정말 사랑했는데 왜 그 애가 자살했고 왜 그 애와는 성관계가 이루어지지 않았던가를 늘 자책하며 죽은 연인의 그늘에서 헤어나지 못한다. 성은 이처럼 우리의 이해와 사랑을 뛰어넘어 멀리 달아난다. 한 인간에 대한 진정한 이해에 다다랐을 때 성은 멀리 도망가 버리고 만다. 프로이트의 관능 성향은 애정 성향이 억압되고 남은 잉여쾌락이고 애정 대신 우리가 받은 상징계의 선물이었다. 그리고 그것은 그토록 포착하기 어려운 애물단지다. 우리는 늘 너무 느리거나 너무 빠르다.

사랑에서 방해꾼은 필수적이다. 삼각관계는 사랑의 전형적인 패턴이다. 삼각관계에서 어느 한쪽이 물러나면 다른 한쪽도 시들해지는 것은 이런 이유다. 없는 성욕을 만들어내는 제삼자는 인간만이 아니다. 둘 사이를 가로막는 법, 관습, 인종 등의 장애물도 성욕을 증진시킨다. 벽이 있으면 반드시 벽을 넘으려는 욕망이 생긴다. 연인들의 사랑이 시들해질 때 결혼을 하여 아기를 낳는 것은 친구와 함께하는 것보다 안전하다. 아기는 바로 제삼의 매개항이다. 자식이 없을 경우 결혼은 더 큰 인내를 필요로 한다. 다른 종류의 매개항을 찾아야 하기 때문인데 자식만큼 안전한 매개항은 없다. 잉여쾌락이 중요한 것은 이것이 주체를 전복하는 타자이기 때문이다. 라캉은 마르크스가 못 본 것은 바로 잉여쾌락이었다고 말한다. 자본주의는 잉여가치에 의존하기에 지속된다. 잉여가치는 상품의 생산과 유통을 지속시키는 미끼이다. 잉여가치를 제거하면 상품의 순환은 일어나지 않는다. 잉여가치를 수용하면서 잉여가치의 노예가 되지 않는 길이 자본주의를 지속시키는 길이다. 이처럼 노장사상의 무위는 자본주의의 윤리에도 적용되는 실재계와의 행복한 만남이다.

잉여 주이상스, 혹은 잉여쾌락은 법의 타자이다. 법이 오히려 성을 만들어냈기에 우리는 쉽게 에로스의 함정에서 벗어나지 못한다. 인간의 윤리가 그리 쉽게 법이나 도덕으로 다스려지지 않는 것은 잉여쾌락 때문이다. 프로이트와 라캉은 전통적인 윤리나 공리주의, 이상주의를 의심한다. 주체가 잉여쾌락 때문에 욕망을 지속시키며 삶을 영위하는 한 윤리는 법이나 도덕적 가르침만으로 해결되지 않는다는 것이다. 이웃을 사랑하라는 성경의 말씀만큼 실천하기 어려운 덕목이 어디 있는가. 타자가 있는 한 그런 가르침은 소용이 없다. 인간의 최초의 주이상스는 부러움, 질투였다. 유태인을 학살한 사람들이 기독교인들이 아니었던가. 둘은 가장 많이 닮은 형제였다. 프로이트의 마지막 글은 『모세와 일신교』라는 긴 글이었다. 그는 여기에서 기독교인들이 유태인을 학살하는 이유가 두 종교는 핏줄을 나눈 형제지간이기에 부러움과 질투도 그만큼 극적이라고 말한다. 우리들은 카인의 후예이다. 모든 서사에서 가장 치열한 싸움은 형제지간의 것이고 닮은 사람들의 것이다. 그런데 어떻게 이웃을 사랑하나?

　라캉은 자아가 초자아의 도움으로 이드를 조정할 수 있다고 본 자아중심 분석을 비판한다. 그리고 거울 단계와 상징계의 차이를 제대로 구분하지 못했던 융을 비판한다. 그들은 잉여주이상스를 제대로 밝히지 못했고 그것이 얼마나 막강한지 몰랐다. 라캉이 프로이트를 재해석하면서 누누이 역설하는 부분 가운데 하나가 수퍼 에고, 즉 초자아에 대한 오해이다.(S1, 196) 초자아는 자아중심 분석가들이 믿듯이, 아니 프로이트조차 조금은 믿었듯이, 그렇게 단순히 자아를 조정하여 도덕적 인간이 되게 하는 감시 기관만은 아니었다. 초자아에 대한 올바른 해석은 라캉을 이해하는 데 필수적이다.

　전생에 무슨 빚을 그렇게 많이 졌기에 자식을 많이 낳아서, 혹은 자식은 전생에 빚쟁이고 부부는 전생에 원수였느니라 등의 푸념 비슷한 말을 듣고 "사랑스런 자식이 빚쟁이었다고? 죽네 사네 사랑으로 맺어진 부부가 원수였단 말이야?"라며 도저히 말도 안 되는 소리라고 반발하는 사람은 없다. 이유는 모르지만 왠지 그 말이 진리 같아 "맞다 맞아." 하며 맞장구를 친다. 진리라는 것은 참 우습다. 전생이 있기나 한가라며 의심할 수도 있지만 전생은 분명히 있다. 정신분석에서 전생은 무의식이다. 거울 단계에서 사랑하는 사람은 자식이든 연인이든 부부이든 원수다. 닮은꼴이면서 절대로 둘이 될 수 없는 맞수이다.

　거울 단계의 이상적 자아이며 동시에 맞수가 상징계에 들어와 연인이나 자식, 형제 등 닮은꼴에 투사된다. 맞수이며 이상형이란 무엇인가. 자식에게는 이렇게 말한다. "너는 나를 닮아라. 그러나 나와 같은 권한을 누릴 수는 없다." 연인에게는 이렇게 말한다. "나는 너를 닮겠다. 그러나 나와 똑같은 너를 참지는 못하겠다." 상징계로 들어온 자아이상은 이렇게 이중적이다. 이상형을 닮으려는 것은 상징계의 질서를 쫓는 것이기에 사랑이요 삶충동이다. 그러나 나와 같은 권한을 누릴 수 없다거나 너의 존재를 참을 수 없다는 것은 증오요 죽음충동이다. 초자아는 바로 이 두 가지 속성을 지닌 상징계의 타자이다.

초자아는 상징계의 모범인 자아이상이면서 동시에 자아를 처벌하는 잔인한 아버지이다. 그러면 이렇게 이중적인 아버지는 누구인가. 상징계의 아버지인 '아버지의 이름'은 사실은 죽은 아버지이다. 텅 빈 초월적 기표, 경계 넘기라는 법이다. 초자아는 상징계로 진입한 주이상스이다. 그래서 양가적이다. 아버지는 아들이 그를 닮으려 하는 한 은총을 내려준다. 그러나 그와 동등한 권력을 가지려 하면 처벌을 가한다. 닮으려 하는 것은 자아이상을 신처럼 높이 올려놓고 흠모하는 것이고 동등한 권력을 가지려는 것은 라이벌이 되는 것이다. 맞수가 되면 초자아는 공격적이고 파괴적인 외설적 아버지가 된다. 외설적 아버지는 아들을 처벌하거나, 마조히즘적 쾌락으로 몰고 간다. 유머는 아들과 아버지가 일치하지만 서로 너그럽게 수용하는 자세이다. 아버지는 아들에게 "그래, 너는 잘하고 있어. 나만큼 잘하고 있어."라며 다독거린다. 우울증은 이상이 지나치게 높은 사람에게 찾아오고 유머는 가진 것은 없어도 자신을 심하게 나무라지 않는 성격의 사람에게 찾아온다. 이처럼 자신과 대상에게 너그러울 수 있는 것은 소유나 재능과 아무런 상관이 없다.

라캉은 프로이트의 초자아에서 삶충동(양)과 죽음충동(음)이라는 리비도의 양면성을 조심스럽게 끌어낸다. 거울 단계의 자아를 상징계로 인도하는 언어는 텅 빈 기표요 죽은 아버지이다. 그렇다면 초자아는 해골이면서 동시에 남근이 아닌가. 지나치게 엄격한 초자아는 자아를 해골로 인도하고 은총의 아버지는 '오브제 아'를 섬길 수 있는 판타지의 주체로 인도한다. 도덕적인 마조히즘은 단순한 은총의 아버지가 아니었다. 이드가 현실의 눈치를 보느라 하는 수 없이 경제 원칙에 비추어 이상형으로 변형되긴 했지만 그 속에는 여전히 원초적인 아버지, 거울 단계의 공격성이 도사리고 있다. 라캉은 이것을 조심하라고 말한다. 법을 그토록 잘 지키고 초자아가 그토록 강한 독일 국민들이 나치즘을 신봉했다. 칸트를 철저히 믿고 상관의 명령을 충실히 따르던 아이히만은 수많은 유태인들을 학살했다. 질서 의식이 강하고 법과 상관의 명령을 충실히 따르는 일본이 얼마나 많은 사람을 학살했던가. 어떻게 도덕적인 초자아가 파시즘이 되는가.

정신병의 경우 초자아는 아예 설정조차 되지 못한다. 이에 비해 강박 신경증은 상징계로 진입했지만 초자아를 너무 의식한다. 외부로 초자아를 투사하지 못하고 자신의 내부에서 초자아의 음성을 듣는 것이다. 자신의 그림자에 너무 매달린다. 자신을 신과 동일시하지는 않지만 리비도를 과감히 이상적인 대상에 투자하지 못하고 늘 그림자처럼 붙어 다니는 아버지의 눈치를 본다. 그러고는 연인을 향해 리비도를 투자한다는 생각만으로도 아버지께 죄를 짓는다고 생각해서 자신을 처벌한다.(S2, 263) 그림자와 자신을 분간하지 못하는 데서 강박 신경증은 정신병과 비슷하지만 전자는 초자아가 지나치게 엄하고 후자는 초자아가 아예 없다.

정상인의 초자아는 은총이다. 너그러운 아버지로서 아들을 감시하여 아들의 양심이 되지만 잘못해도 많이 나무라지는 않는다. 어린 한스의 말(horse) 공포증을 치유하는 아버지와 같다. 문제는 도착증에 있다. 도착증은 법을 지나치게 준수하는 데서 일어난다. 아버지의 이름이 해골이며 동시에 남근이라는 것을 모르고 법이 위반이라는 타자를 지닌다는 것을 모를 때 일어나는 도착증은 위험하다. 칸트는 법을 충실히 지키면 도덕적 인간이라고 믿었지만 히틀러의 명령을 지킨 나치즘은 도덕적이지 않았다. 법을 무조건 밀어붙이면 쾌락도 함께 증가한다. 법은 욕망을 낳기에 법을 강요할수록 욕망도 증가한다. 법은 사디즘이 되고 지키는 자는 마조히스트가 된다. 그리하여 주체가 즐겨야 할 대상이 반대로 주체를 즐기는 것이다.

정상인은 무이면서 동시에 남근이라는 초자아의 양면성을 안다. 실재계를 경험하는 주체, 애도를 하는 주체, 판타지의 주체이다. 도착증은 법이 잉여 주이상스를 만든 장본인임을 모른다. 그래서 명령을 무조건 밀어붙일수록 타자(쾌락)가 함께 늘어나 결국 쾌락이 법을 먹어치운다. 법을 지키면서 그 법이 타자를 지닌다는 것을 받아들이는 게 아니라 오히려 타자가 주체를 먹어치우고 쾌락이 법을 먹어치운다. 도착증의 끝은 죽음이다. 파시즘의 끝은 파멸이었다. 도착증은 왜 일어나는가? 어떻게 초자아가 주체를 먹어치우는가. 잉여 주이상스를 모르기 때문이다.

잉여 주이상스는 나치즘의 신봉자들이 명령을 충실히 이행하면서 맛본 쾌락이다. 주체는 자신을 희생하면서 법을 수행한다. 그 희생이 마조히즘이라는 쾌락을 낳는다. 도덕적 마조히즘을 밀어붙일 때 도착증이 된다. 이것이 파시즘이다. 일본 군국주의나 독일 나치즘이 일사분란하게 자신을 희생하고 명령을 따를 때 그 희생에서 그들이 맛본 것이 잉여쾌락이고 죽음을 향한 마조히즘의 쾌락이었다. 이것이 칸트와 사드가 똑같이 파시즘이라는 라캉의 발견이다. 파시즘에서 초자아는 자신을 희생하는 데서 맛보는 마조히즘적 쾌락을 마음껏 즐기라고 명령한다. 여자들을 독점했던 원초적 아버지의 음성이 들린다. 베일에 가린 초자아의 정체를 잘 알면 우리가 정치나 사랑에서 어떤 선택을 내려야 할지 조금은 선명해지지 않을까. 주이상스를 어떻게 투자하느냐에 따라 우리의 삶은 향기로워질 수도 있고 피폐해질 수도 있다.

라캉은 일본의 오시마 나기사가 만든 영화 「감각의 제국In the Realm of the Senses」을 보고 1976년 3월 16일의 세미나(Le Sinthome)에서 이렇게 말했다.

나는 소스라치게 놀랐다. 왜냐하면 그것이 바로 여성적 에로티즘에 관한 영화였기 때문이다. 여성적 에로티즘을 극단적으로 밀

어붙인 곳에서 사람을 죽이는 판타지가 나타난다. (Tremeau, 35)

　주인공 키치와 사다의 이름에서 볼 수 있듯이 「감각의 제국」은 사디즘과 마조히즘에 관한 영화이다. 성적 주이상스를 극단으로 밀어붙일 때 '여성적 주이상스'에 이르고 그것의 종말은 죽음이라는 라캉의 이론이 그대로 반영된 영화였던 것이다. 라캉은 소스라치게 놀랐다. 이 영화는 단순한 성도착, 혹은 광기를 그린 것일 뿐 아니라 그것을 1936년의 군국주의에 비유한다. 그리고 그것이 이 영화를 단순히 성에 관한 것뿐 아니라 정치적 비판을 담은 영화로 만든다. 그리고 그것이 라캉을 깜짝 놀라게 한 이유이다. 칸트와 사드가 이웃이라는 자신의 핵심 사상을 그대로 반영했기 때문이다. (『감각의 제국』, 130-153쪽)

　잉여 주이상스의 본질은 죽음이다. 무에서 만들어졌기 때문이다. 다만 상징계에서 살아남기 위해 '오브제 아'처럼 보이는 욕망의 대상에 달라붙을 뿐이다. 그래서 우리가 나누는 대화 속에도 이렇게 달라붙은 몸이 말을 한다. 해골과 남근, 음과 양, 무와 '오브제 아', 도착증과 판타지의 주체는 주이상스가 지닌 두 개의 얼굴이다. 없음에서 있음이 나오고 음에서 양이 나오는 것을 아는 것이 실재계의 윤리이다. 그리고 바로 이 음양의 조화가 만물을 움직이고 문화를 창조한다.

2. 리비도의 두 얼굴——음과 양

에로스가 지닌 화살은 음과 양으로 이루어진다. 금촉은 상처를 받으면 사랑에 빠지고 납촉은 아무도 사랑하지 않는다. 납촉의 위력은 얼마나 강한가. 금촉의 위력은 또 어떤가. 아폴론은 나무로 변해 버린 다프네를 잡고 말한다. 너를 내 머리에 장식하고 앞으로 영원히 승리자의 머리를 장식할 것이며 너는 내 화살 통이 되어 나와 함께 있을 것이다. 에로스와 타나토스의 양면 때문에 사랑은 영원히 지속된다. 음과 양이 공존할 때 주이상스는 영원히 순환한다. 한 알의 밀알이 죽어야 싹을 틔우듯이 죽음과 삶은 뗄 수 없는 한 쌍이다. 이것이 도에서 말하는 음양의 조화요, 오행설이 말하는 마주 보는 반대의 짝들이다.

도망치는 다프네보다 손에 들어온 월계수가 더 나을지도 모른다. 아폴론은 월계수를 머리에 두르며 생각했을 것이다. 이것은 다프네라고. 이 세상에 너만 있으면 나는 살아갈 것이라고. 사랑은 이렇게 그림자를 사랑하는 것이다. 자신의 머리에 두른 월계수를 사랑하는 것이다. 몸은 사라지고 나무만 남았다. 몸 대신에 승리자의 머리를 장식하는 월계수가 되는 것이 상징계의 사랑이다. 운명의 신은 금촉 옆에 납촉을 가지고 다니기 때문이다.

몸 대신에 나무를 사랑한다. 꽃 대신에 숲을 사랑한다. 그렇게 되면 삶은 참으로 쉬워질 텐데……. 그러나 아폴론이 월계수를 자신의 머리에 두를 때 그것은 나무가 아니었다. 그것은 다프네의 몸이었다. 그녀의 부드러운 팔이 가지가 되고 하얀 몸이 딱딱한 껍질에 싸일지라도 나무 속에는 연인의 몸이 들어 있다. 이것이 리비도의 변형이다. 프로이트는 후기에 쓴 글 「증상, 금지, 불안」에서 금지가 증상을 낳고 인간은 불안 때문에 이 증상에 매달린다고 말한다. 그래서 어린 한스의 말 공포증처럼 부정적인 증상은 치유되어야 하지만 상징계로 진입한 후 일어나는 긍정적인 증상은 즐기라고 말한다. 이드는 증상으로 변형될망정, 죽어도 제거되지 않는다. 어머니의 몸에서 떨어져 나온 근원적인 불안 때문이다. 그럴 바에는 증상을 제거하려 하지 말고 즐기라는 것이다. 제거하려 할 때 오히려 잉여쾌락이 증가하여 죽음에 이른다. 몸은 이렇게 강하다. 프로이트는 말한다. "자아와 초자아는 둘 다 이드의 변형이고 오직 이 둘 사이의 갈등이 있을 때만 나누어진다." 라캉 역시 이렇게 말했다.

(……) 상징적 연쇄고리의 부서진 틈새 속에서 그 외설적이고 광포한 인물이 상상계로부터 솟구친다. 그리고 그 인물 속에서 우리는 초자아의 진짜 모습을 본다. (E, 143)

죽었지만 더 강력해진 상징적 아버지 속에서 여전히 그 외설적인 아버지가 말한다. 즐겨라, 부숴라, 파괴하라. 이런 이드가 억압되어 법이 되고 아버지의 명령이 되고 언어가 된다니 우리가 딛고 있는 현실은 얼마나 위태로운가. 승리자의 머리를 장식하는 월계수는 다프네의 몸이었다. 몸을 지키기 위해서 나무로 변했지만 여전히 아폴론에게는 부드럽고 아름다운 처녀이다. 다만 현실에서는 가질 수 없기 때문에 몸을 저당 잡혔을 뿐이다. 아폴론은 월계수라는 증상을 즐긴다.

셰익스피어는 「한여름 밤의 꿈」에서 이런 신의 장난을 아주 코믹하게 그리고 있다. 숲 속에서 세 남녀가 서로 사랑을 한다. 그런데 세 쌍이 서로 손을 마주 잡으면 아무 문제가 없을 텐데 서로 어긋난다. a는 b를 사랑하고 b는 c를 사랑하고 c는 a를 사랑한다. 사랑은 풀기 어려운 미분 방정식이었다. 세 남녀가 원을 그리면서 온 숲 속을 헤맨다. 아폴론과 다프네보다 더 최악의 상태다. a가 b에게 애타게 사랑을 호소하면 b는 고개를 설레설레 흔들고 잠시 후 b는 똑같은 호소를 c에게 한다. 그리고 c는 a에게 똑같이 호소한다. 오죽하면 위에서 내려다보던 요정의 왕이 서로 짝을 지어주려고 사랑의 미약을 남녀가 잠든 사이에 눈에 발라주는데 시행하는 자의 서투름 탓에 어떤 자는 눈을 떠서 본 것이 송아지였고 어떤 자는 벽이었다. 송아지에게 사랑을 애타게 호소하는가 하면 벽에게 사랑을 호소한다. 하긴 사랑은 짐승이고 벽이라고 라캉도 말을 했지만. 이 극은 희극이기에 신이 다시 오류를 바로잡아 세 쌍이 화해하는 것으로 끝난다. 그러나 콜로누스의 오이디푸스가 말했듯이 우리들의 실제 삶은 치유되기를 거부한다.

에로스가 금촉과 납촉을 가지고 다니고 우주가 음과 양으로 이루어지기에 삶과 죽음은 뗄래야 뗄 수가 없다. 라캉은 그의 글 「회로 The Circuit」에서 이렇게 말한다.

나는 그것을 이해합니다. 그러나 하나로 묶는 경향은——에로스는 하나로 묶으려 한다——분리되고, 금이 가고, 특히 정적인 물질의 재 분산으로 나아가는 그 반대의 경향과 관련하여서만 파악되어야 한다는 것을 주목하십시오. 이 두 경향은 결코 분리될 수 없습니다. 그보다 더 단단한 결합도 없을 것입니다. 이 문제에 대해 차근차근 생각해 봅시다. (S2, 79)

　전선에 불이 들어오게 하는 서킷이란 회로, 연결, 순환을 의미한다. 금촉은 앞으로 나가는 화살이고 납촉은 뒤를 돌아보는 화살이다. 앞으로 나아가는 것이 삶충동이라면 돌아보는 것이 죽음충동이다. 죽음은 우리 삶의 양끝에서 파수꾼처럼 서 있다. 우리는 태어나기 이전으로 돌아가고 싶은 열반에의 의지를 지니면서 동시에 삶의 종말인 열반을 향해 간다. 삶의 시작과 끝이 열반이기에 삶은 직선이 아니라 끝이 시작이 되는 둥근 회로이다. 세 남녀가 꼬리를 물고 아테네의 숲 속을 빙빙 돌며 어긋남 속에서 서로를 찾는 것이다.
　기표의 순환이란 여분 때문에 계속 의미가 지연되는 것이다. 파괴가 있어야 생산이 있고 한 알의 밀알이 떨어져야 싹이 튼다. 겨울이 지나고 봄이 오듯이 죽음은 탄생이다. 이런 순환의 회로는 오직 죽음을 지연시키면서 반복을 할 때 가능하다. 죽음은 영화 「글래디에이터」에서 보여주듯이 "아직은 아니야, 아직은 아니야.(Not yet, not yet.)"라고 말할 때 축복이 된다. 죽음이 반복을 낳는다. 죽음이 삶을 낳는다. 음이 양을 낳고 파괴가 부활을 낳는다. 실재계는 죽음이며 동시에 삶이다. 삶은 실재계에서 시작하여 상상계를 지나 상징계로 들어간다. 그리고 실재계로 다시 들어서서 상상계로 상징계로 실재계로 순환한다. 이것이 삶의 회로이고 욕망의 회로이다. 음양의 순환이다.

에로스는 금촉과 납촉을 가지고 있기에 보였다가 안 보였다가 하는 시소 게임을 벌인다. 사랑은 시소 게임이다. 잡으려면 도망가고 단념하면 보인다. 그것이 에로스의 본질이다. 시소 게임이 끝나면 죽음이 미소를 짓고 찾아온다. 보였다가 안 보였다가 하는 것이 삶이고 욕망이다. 라캉은 리비도의 두 가지 속성인 죽음충동과 반복강박이 하나임을 다음과 같이 표현한다.

프로이트가 근원적 마조히즘을 묘사할 때 그것의 가장 명확한 구현을 그는 어린 아이의 놀이 속에서 발견했다는 것을 잊지 마라. 그 아이는 정확히 18개월이었다. 사랑하는 대상이 보였다 안 보였다 하는 피할 수 없는 사실이 야기하는 고통스런 긴장 때문에 아이는 놀이를 대치한다고 프로이트는 말한다. 그 놀이에서 아이는 실 끝에 작은 실패 한 개를 매달고 그것을 던졌다가 당기는 행위를 반복하면서, 보였다 안 보였다를 자신이 조정하고 그렇게 조정하는 데서 쾌락을 맛본다. (S1, 172)

아폴론이 다프네의 손을 잡는 순간이 '보인다'이고, 다음 순간 나무로 변하는 것이 '안 보인다'이다. 죽음이 곧 삶이기에 보이는 것이 안 보이는 것이고 돌아봄이 나아감이라면 반복은 피할 수 없고 그럴 바에는 당하는 것보다 스스로 주체가 되는 것이 즐겁다. 쾌락은 능동적으로 실패를 던졌다가 끌어당기는 행위를 반복하는 데서 온다. 만일 능동적인 주체가 되지 못하면 거꾸로 대상이 주체를 먹어버린다.

끝이 없으면 시작이 없고 악이 없으면 선이 없고 음이 없으면 양이 없듯이 죽음이 없으면 삶도 없다. '안 보인다'가 없으면 '보인다'도 없다. 리비도는 필요에 의해 둘로 나뉘지만 그것은 절대적으로 하나이다. 그래야만 만물이 흐르고 순환한다. 하나에서 둘이 나오고 둘이 셋으로 묶여야 만물이 나온다. 이 세 번째 고리가 실재계라는 '무위'이다. '실재계'는 음이며 동시에 양이기에 지식과 담론과 만물의 방향을 바꾸고 그들을 순환시키는 동인이 된다. 만약 이런 시소 게임을 거부하면 강박 신경증, 도착증, 그리고 편집증에 빠진다. 그리고 나아가 파시즘이 나타난다. 에로스의 금촉은 만물이 하나 되어 바다 같은 우주를 만들고 싶어 하는 통합이다. 금촉 화살만 있으면 지식은 편집증에 빠지고 사랑은 죽음에 이르는 도착증에 빠진다. 편집증적인 지식은 파시즘의 온상이다. 파시즘은 금촉의 화살만 있다고 착각할 때 일어난다.

카리스마(charisma)는 원래 신적이고 영적인 힘으로 병을 치유하는 사람에게 붙여진 이름이다. 히틀러의 연설을 들으면서 집단은 어머니의 자장가처럼 아늑한 최면으로 빠져들고 온갖 불안에서 해방되는 것을 느낀다. 그의 명령은 곧 초자아의 것이며 동시에 내 음성이기에 물불을 가리지 않게 된다. 카리스마적인 인물은 남근을 가진 것처럼 보인다. 거울 단계의 이마고이다. 그래서 어머니, 아버지, 그리고 동시에 아기이다. 나치즘이나 일본의 가미가제는 모두 대장을 위해서 자신을 희생하는 데서 쾌락을 맛보는 성적 주이상스였다. 그들의 편집증적 최면과 집단 폭력은 에로스가 금촉만 가지고 있다고 믿는 착각에서 나온다. 에로스의 다른 쪽에 숨겨진 납촉은 금촉이 죽음으로 직행하는 것을 막아준다. 죽어서 썩지 않으면 생명은 없다. 사랑이 모자란 듯하면 약이고 넘치면 독이 되듯이 카리스마 역시 적절한 지점에서 방향을 바꾸지 않으면 전멸에 이른다.

지식도 에로스가 금촉만 있다고 믿을 때 파시즘이 된다. 이것이 라캉이 비판하는 서구의 편집증적 지식이다. 지식의 타자인 죽음을 모를 때 지식은 파라노이아가 되어 거대한 주이상스로 변하고 그 끝은 파국이다. 커다란 파국을 작은 죽음으로 막는 것이 납촉의 임무이다. 실재계가 반복의 동인이 되는 것은 작은 죽음으로 큰 죽음을 지연시키려는 작전이다. 그래서 연인이 보였다 안 보였다 한다고 초조해할 것이 아니라 자신이 시소 게임을 조정하는 주체가 되어야 한다. 이르마의 목구멍에서 본 것을 라캉은 실재계라고 말했다. 주체를 꿀꺽 삼킬 것 같은 목구멍은 죽음의 상징이다. 그러나 그곳은 또 삶을 낳는 근원이다. 목구멍을 막아버리면 숨이 끊어지기 때문이다. 실재계는 목구멍이다. 파괴와 생산이 공존하는 '바로 그곳'이다. 음을 양으로 바꾸면서 기를 순환시키는 텅 빈 공간, 검은 구멍을 노장사상에서는 '무위'라고 부른다.

우리는 흔히 사랑을 표시할 때 심장을 그리고 가운데로 화살이 관통하는 것을 그린다. 심장을 관통하면 죽음인데 왜 그런 표시가 사랑을 상징하게 되었을까. 에로스의 본질은 죽음이다. 그러나 사랑하기 위해서 죽어야 한다면 과연 현실에서 몇 사람이나 그럴 수 있을까. 영화나 소설이 아닌 실제 삶에서 둘이 똑같이 죽음으로 사랑을 증명하는 일은 거의 없다. 사랑은 죽음을 소망하지만 그것을 즉각 실현시키면 아무 의미가 없다. 사랑은 질질 끄는 것이다. 아테네의 숲 속에서 세 쌍의 젊은이가 서로 꼬리를 물고 뱅뱅 돌 때 바로 그것이 사랑을 하는 것이다. 셰익스피어는 귀족의 축제일에 맞추어 그 극을 썼고 그래서 화해로 끝을 냈지만 사랑은 화해가 아니고 어긋남이고 승화이다.

충동은 심장에서 나오고 사랑은 배에서 나온다. 욕망은 배 안의 작은 짐승이 말을 하는 것이다.

(부분)충동들은 성적 질서 속에서 우리들을 필요로 한다. 충동은 심장으로부터 나온다. 아주 놀랍게도 프로이트는 사랑은 그와 반대로 배로부터 나온다고 말한다. 냠냠 맛있게 먹는 세계 말이다. (S11, 189)

심장은 붉은 장미이다. 그것은 핏빛이고 죽음이다. 배는 음식을 먹고 소화시키며 아기를 잉태하는 곳이다. 심장은 붉은색의 열정이다. 고동이 멈추면 죽는다. 배는 목숨을 이어가기 위해 냠냠 맛있게 먹고 소화하는 곳이다. 라캉은 충동과 사랑을 왜 그렇게 구분했을까. 심장은 너와 내가 하나 되기 위한 열정과 파괴의 충동이 잠재한 곳이다. 에로스가 가진 금촉 화살이다. 그것이 심장을 맞히면 죽는다. 배 속은 그보다 지저분하다. 온갖 내장들이 구불구불하게 얽혀서 먹고 소화하고 다시 먹고 소화한다. 아기를 잉태하고 낳는다. 흔히 담판을 지으려 할 때 우리는 가슴을 털어놓자고 말한다. 목숨을 담보로 솔직하게 이야기해 보자는 것이다. 배를 털어놓자고 말하는 사람은 없다. 그 속은 지저분하니까. 심장은 다 내보이는 것이다. 그것은 내일로 미루는 법이 없다. 그러나 배는 뒤로 미룬다. 사랑은 뒤로 미루는 것이다. 구불구불하고 지저분한 것이다. 욕망의 완벽한 충족을 지연시키는 것이 사랑이다. 그렇다면 승화는 심장이 아니라 배에서 이루어진다는 것인가. 승화는 핏빛의 결투가 아니라 구불구불하고 지저분한 배, 냠냠 맛있게 먹은 것을 소화하고 텅 비운 채 또 음식을 기다리는 배에서 이루어진다. 비우고 채우고 또 비우는 배는 만물의 순환을 일으키는 공간이다.

주이상스가 없음과 있음이라는 음과 양이 한자리에 있는 단세포의 아메바라면 윤리를 말하기란 쉽지 않다. 안이 밖이고 밖이 안이다. 주이상스가 금촉과 납촉으로 되어서 연인이 보이다 안 보이다 한다면 사랑은 신기루이다. "사랑과 증오 사이, 에로스와 타나토스 사이의 신기루"(S1, 180) 때문에 아이가 실패를 던지고 또다시 던진다면 어떻게 주이상스를 투자해야 손실이 적을까.

시와 음악의 신이었던 아폴론이 의학의 신이었다는 것을 아는 사람은 드물다. 어떻게 예술의 신이 의술의 신이 될 수 있는가. 예술은 마음을 정화시키고 의술은 몸을 고치는 기술인데 둘이 하나가 될 수 있다니. 그러나 아폴론의 임무는 오늘날 우리가 잊고 있는 중요한 진실을 짚어준다. 우리가 태어날 때 몸과 마음이 하나이듯이 옛날에는 몸과 마음이 하나였다. 프로이트는 인간의 유아기와 원시 시대를 같게 보고 현실 원칙을 문명과 나란히 놓는다. 라캉 역시 프로이트의 죽은 아버지인 문명의 시작을 상징계와 같게 본다. 그렇다면 문명이라는 이름이 마음을 영혼으로 승격시킨 후 조금씩 몸으로부터 떼어낸 것은 아닐까. 문명은 인간의 영혼을 몸으로부터 분리시키고 몸을 야만이라 이름 붙였다. 그리고 정신을 고양하고 도덕을 강조했다. 그런데 왜 문명은 인간을 행복하게 만들지 못하고 폭력과 자살과 증오는 더욱 심해지는가. 개발은 오염을 낳고 컴퓨터는 편리함 못지않은 문제점을 지니며 광고와 상품은 고귀한 영혼을 잠식해 버린다. 영혼은 이미지를 낳고 상품을 낳았다. 상품이 영혼을 지배한다. 그렇다면 야만성은 영혼과 분리될 수 없는 것은 아닐까. 아니 몸은 이미 영혼 그 자체인지도 모른다. 몸은 억압될수록 금지될수록 이성이 전혀 의도하지 않은 잉여 주이상스를 낳는다. 몸은 마음의 타자였다. 둘은 뗄 수 없이 하나였다.

마음을 치유하는 예술은 몸을 치유하는 의술이었다. 정신분석은 마음과 몸이, 예술과 의술이 서로 다른 것 같지만 본질적으로 하나임을 강조한다. 주이상스는 단세포이다. 외적인 압력에 의해 나누어지는 척할 뿐 언제나 하나였다. 아폴론은 예술이 몸을 치유한다는 진리를 보여준다. 마음이 병의 원인이다. 마음을 가라앉히고 평화를 찾는 것은 외적 자극에 의해 흔들리는 주이상스를 가라앉히고 다시 주체를 회복하는 길이다. 마음을 달래는 길은 주이상스에 튼튼한 갑옷을 입히는 것이다. 마음을 몸으로부터 분리하지 않고 몸의 위력을 받아들이는 것이다. 내 안에 날짐승과 같은 가벼움이 있다는 것을 인정하는 길이다.

라캉은 말한다. 아리스토텔레스는 우리는 행복해지기 위해서 선을 행한다고 믿었지만 그는 주이상스를 몰랐다.(S7, 112) 프로이트는 아리스토텔레스와 다르게 우리는 행복해지기 위해서 선을 배반한다고 말한다. 무의식에 대한 배려, 쾌감 원칙에 대한 고려를 하지 않고 행복은 증진될 수 없다는 것이다. 이성의 힘으로 선을 이룰 수 있다고 믿은 칸트도 실패했다. 나치즘의 신봉자들이 칸트를 믿지 않아서 그랬던가. 맥카넬이 밝히듯이 그들은 누구보다 이성의 명령을 철저히 따른 사람들이었다.(MacCannell, 75) 그들이 몰랐던 것은 몸의 위력인 주이상스였다.

주이상스란 날짐승이고 몸이고 리비도이고 죽음이고 마음을 움직이는 동력이다. 그것은 도에 뿌리내리고 만물을 낳고 순환케 하는 '기'이다. 그러므로 유용성과 아무 상관이 없다. 주이상스는 무에서 창조한 것이고 얻을 수 있는 게 아니라 벗어날 수 없는 것이다. 그것은 '없는 것이면서 동시에 벗어날 수 없는 것"이다. 도대체 말이 되는가. 그러나 주이상스는 논리적인 개념이 아니다. "반대가 도"라는 노장사상이 논리를 거부하는 것과 같다. 죽음과 삶이 똑같이 하나의 리비도라는 전제가 논리적이지 않다면 주이상스 역시 논리가 될 수 없다. 그러나 죽음충동이 삶충동임을 이해하면 주이상스는 이해하기 쉽다. 천지가 텅 빈 공간이요, 무(nothing)이고 죽음이다. 그리고 삶은, 혹은 반복은, 여기에서 태어나고 지속된다. 주이상스는 없는 것이기에 얻을 수 있는 게 아니다. 다만 벗어날 수 없는 것이다. 그것은 볼 수 없지만 만물을 지배하는 도와 같다. "하늘과 땅은 아무것도 하지 않지만 그들이 하지 않는 것은 아무것도 없다."(『장자』, 18편 1절) 죽음이 삶의 일부분이라면 주이상스는 무(nothing)이면서 동시에 벗어날 수 없는 유(everything)이다. 만질 수도 없고 보이지도 않지만 이루지 않는 것이 없는 것, 노장사상은 이것을 만물의 근원인 '도'라고 했다.

금지가 가해지지 않을 때 주이상스는 텅 빈 공간이요 무이다. 죽음이고 죽음 같은 평화이다. "주이상스에 접근을 막는 것은 법이 아니다. (……) 오히려 쾌락이 주이상스에 제한을 가한다."(E, 319) 페니스는 쾌락이 아니다. 이것을 억압하여 베일을 씌워놓았을 때 쾌락을 줄 것 같은 남근이 된다. 남근은 이미지화 된 페니스이다. 남근이 주이상스를 줄 것같이 보이는 것은 주이상스를 금지한 거세에 의해서다.(E, 320) 언어 역시 마찬가지이다. 기표는 잉여 주이상스를 낳는 원인이다. 그러므로 언어 없이 우리는 몸의 그 부분에 접근조차 할 수 없다.(S7, 24)

수렵과 달의 여신 디아나는 어느 날 사냥을 마치고 바위 틈 맑은 물에 몸을 씻고 있었다. 주위에는 요정들이 그녀의 옷을 받아들고 누가 훔쳐보지 않을까 망을 보고 있었다. 마침 주변에서 사냥을 하던 악티온은 잘못하여 그 숲 속으로 들어섰고 우연히 디아나가 목욕하는 모습을 보게 된다. 당황한 그녀 곁으로 요정들이 둘러섰지만 그녀는 키가 커서 벗은 몸이 그들의 머리 위로 드러났다. "어디 한번 남들에게 내 벗은 몸을 보았다고 말해 보려무나." 디아나는 이렇게 말하면서 물을 끼얹었다. 악티온의 머리에서는 뿔이 솟고 온몸이 사슴으로 변했다. 그가 물가를 벗어나자 주변에 있던 개들이 그에게 달려들어 물어뜯었다. 그는 주인을 물어뜯는 사냥개들에게 소리를 질러 자신이 누구인가 알리고 싶었으나 말이 나오지 않았다. 그는 달려드는 개들에게 온몸이 갈기갈기 찢겨 죽는다.

디아나와 악티온의 신화는 무엇을 암시하는가. 라캉은 이 신화의 두 인물에 대해 스치듯이 언급했다. 인간은 진실을 보게 되면 그렇게 처참히 죽는다고. (E. 145) 디아나의 벗은 몸을 본 죄로 악티온은 얼마나 처참하게 죽는가. 진실을 보는 순간 우리는 죽는다. 죽음은 최후의 대타자, 단 하나의 진리이다. 베일을 벗은 디아나의 몸은 죽음이었다. 주이상스 역시 마찬가지다. 우리는 그것에서 벗어날 수 없으면서도 만질 수도 접근할 수도 없다. 주이상스를 훔쳐본 죄로 악티온은 얼마나 처참하게 죽는가. 주이상스에 접근할 수 없기에 신은 디아나의 몸에 옷을 입힌다. 옷은 베일이다. 만일 악티온이 사냥개들에게 자신이 주인인 것을 말할 수만 있었다면……. 디아나가 빼앗은 것은 언어였다. 옷을 통해 우리는 주이상스에 접근한다.

언어 속에서 튀어나오는 몸이 잉여 주이상스이다. 그러므로 억압이 일어나지 않은 주이상스는 위험하다. 영원한 침묵이고 침묵으로 돌아가려는 파괴이다. 악티온처럼 머리에서 뿔이 솟아 나오지 않으려면 언어 속에서 튀어나오는 증상을 즐겨야 한다. 사슴이 되어 자신이 기른 개에게 물려 죽지 않으려면 말을 해야 한다. 주이상스는 적절히 금지하면 쾌락을 낳고 지나치게 금지하면 무로 돌아간다. 주이상스를 적절히 금지하는 것이 노장사상에서 말하는 무위의 길이다. 하늘은 아무것도 하지 않는다. 하늘의 무위는 청명함이다. 땅은 아무것도 하지 않는다. 땅의 무위는 휴식이다. 이 두 개의 무위가 합쳐지면서 모든 행동이 시작되고 만물이 탄생한다. "하늘과 땅은 아무것도 하지 않지만 그들이 하지 않는 것은 아무것도 없다." 이런 무위에 도달할 수 있는 사람이 어디 있겠는가?(『장자』, 18편 1절) 그러므로 지혜로운 사람은 삶의 지울 수 없는 여분으로서, 타자로서 주이상스를 즐길 뿐 제거하려 하지 않는다.

아리스토텔레스는 주이상스를 몰랐다. 칸트도 법이 잉여쾌락을 낳는다는 것을 몰랐다. 우리에게는 파괴와 죽음의 주이상스를 피하면서 잉여 주이상스를 받아들이는 지혜, 침묵으로 하강하지 않기 위해 아버지를 받아들이면서 동시에 아버지의 본래 얼굴이 해골이라는 것을 아는 지혜가 필요하다. 어머니의 주이상스(음)와 아버지의 법(양)을 둘 다 인정하는 지혜가 주이상스 길들이기이다. 라캉은 정신분석의 윤리에 대해 집중적으로 조명한 세미나 7권에서 정신분석의 윤리는 빗나가는 주이상스를 길들이는 것이라고 말한다. "길들인다", "아버지인가 아니면 최악인가". 흔히 듣는 이 말은 얼핏 남성 중심주의처럼 들린다. 라캉의 아버지는 죽은 아버지다. 아버지의 법은 무에서 잉여 주이상스를 만들어냈다. 그러므로 "길들이기"는 주체가 타자를 이웃으로 받아들이고 공존하는 타자의 윤리이다.

잉여 주이상스로 상징계에 저항하면서 동시에 공격적인 주이상스에 굴복하지 않는 것이 '무위'이다. 첫 번째는 상징계로 진입한 주이상스이고 두 번째는 실재계와 상상계의 단계에 머무는 주이상스이다. 잉여 주이상스를 간과하고 법을 밀어붙이면 전멸의 주이상스에 이른다. 신경증은 잉여 주이상스를 피하는 것이고 도착증은 전멸의 주이상스를 흉내 내는 것이다.(Nazio, 15) 왜 이렇게 복잡하고 어려운가. 선을 행하고 악을 응징하면 도덕이지 '무위'와 승화는 왜 이렇게 까다로운가. 노장사상이 어렵듯이 라캉도 어렵다. 타자 때문에 조심스러운 것이다. 승화의 윤리를 도의 무위와 같다고 보면 쉬워질까. 음과 양의 어느 한쪽에 치우치지 않는 길이 무위라면 승화 역시 주체와 타자, 법과 잉여 주이상스의 어느 한쪽을 밀어붙이지 않는 것이다. 무위는 실재계와의 행복한 만남이다.

우선 악(음)을 제거하면 선(양)이 이루어진다는 논리가 왜 틀린 것인지 보자. 쾌감 원칙, 혹은 거울 단계는 짐승이고 상징계의 관점에서 보면 이기적이고 공격적인 악이다. 글자 그대로 유아독존이다. 그런데 이 거울 단계를 상징계가 억압하는데 오히려 그것이 쾌락이 되어 주체가 흐물흐물 녹는다. 그렇다면 주체가 잉여쾌락을 모르는 것보다 알고 있는 게 안전하다. 악이란 제거하려면 쾌락이 되어 더 승한다. 공격적이고 이기적인 원시적 아버지가 초자아요 법일 때 그 초자아를 밀어붙인다는 것은 얼마나 위험한가. 즐기라, 파괴하라, 공격하라……. 이 지경에 이른다.

몸의 즐김은 사랑의 장례식이다. 칸트와 사드는 비슷한 시기의 사람들이었다. 칸트는 위대한 철학자이고 사드는 감옥에서 스물다섯 해를 보낸 이단자였다. 칸트는 쾌락을 희생하여 법을 지키라 하고 사드는 고통을 감수하고 쾌락의 문을 활짝 열라 한다. 둘 다 자신을 희생하고 고통을 감수하라 한다.(S7, 80) 그런데 바로 그 고통이 문제다. 고통은 사디즘이고 쾌락을 향한 입구이다. 공격성이 속성인 거울 단계가 얼굴을 내밀고 고통을 즐긴다. 파괴를 통해 침묵으로 돌아가라고 부추긴다. 주이상스는 고통을 지닌 쾌락이다. 칸트의 법은 마조히즘을 즐기는 것이고 사드의 법은 사디즘을 즐기는 것이다. 실제로 사디즘은 사드에게서 나온 단어이다.

칸트와 사드는 선택이나 대립의 관계가 아니라 타자의 관계였다. 서로 이웃이었다. 같은 리비도의 변형에 불과하다. 둘 다 이드에 속했다. 라캉은 그의 글 「사드 곁의 칸트」에서 이렇게 말한다.

『밀실의 철학』은 『실천이성 비판』보다 8년 늦게 나왔다. 만약 전자가 후자와 일치한다는 것을 알고 난 후, 전자가 후자를 보완한다는 것을 보여준다면 우리는 전자가 『실천이성 비판』의 진실을 드러낸다고 말할 것이다.(October, 55)

"인간은 자율적이다. 그러나 이성에 복종해야 한다."라고 칸트는 말한다. 이성은 그 속에 사디즘이라는 타자를 품고 있었다. 자율이 간과한 사디즘이다. 그는 모순을 안고 있다. 모순은 유머이다. 사드는 어떤가. 그는 칸트와 정반대로 가학과 고통이 쾌락을 산출하는 무의식을 실천한다. 무의식은 조크이다. 유머와 조크는 서로 통하지 않는가. 칸트가 주체라면 사드는 주체 속의 얼룩, 상징계의 여분(remainder)인 타자였다. 이것이 '사드 곁의 칸트'이다. 칸트 속에 사드가 있고 둘이 뗄 수 없는 관계임을 알 때, 칸트를 실천하면서 사드를 배려할 때 우리는 실수를 줄일 수 있다는 것이 실재계의 윤리이며 무위의 길이다. 칸트의 마조히즘은 사드의 사디즘과 같다. 음과 양이 하나의 뿌리인 무(無)에서 나왔듯이. 둘은 반대이지만 하나의 도(道)이다.

3. 승화, 혹은 무위──판타지의 주체가 되라

텅 빈 공간이란 죽음의 그림자이다. 프로이트의 근원적 마조히즘이 자리 잡은 곳이다. 아무 곳에도 없으면서 모든 곳에 있는 텅 빈 공간은 결코 충족되지 않는 인간의 근원적 결핍이요, 함정이다. 늘 무엇인가를 그리워하게 만드는 이 공간에 그대로 흡수되면 죽음이고 저항하면 삶이다. 무엇인가 의미 있는 것으로 그 공간을 채우는 것이 저항이고 승화이다. 라캉은 성냥갑과 꽃병의 예를 들어 이 공간을 설명한다. 성냥갑이 그냥 하나 있으면 아무도 주시하지 않는다. 그러나 몇 개가 모여 있으면 "어? 이게 뭐야." 하며 주목하는 사람들이 생긴다. 그리고 사회가 인정하는 의미 있는 역할을 할 때 성냥갑들은 단순한 물건이 아니라 '바로 그것'이 된다. 집단의 위력도 이와 같다. 혼자 있을 때는 아무도 바라보지 않지만 모여서 부르짖으면 주목을 받고 그 모임이 많은 사람들의 공감을 얻어 힘을 갖게 될 때 '바로 그것'이 된다. 꽃병 역시 그냥 있으면 아무것도 아니다. 그러나 그 속에 물을 넣고 꽃을 꽂으면 주목을 받는다. 그리고 어떤 꽃을 어떻게 꽂느냐에 따라 아름다움이 되고 예술이 된다.

승화란 아무것도 아닌 것이 모든 것이 되어 우리를 순화시키는 것이다. 주이상스를 의미 있는 대상으로 길들이는 것이다. 결코 충족을 모르는 성 리비도를 사회적으로 인정받는 공익의 대상을 찾아 배출하는 것이다. (S7, 94) 연인을 높이 올려놓아 흠모하고 닮으려는 사랑도 승화이고 판타지를 통해 아무것도 아닌 것을 "나의 모든 것"으로 만들어 삶의 의미를 찾는 것도 승화이다. 승화는 충동이 나아갈 길이다. (S7, 91) 그것은 충동의 만족 대신 보상을 찾는 길이다. 그렇지 않으면 주이상스의 원래 모습인 죽음이 나타난다. 몸으로서의 인간이 늘 몸을 알아주고 경계하고 늦추는 것이 무위요 승화이다.

승화란 대상 리비도에 관련되는 과정이다. (S7, 95) 리비도를 사회가 인정하는 대상에 투자하고 그것을 얻기 위해 노력하는 과정이다. 프로이트는 『문명 속의 불만』에서 이렇게 말한다. 삶의 짐은 너무나 무거워서 우리를 거들어줄 무언가가 필요하다. 과학기술이 도움을 주지만 그것 역시 전부는 아니다. 술과 마약으로 삶의 괴로움을 잊으려 하지만 그런 대체물은 위험하다. 종교, 학문, 봉사, 나를 계발시키는 사랑, 그리고 예술이 삶의 무게를 덜어준다.(SE21, 75) 우리는 행복해지기 위해 살지만 행복은 오직 찰나적일 뿐 길어지면 묽어지고 다시 불만이 생긴다. 미는 실용성도 약하고 문화적으로 꼭 필요한 것도 아니지만 문명은 그것 없이 존재하지 않는다. 미와 매혹은 성적 대상에 속하는 어떤 것으로 문명이 본능에 가한 제한으로 나타난다. 승화란 바로 이 억압 때문에 일어나는 우회 현상이다. 쾌감 원칙은 우회할망정 결코 만족을 포기하지 않기에 어떤 대상으로 어떻게 대치하는가에 행복과 불행의 갈림길이 있다. 모든 대상은 어머니의 대체물이지만 그 가운데 자신과 타인 모두의 불행을 줄이는 대상에 리비도를 투자하는 것이 승화이다.

영화 「천국의 아이들」에서 집세도 못 내는 가난한 단칸방집의 아이는 노동자인 아버지와 임신한 어머니에게 걱정을 끼칠까 봐 여동생의 운동화를 잃어버리고도 말을 하지 못한다. 아이는 여동생과 같은 학교에 다녔고 동생은 오전반, 아이는 오후반이어서 동생의 운동화를 빌려 신고 오후마다 골목길을 내달리지만 번번이 지각을 한다. 여동생은 오빠의 크고 낡은 운동화를 신다 보니 예쁜 운동화만 보면 그것을 신은 아이가 부럽다. 오빠는 운동화가 없으면 학교를 못 가니 눈이 빠지게 동생을 기다린다. 두 사람에게 아무것도 아니던 운동화는 갑자기 얻어야 할 모든 것이 된다. 운동화 하나를 두 사람이 가져야만 한다. 이것이 삼각관계이고 제3의 매개항이 들어와 대상의 가치가 높아진 경우이다. 운동화는 숭고한 그 무엇(sache)이다. 물론 영화를 보는 관객에게도 운동화는 아주 소중한 무엇이 된다. 선량하지만 둔한 아버지와 함께 부자 동네에 일하러 갔을 때 아이가 보여주는 지혜와 아버지에 대한 사랑은 빈부의 격차를 부드럽게 나무란다. 부자는 가난한 사람들만큼 가족 사랑이 크지 못했다.

숭고해진 운동화는 멀리서 손짓을 하는 매혹의 대상, 어떻게 해서든지 얻고 싶은 오브제 아가 된다. 운동화는 에로틱한 성적 대상이 된 것이다. 이 숭고해진 운동화가 어떻게 관객의 주이상스를 길들이는 미학이 되는가. 매일 지각을 하지 않으려 달리기를 하던 아이는 마침 학교에서 전국 달리기 대회의 선수를 뽑는다는 공고문을 본다. 때를 놓쳐 이미 선발시험이 끝났는데도 아이는 필사적으로 이 대회에 나가려고 선생님에게 눈물을 글썽이며 애원한다. 공고문에서 본 세 글자 때문이었다. 운동화. 3등을 하면 멋진 운동화 한 켤레를 상품으로 얻을 수 있었다. 1등도 안 되고 4등도 안 되고 꼭 3등이었다. 드디어 달리기 대회. 관객은 긴장한다. 어느새 아이의 마음과 일치되어 관객도 달리기에 합세한다. 이것이 플롯이 관객을 설득해 가는 과정이다. 화면 위를 스치는 달리기 장면을 보면서 관객의 욕망은 고조된다. 어떻게 해서든지 운동화를 얻어야 한다. 달려라. 더 힘껏 달려라. 리비도는 클라이맥스를 향해 고조된다. 그런데 힘껏 달리던 아이는 자신이 2등을 하지 않으려고 조금 늦추다가 뒤쫓던 4등의 발길에 채여 넘어진다.

3등도 마음대로 안 되는군. 그런 것이 인생이지. 그렇지만 이 제 할 수 없다. 그냥 힘껏 달리는 거지. 드디어 결승점. 어떻 게 될까? 3등으로 들어가게 될까? 아니면 1등을 하게 될까? 3등 아니면 1등이다.

관객의 마음이 헷갈린다. 3등을 하면 욕망에 딱 들어맞는 다. 아이가 그토록 갈망한 대상을 얻고 영화는 후련하게 끝날 것이다. 그러나 감독은 아이의 가슴에 맨 처음 하얀 테이프가 닿도록 한다. 우리의 삶에서 욕망이 완벽하게 충족되면 죽음 이다. 욕망은 늘 모자라거나 남아서 반복을 해야 한다. 이것 이 승화이다. 달리기가 끝나고 관객의 주이상스는 배출되지만 여분이 남는다. 아이의 눈에 눈물이 글썽이고 1등을 했는데도 즐거워하지 않는다. 고개를 푹 숙인 모습을 다른 사람들은 이 해하지 못하지만 관객은 누구보다 잘 안다. 함께 뛰었으니까. 아이의 마지막 눈물이 가장 소중한 작품의 윤리이다. 운동화 란 그런 것이다. 우리는 늘 너무 넘치거나 모자라거나 한다. 그런 것이 삶이다. 그렇지만 아이는 능력이 있고 사랑과 결핍 이 무엇인지 안다. 아이가 어른이 되면 조금 더 나은 사회가 되지 않을까.

영화 「천국의 아이들」은 운동화를 숭고한 대상으로 만들어 달리기를 통해 관객의 주이상스를 배출하게 하면서 동시에 여 분을 남긴다. 3등을 못한 아이의 눈물이 지닌 감동과 아픔은 상상계와 상징계의 타협인 미의 정수이다. 숭고함은 매혹이지 만 그것이 미가 되기 위해서는 상징계와 타협을 해야 한다.

운동화가 두 사람 사이에서 욕망의 대상이 되는 것은 판타

226

지의 창을 통해 보게 되기 때문이다. 판타지는 죽음을 삶으로 바꾸는 주체의 가장 중요한 기능이다. 판타지를 갖지 못하면 우리는 죽음으로 직행하게 된다. 매혹의 대상은 죽음이 육화된 것이기에 거리를 두고 그 매혹을 지키지 못하면 혼돈을 맛보게 된다. 3등을 하지 못하는 한 운동화는 여전히 매혹의 대상이 되고 비록 눈물을 흘리지만 아이는 살 이유가 생긴다. 이것이 우연히 이루어진 의미 있는 형식이다. 어떤 의미인가. 매혹의 대상을 경험하면서도 여전히 거리를 유지하고 주체가 판타지를 포기하지 않게 하는 것이다. 이것이 불가능의 윤리이고 실재계의 윤리이다. 실재계와의 행복한 만남인 '무위'이다.

판타지는 '없으면서도 결코 벗어날 수 없는 주이상스'처럼, 보이지 않으면서도 하지 않는 것이 없는 도처럼, 주체의 필수 조건이다. 쾌감 원칙 너머 죽음충동이 있고 쾌감 원칙 너머 반복강박이 있다는 모순, 죽음과 삶이 한 집에 살고 있는 모순에 의해 생겨난 피할 수 없는 주체의 얼룩이다. 이 얼룩을 어떻게 간수해야 지혜로운 삶을 누릴 수 있는가. 지젝은 사이버 공간에서 판타지 가로지르기(traverse the fantasy)를 몇 단계로 나누어 살펴본다.(ZR, 110~121) 현실과 사이버 공간의 구별이 없이 주체가 사이버 속에 함몰되는 경우는 상징계가 폐제되는 것으로 정신병이다. 다음으로 사이버 공간에서 모든 일이 이루어지지만 실제로는 여전히 상징계 안에 앉아 있는 경우는 신경증이다. 상상계 속의 나와 현실 속의 나는 거리가 있다. 세 번째 경우는 상징계 안에 갇히는 것이다. 사이버 공간을 배제하지만 철저한 배제가 오히려 그 공간의 노예가 되게 만든다. 도착증이다. 마지막으로 사이버를 현실을 지탱하는 환상의 공간으로 받아들이는 경우가 있다. 주체가 능동적으로 사이버를 이용하여 컴퓨터의 노예가 되지 않는다. 주체가 피할 수 없는 판타지를 수용하고 조정하는 마지막 경우가 지혜로운 선택이다.

하늘에도 호수가 있다. 깊고 파랗고 잔잔한 물은 언제나 그렇게 되고 싶은 내 마음이다. 티끌 한 점 없는 호수처럼 하늘처럼 맑게 살고 싶다. 하늘은 영롱한 베일이다. 그 뒤에 무엇이 있을까. 아무것도 없다. 파란 하늘은 그저 공기의 층이요 만질 수도 담을 수도 없다. 아무것도 아닌 것을 되고 싶은 모든 것으로 만드는 베일이 판타지이다. 우리는 판타지를 통하지 않고는 세상을 볼 수 없다. 판타지는 시인의 마음이고 시인의 눈이다. 프로이트도 라캉도 시인이고 당신도 나도 시인이다. 아름답고 영롱한 하늘이 사실은 아무것도 아닌 두꺼운 대기층에 불과하다는 것을 알아도 파란 하늘을 보면 가슴이 설렌다. 그렇게 티끌 없이 살고 싶다. 이것이 판타지의 주체가 지닌 윤리이다. 베일 뒤에는 아무것도 없다는 것을 알면서도 베일을 지키는 것, 베일이 모든 것인 줄 알면서도 사랑하는 것이다.

베일인 줄 모르면 베일의 노예가 된다. 판타지 가로지르기는 판타지를 꿰뚫어 보면서도 파괴하지 않는 것이다. 판타지는 연인이 가진 매혹을 부수지 않고 지키는 것이다. 매혹을 빼면 아무것도 아니기에 그것을 절단하고 파괴하는 증오는 자신을 파괴하는 것과 같다.

라캉은 스무 번째 세미나에서 둥글고 길쭉한 고리들을 가지고 보로메오 매듭의 원리를 설명했다. 두 개의 링으로는 매듭이 생기지 않는다. 두 개가 고리를 이루려면 제3의 링이 필요하다.

이 세 개의 링은 그 가운데 하나만 끊어져도 모두 흩어진다. 물론 실재계, 상상계, 상징계의 세 고리들이다.

여기에 보로메오 매듭이 있다──나는 지난 해에 이미 칠판에 그것을 게시한 적이 있다. 두 개의 끈으로 된 링만으로는 서로 매듭을 지을 수 없고, 세 번째 링이 있어야만 매듭이 생긴다는 것을 여러분은 금방 알아볼 수 있을 것이다. (S20, 124)

제3의 링이란 무엇인가. 상상계와 상징계를 고리 짓는 실재계이다. 실재계가 없으면 정신병이 되거나 도착증이 된다. 폐제가 일어나지 않게 돕는 것이 제3의 링인 실재계이다. 이 매듭은 너무 단단히 조여도 안 되고 너무 헐거워서 풀어져도 안된다. 반복과 순환의 연쇄 고리를 이루어야 하기 때문이다.

세 개의 링을 흩어지지 않게 묶어주는 세 번째 고리가 무위이다. 기표의 연쇄 고리이다. 상징계 속의 실재계가 반복과 순환을 낳는다. 링 하나만 끊어져도 모두 흩어지고 순환이 일어나지 않는다. 라캉은 제3의 링을 '제3의 귀'라고 표현하기도 했다. 제3의 링은 주체의 얼룩인 타자이다. 그리고 주체의 얼룩이고 타자인 실재계가 판타지의 주체를 만든다. 주체가 판타지를 배제하지도 않고 판타지의 노예가 되지도 않는 길, 판타지인 줄 알면서도 파괴하지 않는 길이 무위요 손해를 덜 보고 사는 길이다.

5 태극기

라캉과 장자의 행복한 만남

나는 노자의 『도덕경』이나 장자의 시를 읽고 있으면 라캉을 읽고 있는 것처럼 느낀다. 라캉은 프로이트를 다시 읽은 것뿐 아니라 장자를, 무위를, 도(Tao)를 다시 쓰고 있었다. 그는 서구의 사상인 프로이트를 다시 쓰면서 동시에 동양의 사상인 노장사상을 다시 쓴다. 라캉의 네 가지 기본 개념들을 밝히면서 이미 곳곳에서, 기회 있을 때마다, 나는 주체와 타자의 공존을 음양의 조화로 표현했다. 아니 타자와 주체의 공존이다. 노장사상에서 음이 먼저 오듯이 정신분석에서도 무, 텅 빔, 죽음, 주이상스라는 죽음충동이 먼저 온다. 천지는 무이고 무에서 태어나고 무는 언제나 삶 속에 '실재계'로서 존재한다.

타자 없이는 주체도 없다는 것이 라캉의 주장이고 이것은 음이 없으면 양이 없다는 도의 핵심이다. 죽음과 텅 빈 무(nothing)가 삶과 있음을 낳는다. 없음이 있음의 근원이다. 죽

231

음은 삶과 뗄 수 없다. 주이상스의 속성을 묶음과 해체로 본 라캉의 사상은 우주의 근본 원리를 음과 양, 혹은 마주 보는 두 개의 대립 항이 자리를 바꾸면서 끝없이 순환하는 '음양 오행설'로 본 도 사상과 다름이 없다. 그리고 그것은 바로 태극기의 원리이기도 하다.

라캉의 '네 가지 담론(The Four Discourses)'에서 태극기를 본 순간의 이상한 느낌, 그리고 그것을 스키퍼의 책에서 확인하던 순간의 기쁨, 이런 것들이 내가 2001년 미국의 켄트 시에서 보낸 긴 여름과 가을의 깨달음이었다. 왜 라캉은 주체와 타자의 문제를 이야기하면서 장자의 나비 꿈을 끌어들였을까. 도대체 무위는 실재계와 어떻게 연결되나? 라캉을 누구보다 잘 이해했던 루디네스코의 밑도 끝도 없는 짧은 말 한마디(Roudinesco, 351-352), 그리고 늘 그렇듯이 세미나 7권, 11권, 20권의 어느 쪽, 한구석에서 라캉이 아무렇지도 않게 툭 던지는 도에 관한 언급. 이런 것들 때문에 나는 숨은 그림을 찾듯이 라캉과 프로이트를 읽고 다시 『도덕경』과 장자의 시를 읽었다. 그리고 마침내 태극기의 숨은 그림을 보았다.

지난 십오 년 동안 나는 프로이트에 반했고 장자에 반했다. 그리고 이 둘을 연결시켜 준 사람이 수수께끼 같은 말로 나를 괴롭히던, 그러나 괴롭힘을 당하기에 즐거웠던 라캉이었다. 도시의 한복판, 끈끈한 무더위 속에서도 그 세 사람 속에 묻혀 살면 시원한 바람이 불곤 했다. 그리고 2002년 여름, 월드컵의 열기 속에서 태극기가 펄럭일 때면 가슴이 두근거리곤 했다. 태극기를 몸에 두른 여자는 그것이 무엇을 의미하는지 알까? 은근함과 끈기라는 말이 저 그림 속에 어떻게 녹아 있는지 알까? 사계절처럼 네 곳에 펼쳐진 검은 막대기들이 무엇을 상징하는지 알까…… 축구공의 행방 때문만이 아니라 태극기 때문에 나는 엉덩이가 들썩거렸다.

이 장은 지금까지 앞장에서 논의된 이야기를 되풀이할 것이다. 이제는 장자의 옷을 입고서. 에로스와 타나토스, 죽음충동과 삶충동이라는 리비도의 두 속성은 그대로 음양의 조화라는 도 사상으로 연결된다. 그러므로 결국 같은 이야기를 다르게 반복하는 셈이다. 우선 프로이트가 말한 '기억의 방식'을 어떻게 라캉이 '기표의 순환'으로 만들었는지, 그리고 그것이 어떻게 장자의 시에 나타나는지 살펴본다. 다음에는 세 번째 고리인 '실재계'가 어떻게 도의 '무위'에 해당되는지 볼 것이다. 그리고 라캉의 네 가지 담론을 사계절의 순환, 역전의 축, 음양오행설로 설명하고 그것이 태극기의 밑그림임을 드러낼 것이다. 그리하여 '은근과 끈기'가 미래지향적이고 개혁적인 실재계의 윤리요 정치성임을 보여줄 것이다. 끝없이 순환하는 담론의 창조가 바로 계절의 순환만큼 자연스러운 태극기의 원리이며 네 가지 담론의 원리이기 때문이다.

1. 기표의 놀이와 음양의 조화

실수로 남의 발을 밟으면 정중하게 사과를 해야 하지만 동생이나 자식의 발을 밟으면 씩 웃고 만다. 사과 대신에 그저 한번 웃어주면 된다. 마찬가지로 사랑이 모자라면 사랑을 증명하고, 확인하려고 애를 쓴다. 그러나 완벽한 사랑은 증명을 요구하지 않는다. 장자의 시 한 편을 보자.

사람이 시장에서
다른 사람의 발을 밟으면
그는 정중히 사과하고
해명을 한다.
"정말 너무나 복잡하군요!"

형이 동생의 발을 밟으면 그는 "미안해!"라고 말한다.
더 이상 말이 필요 없다.

부모가 아이의 발을 밟으면
아무 말도 하지 않는다.

가장 큰 정중함은
격식을 따지지 않고,
가장 완벽한 행위는
근심 없는 행위이다.
완벽한 지혜는
계획되지 않고,
완벽한 사랑은
증명이 필요 없으며,

완벽한 성실성은

보증이 필요 없다.

(23편 11절, Merton, 138)

　너무나 자연스럽고 당연해 보이는 이 시가 라캉의 기표의
놀이(the play of signifiers)를 따른다면 얼핏 의아할 것이다. 난
해하기로 유명한 게 라캉이기 때문이다. 그러나 우리는 공기
의 존재를 잊고 살듯이, 너무나 자연스러운 진리는 잊기 쉽고
또 잊고 살기에, 그것을 깨우치는 방식은 난해해질 수밖에 없
다. 쉬운 길을 가르쳐주기 위해 어려운 길을 보여주는 것이
학문이 지닌 모순이다. 까다로워 보이는 기표의 놀이도 사계
절의 순환만큼 자연스러운 유희이다.

　치통에 시달리는 사람은 하루 종일 이만 생각한다. 연인도
사랑도 치통 앞에서는 무력해진다. 무엇을 먹을까가 아니라
어떻게 씹을까가 문제다. 그동안 잊고 살았던 이로 그의 주이
상스가 몽땅 고여든다. 고통스럽고 사랑스러운 연인인 이여!
마찬가지로 신발이 잘 안 맞으면 발만 생각한다. 이가 아프지
않으면 이를 잊고 신발이 잘 맞으면 발을 잊고 산다. 사랑에
빠진다는 것은 치통이고 두통이고 존재의 아픔이다. 장자도
"신발이 잘 맞을 때는 발을 잊고, 벨트가 잘 맞을 때는 배를
잊으며, 가슴이 올바를 때는 '적군'과 '아군'을 잊고 산다."라
고 했다. (19편 12절, Merton, 112-113)

　너무나 자연스러워 잊고 사는 것이 기표의 놀이이다. 우리
에게 가장 자연스러운 것은 무엇일까. 숨을 쉬고 밥을 먹고

잠을 자는 것만큼 자연스러운 것은 바로 과거를 기억하는 방식이다. 프로이트가 말한 기억의 방식(Mode of Remembering)이다. 봄이 오면 나뭇가지에서 새싹이 나오고 겨울이 되면 앙상한 가지만 남는 것만큼 기억의 방식은 자연스럽다. 아니 그런 자연 현상은 기억의 방식을 따른다. 라캉은 우리가 영화나 소설을 보고 감동을 받는 것조차 기억의 방식을 따른다고 말한 적이 있다. 기억의 방식이란 무엇인가. 죽음을 딛고 일어서는 새로움이다. 기억은 죽음의 겨울을 딛고 부활의 새싹이 나오듯이 순환한다. 새봄은 지난봄과 같지만 한 살 더 먹은 처녀의 가슴은 뛰고, 갱년기 여인의 가슴은 심란하다. 봄은 봄이지만 같은 봄이 아니다. 올해의 봄이다. 프로이트는 분석자가 환자의 과거를 더듬어 상흔을 찾을 때 그것은 "과거의 것이 아니라 현재의 상황 속에서 찾아지는 것"이라고 말했다. 바로 이 전이가 기억의 방식이다. 진리는 어딘가에 숨어 있는 것이 아니라 이미 표층 위에 있었다. 기표란 어딘가에 깊숙이 숨겨진 것이 아니라 빤히 보이는 곳에 놓여 있는 '도둑맞은 편지'이다.

우리의 과거 역시 마찬가지이다. 늘 죽음을 딛고 이루어지는 탄생이다. 재생되지 않는 그대로의 과거는 없다. 우리는 필요한 부분만을 기억하고 그것조차 현재 상황에 맞게 변형한다. 지루하고 힘들어서 내일 내일 하면서 보낸 과거를 아름답게 미화시키는 것이 현재의 욕망이다. 현재가 힘들수록 과거를 미화시킨다. 시간은 앞으로 나가고 그에 따라 과거의 일들이 현재에 맞게 변형된다면 진리란 시간에 따라 변한다고 말

할 수 있다. 앞의 진리를 죽이고 다시 태어나는 진리, 그런데
그 진리는 시간이 흐르고 상황이 변하기에 또다시 죽고 새롭
게 태어난다. 죽음을 딛고 삶이 태어나는 이 순환은 끝이 없
다. 그렇다면 기억의 방식과 계절의 순환은 같지 않은가. 만
일 기억의 방식이 대자연의 법칙이라면 인간은 분명히 대자연
의 일부이다. 신발이 맞으면 발을 잊듯이 우리가 잊고 사는
것이 바로 인간은 자연의 일부라는 사실이다. 프로이트의 기
억의 방식, 라캉의 기표의 놀이는 그야말로 우주의 순환 논리
이다.

　라캉은 기표의 순환, 혹은 기표의 놀이가 고대 중국의 천문
학과 같다고 말한다.

　　이 지점에서 내가 꼭 환기시키고 싶은 것은 이런 말이다. 사실
역사상으로 원시적 과학은 생각하는 방식 속에 뿌리내리고 있다.
예를 들어 음과 양, 물과 불, 뜨거움과 차가움 등과 같은 대립 쌍
의 놀이가 그 마주보는 짝들을 춤추게 만든다. 그들의 춤은 사회
안의 성적 구분에 의해 일어난 의식의 춤에 근거하기에, 그 단어
는 은유적인 암시 이상을 뜻하여 골라진 말이다. (……) 너는 중국
의 천문학이 기표들의 놀이에 근거하고 있음을 알게 될 것이다.
그 놀이는 정치, 사회 구조, 윤리학, 그리고 아주 작은 행동 규범
들에 이르기까지 철저하게 울려 퍼진다. 그리고 그럼에도 불구하
고 그것은 아주 멋진 천체과학이다. (S11, 151)

　여와 남, 암컷과 수컷, 혹은 음과 양처럼 성적인 구분에 근

거한 마주 보는 두 개의 대립 쌍들이 서로 하나가 되어 춤을 출 때 그것들은 영원히 순환한다. 음과 양이 한 몸이 되어 춤을 출 때 만물이 생성한다. 이것만큼 성적인 암시가 어디 있을까. 그러면서도 바로 이 원리가 하늘과 땅과 인간의 윤리를 통틀어 다스린다. 천체의 원리를 설명하던 중국의 원시적 천문학은 프로이트의 기억의 방식이고 라캉의 기표의 놀이였다. 끝없는 순환과 만물의 생성은 죽음과 삶, 음과 양의 대립을 인정하고 이 둘이 함께 춤을 출 때 이루어지기 때문이다. 음없이 양이 없듯이 타자 없이 주체는 없다.

숨을 쉬듯이 자연스러운 기표의 놀이를 왜 프로이트는 스무 권이 넘는 책에서, 라캉은 삼십 년에 걸친 세미나에서 말하고 또 말하는가? 그것은 마치 그토록 쉽고 간단한 우리의 삶이 너무도 힘들고 고통스럽다고 말하는 것과 같다. 우리는 물 흐르듯이 자연스럽게 살라고 배우고 그렇게 살겠다고 다짐하지만 매순간 교차하는 희망과 절망에서 벗어나지 못한다. 도대체 무엇이 우리를 괴롭히는가? 왜 우리는 이루어지지 못하는 사랑을 단념하지 못하고 이별에 눈물을 흘리는가? 왜 헤어짐과 늙음과 죽음을 멀리하고 슬퍼하며 두려워하는가? 영화 한 편을 가지고 이 비밀을 풀어보자.

1997년 아카데미 수상식에서 「잉글리시 페이션트」가 작품상을 비롯하여 아홉 개 부문을 수상할 때 관객들은 일제히 일어나 박수를 보냈다. 부커상을 수상한 캐나다의 마이클 온다체의 동명 소설을 바탕으로 안소니 밍겔라가 각본과 감독을 맡은 이 영화는 조금 난해한 원작을 감동적인 영화로 바꾸었다.

왜 많은 관객들이 눈물을 흘렸는가? 밍겔라는 인도를 지배한 영국의 제국주의를 사랑의 패턴으로 바꾸어놓는다. 지배와 억압의 식민주의는 나라와 나라 사이에서뿐 아니라 사랑에서도 잘 나타난다. 에로스의 본질은 바로 너와 내가 하나 되는 묶음이고 이 묶음은 파괴와 해체가 없이 이루어질 수 없다. 죽음충동에 뿌리내린 사도마조히즘적 지배와 복종이 인간의 내부에 가장 깊숙이 묻힌 소망임을 밍겔라는 섬세하게 그려내고 있다.

사막에서 지도를 만들던 헝가리 백작 올마시는 어느 날 밤 모닥불 앞에서 가이우스 왕의 일화를 이야기하는 캐더린을 보며 사랑에 빠진다. 그녀는 지도를 만드는 동지이며 영국 첩보원이었던 클리프튼의 아내였다. 아내와 왕위를 빼앗은 가이우스의 일화에서 영향을 받은 줄 모르는 올마시의 열정. 그리고 그의 열정에 굴복하면서도 아내의 위치를 지키려는 캐더린의 의지 사이에서 사랑은 고통이 된다. 결코 단념을 모르는 올마시, 하지만 그는 캐더린을 죽음에서 구해 내지 못한다. 그가 영국 군인들에게 그녀의 이름을 제대로 불러주었더라면 그들은 캐더린을 구해 냈을 것이다. 그러나 그가 외친 이름은 클리프튼의 아내가 아니라 "나의 아내"였다. 올마시의 아내는 군대의 기록 어디에도 없었다. 그러나 그녀는 올마시의 환상 속에서 아내였고 자신의 분신이었고 거울 속의 자신이었다. 그러기에 그녀가 죽는 순간 그도 정신적으로는 함께 죽는다. 그는 죽는 순간까지 가이우스의 일화가 실린 헤로도토스의 책 『역사』를 지니고 있었다.

올마시의 사랑은 지극했지만 그것은 소유하고 소유당하기를 갈망하는 제국의 사랑이었다. 그래서 그는 헝가리인이었지만 영국인 환자였다. 인류의 역사도 그런 게 아닐까? 제국의 흥망은 바로 사랑의 비극과 다르지 않다.

그런데 이 서사에는 올마시의 사랑과 대조되는 킵과 안나의 사랑이 있다. 제국이 묻은 폭탄을 해체하는 인도인 킵은 안나를 사랑하지만 그녀를 자신과 하나로 묶으려 하지 않는다. 그녀와 즐거운 시간을 보내고 그녀를 높이 올려 성당의 벽화를 보여주고 때가 되면 떠난다. 우리는 어느 사랑을 택할 것인가. 어느 사랑에 가슴 아파하고 눈물을 흘리게 되는가. 우리는 부상당한 캐더린을 안고 동굴을 향해 걷는 올마시의 사랑에 눈물을 흘린다. 사랑은 저런 것이지 하며. 그리고 안나를 높이 올려 벽화를 보여주는 킵의 사랑에도 눈물을 흘린다. 우리는 왜 저렇게 못하지 하며. 눈물의 종류가 다르다. 학교는, 책은, 킵의 사랑을 따르라고 가르치지만 우리의 마음은 올마시의 사랑에 운다.

인간은 자연의 일부라고 배우고 기표의 놀이를 따르라고 배우지만, 우리는 자연을 지배하고 죽음을 인정하지 못한다. 인류의 역사는 그늘을, 타자를 모르고 인정하지 않는 데서 오는 실패의 역사였다. 여자, 유색인, 그늘, 어둠, 죽음을 배제하려는 제국의 역사는 언제나 바로 배제하려는 것에 의해 무너진다. 철학과 예술은 늘 음지의 위력을 보여준다. 제국이 있기에 무너짐이 있으니 양은 음과 뗄 수 없이 하나이다. 제국은 우리의 열망이고 무너짐은 그 열망의 끝이며 무너짐 때문에

다시 제국이 존재한다. 제국은 자리를 바꾸면서 역사를 지속
시키고 그런 자리바꿈은 제국의 타자인 음지에 의해 이루어
진다.

올마시의 사랑은 제국의 사랑이고 그 끝은 죽음이었다. 죽
음은 해체이지만 그 길 외에 둘을 하나로 묶는 길은 없다. 라
캉에 의하면 제국은 주인 기표(the Master Signifier)이고 그런
담론은 주인 담론(the Discourse of the Master)이다. 이것과 반대
되는 킵의 사랑이 분석 담론(the Discourse of the Analyst)에 해
당된다. 분석 담론은 기표의 놀이를 안다. 죽음과 미움과 해
체와 파괴가 사랑의 이면인 것을 알기에 순환이 가능하다. 그
러나 주인 담론은 타자를 인정하지 않는다. 그러기에 오히려
타자의 희생물이 된다. 음지가 양지의 주인이고, 죽음이 삶의
어머니이고 파괴가 창조의 모태인 것을 모르기에 밀어붙이다
가 죽음을 맞는다. 주인 담론과 달리 분석 담론은 죽음을 대
접할 줄 안다. "아직은 아니야."라고 말하면서 살살 달래어 돌
아가는 길을 안다. 에로스의 무덤을 돌아가는 것이 삶의 지혜
이다. 장자는 음지의 위력과 주인 담론의 종말을 멋지게 비유
한다.

자신의 그림자가 방해되고 자신의 발자국이 기분 나빠,
그 둘을 없애버리기로 작정한 사람이 있었다.
그렇지, 그 둘로부터 도망치는 거야.
벌떡 일어난 그는 달리기 시작했다.
그러나 발을 떼어놓을 때마다 다른 발자국이 생기고

전혀 힘도 들이지 않고 그림자는 계속 따라왔다.

느리게 달려서 그런 거야.

그래서 그는 쉬지 않고 더 빨리 달렸고 마침내 쓰러져 죽었다.

그가 몰랐던 것은 무엇이었을까.

그가 그늘 속으로 들어갔더라면 그림자는 사라졌을 것이고

가만히 앉아 있었더라면 더 이상 발자국이 생기지 않았을 것이
다. (31편, Merton, 155)

타자의 위력을 얼마나 잘 표현했는가. 음과 양은 뗄 수 없
이 하나인데 이것을 모르고 타자를 떼어버리려 들면 오히려
주체가 죽음을 맞는다. 이것이 실재계와의 불행한 만남이다.
라캉은 칸트와 사드가 함께 있지 않으면, 크레온이 안티고네
를 인정하지 않으면 파멸에 이른다고 말했다. 그림자를 인정
하지 않으면 주체는 죽음으로 직행한다. 자신의 그림자를 인
정하지 못하는 것이 주인 담론이다. 그리고 주체가 더 빨리
달리다가 지쳐 쓰러지는 것이 주인 담론의 종말인 도착
(pervert)이다. 칸트의 법이 타자인 잉여쾌락을 몰랐기에 나치
즘과 같은 파시즘을 낳았고 이것을 프로이트도 그룹 심리에서
경고했다. 우리는 올마시의 사랑에 눈물을 흘리듯이 기표의
놀이를 따르는 사랑보다 사도마조히즘적 주인 담론에 매료된
다. 학대와 굴종은 자신을 파괴하고 침묵으로 돌아가려는 죽
음충동이기에 몸의 소망이고 우리는 이 소망에서 결코 자유롭
지 못하다. 사느냐 죽느냐는 바로 음양의 조화가 이루어지는
가, 아니면 어느 한쪽에 치우치는가에 달려 있다. 욕망과 도

착의 차이다.

노장사상은 시스템과 조직을 강조하는 유교의 논리가 지닌 위험성을 끊임없이 경고했다. 그림자로부터 결코 도망칠 수 없다는 것이다. 도는 그런 배경에서 나왔다. 서기전 11, 12세기 중국에서는 주나라가 은나라를 멸하고 천하를 통일하여 800여 년 동안 평화를 누렸다. 그러나 서기전 8세기 경부터 봉건제의 몰락과 함께 춘추전국 시대라는 정치적 혼란에 빠지게 된다. 각지에서 제후들이 할거하는 무정부 시대 말에 공자가 태어난다.(서기전 552년) 공자는 힘이 아닌 도덕에 의해 무정부 시대를 바꾸어보려 했다. 그 후에 태어난 노자(서기전 452년)와 장자(서기전 370년)는 살육과 투쟁의 시대를 겪으며 공자의 조직적인 도덕이 지나치게 강조되면 그림자를 간과하기에 위험하다고 생각한다. 주이상스라는 몸의 소망을 제거하려 하면 오히려 그것의 희생물이 된다고 믿었기에 노장사상은 양보다 오히려 음을 대접하고 어떻게 양이 음에 의해 유지되는지 보여준다. 우주 만물의 논리가 그렇기 때문이다.

도는 도 그 자체를 지나치게 추구하려는 것도 위험하다고 믿는다. 장자의 시에는 도가 무엇이냐는 물음이 많이 나온다. 그 대답은 언제나 회피적이고 우회적이다. 도는 끊임없이 도에 관해 이야기할 뿐이다. 우리가 그만큼 직설적인 논리에 젖어 살아왔기에, 자연의 순리와 다르게 교육받아 왔기에, 우리는 어느 한쪽을 말해 주지 않는 답은 쉽게 받아들이지 못한다. 라캉이 데카르트적인 모던 이성이 도착적이라고 비판했던 것처럼 도는 유교적인 조직 논리가 쓸모없음을 모른다고 말한다. 투명한 이성은 '쓸모 있음'만 강조하지, '쓸모없음'의 쓸모를 모른다.

혜자가 장자에게 말했다.
"당신의 가르침은 쓸모없음에 대한 것이요."

장자가 대답한다.
"만일 자네가 쓸모없음을 이해하지 못한다면,
쓸모 있음에 대한 얘기도 할 수 없다네.
예를 들어, 땅은 넓고 크지만
우리는 그 광활함 속에서
겨우 몇 인치를 사용하며 발붙이고 사네.
만일 실제로 쓰지 않는 땅을 모두 떼어버려서
양쪽으로 깊은 심연이요, 텅 빈 공간에 서서,
바로 두 발 밑을 빼고는 기댈 곳이 없다면
얼마나 더 그 쓸모 있는 땅을 사용할 수 있겠나?"

혜자가 대답한다. "그야 더 이상 사용하지 못하겠지."

장자가 결론을 짓는다.
"그게 바로 쓸모없음이
꼭 필요함을 보여주는 것이네."
(26편 7절, Merton, 153)

쓸모없음이란 무엇인가. 서구의 근대사상이 배척한 타자, 아니 우리가 흔히 버리기 쉬운 모든 것이다. 그러나 그림자를 떼어버리면 죽듯이, 몸의 소망을 외면하면 마음이 병들듯이, 쓸모는 쓸모없음에서 나온다. 장자의 시 가운데 두 제왕과 혼돈에 관한 시가 있다. 늘 혼돈에게 대접을 잘 받는 두 왕들이 보답으로 혼돈에 눈, 코, 입, 귀 등을 뚫어주었다. 그랬더니 혼돈이 죽어 다시는 대접을 받지 못하게 된다. 의식이 버티려면 무의식이라는 쾌락이 필요하다. 혼돈은 의식이 억압한 죽음으로 실재계이다. 혼돈이라는 세 번째 고리 없이 상징계는 없다. 광밍우는 장자에 대한 논의에서 이렇게 말한다. 칸트의 선이 보여주었듯이 근대는 '사유적 자아'인 이성을 너무 존중하고 '경험적 자아'인 몸을 억압했다. 여기에서 문명의 병리가 생겨났고 장자의 사상은 바로 이런 맥락에서 몸을 무시하면 안 된다는 것을 보여주는 사상이다. (Kuang-Ming Wu, 93-94)

실재계란 무엇인가. 사유 속에 들어온 몸이다. 삶과 뗄 수 없는 죽음이다. 살기 위해서 해골이 화려한 나비로 변신한 환상의 '오브제 아'이다. 음이며 동시에 양인 것이 실재계라면 그게 바로 도에서 말하는 '무위(無爲)'가 아닐까. 삶 속에 들어와 있는 텅 빈 공간, 그것 없이는 변화도 순환도 일어날 수 없는 공간, 이것이 실재계요 무위이다.

2. 실재계와 무위

혜자와 장자가 다리를 건너다 물고기를 내려다보며 나눈 대화는 유명하다. 그리고 그 대화는 바로 텅 빈 초월기표에 대한 훌륭한 예이다. 장자가 물고기의 행복에 대해 이야기했을 때 혜자는 물고기가 아닌데 그들의 행복을 "어떻게" 아느냐고 묻는다. 장자는 자네가 내가 아닌데 어떻게 물고기의 행복을 모른다고 말할 수 있느냐고 대답한다. 혜자는 다시 내가 당신의 마음을 모르듯이 당신도 물고기의 마음을 모른다고 대답한다. 바로 이때 장자는 슬쩍 방향을 바꾸어 처음으로 돌아간다. 자네는 "내가 물고기의 행복이 무엇인지 어떻게 아느냐고 물었지? 강을 따라 걸으면서 느끼는 내 기쁨을 통해서 안다네." 여기에서 장자는 혜자보다 한 수 위에 있다. 장자는 혜자의 물음을 두 가지로 해석한다. 첫 번째는 알 수 없지 않느냐는 회의적 물음으로 해석하고 두 번째는 "어떻게 아느냐"는 그 방법에 대한 물음으로 해석한다. 같은 물음인데 다른 대답이 나오는 것은 바로 "어떻게"라는 기표가 상황에 따라 다른 기의를 갖기 때문이다. 이것이 라캉의 텅 빈 초월기표이다. 기표는 텅 비었기에 여러 개의 의미를 담는다. 마치 꽃병이 비었기에 여러 가지 꽃을 담을 수 있는 것과 같다.

그런데 의미는 그 외에 또 있다. 대부분의 사람들은 이 시를 장자의 마지막 대답인 물고기와 나란히 하여 그 기쁨을 이해한다는 데 초점을 맞춘다. 이 해석은 인간과 자연이 함께 숨을 나눈다는 장자의 사상을 이해하는 데 아주 중요하다. 한

편의 시, 하나의 단어가 몇 가지로 해석되니 기표는 연달아 기의를 갈아치운다. 속이 텅 비었기에 끝없는 해석을 낳는 것이다. 소쉬르가 나오기 몇천 년 전에 이미 장자는 기표와 기의가 정다운 한짝이 아님을 밝혔던 것이다.

이처럼 '텅 빈 것'은 창조와 순환의 근원이다. 공간, 구멍, 한 가운데의 무(the Median Void)에서 만물이 태어난다. 자전거 바퀴는 바퀴살 사이가 텅 비었기에 돌아가고, 바구니는 안이 비었기에 담을 수 있고, 집이 쉼터가 되는 것은 안이 텅 비고 창문이 있기 때문이다. 뫼비우스의 띠처럼 안과 밖이 하나이기 때문이다. 장자의 시 가운데 도에 통달한 백정에 관한 이야기가 있다. 수없이 많은 소를 잡아도 뼈 하나 근육 하나 다치지 않는다. 그는 바로 소의 근육과 뼈 사이에서 텅 빈 곳을 볼 줄 안다. 바로 그 공간을 찌른다. 서툰 사람들은 그 공간을 못 보기에 뼈를 다치고 근육을 쳐서 매일같이 칼을 갈아야 하지만 그는 칼을 갈지 않는다. 그래도 그의 칼날은 언제나 새 것 같다. 무, 공간, 텅 빈 해골을 볼 줄 아는 것이 삶의 지혜다.

> 아무것도 바라지 않고 활을 쏘면
> 재능을 모두 발휘하지만
> 놋쇠고리를 바라고 쏘면
> 이미 긴장한다.
> 금상을 놓고 쏘면
> 눈이 흐려져

과녁이 두 개로 보이니
이미 제정신이 아니다!

그의 재능은 변함이 없지만
상이 그를 갈라놓는다.
근심에 싸여
그는 활쏘기보다
상 타기에 더 신경을 쓴다.
그래서 이기려 애쓰는 것이
그의 힘을 빼앗는다.
(19편 4절, Merton, 107)

아무것도 바라지 않고 활을 쏜다는 것은 무엇인가. 무를 향해 쏘는 것이다. 우리는 금상이나 은상을 바라고 쏘면 긴장하여 오히려 실력 발휘를 못한다. 금을 얻으려면 납을 향해 쏘아야 한다. 금상은 우리가 얻으려는 남근이요 '오브제 아'이다. 그리고 납은 우리가 피하려는 죽음이요 해골이다. 그러나 「베니스의 상인」에서 바사니오는 세 번째의 납 상자를 골라야 포샤의 연인이 될 수 있었다. 세 살 먹은 아이가 실종된 사건이 있었다. 그 아이는 하수도의 맨홀에 빠져 삼 일 동안 갇혀 있다가 구출되었다. 그 어린 아이는 빛을 찾아 좁은 통로로 기어갔고 이웃집 목욕탕의 하수구 밑에서 울었다. 그 가느다란 울음소리가 그를 살려냈다. 만일 아이가 아니었다면 그는 이미 질식하여 죽었을 것이다. 살아나려는 욕구와 죽음에 대한 공포 때문이다. 『도덕경』은 여린 것이 강한 것보다 더 강하고, 어린아이가 어른보다 강하다고 말한다. 마치 묵은 잎이 새잎에게 자리를 내주고 흙으로 돌아가는 자연의 순리와 같다. 도를 알면 아이와 같이 두려움을 모른다. 갇힌 것의 두려움을 모르기에 기다린다. 하루 종일 울어도 지치지 않는다. 아무것도 바라지 않고 활을 쏘기 때문이다.

무를 향해 화살을 쏘는 것이 우리의 삶이고 사랑이다. 베일 뒤에는 아무것도 없었다. 우리는 살기 위해 무를 억압하여 진주로 만든다. 그것이 문명이요 상징계요 언어다. '오브제 아'는 바로 이 무가 억압에 의해 진주처럼 보이는 것이다. 해골이 남근처럼 보이는 것이다. 금지와 억압이 흑진주를 낳는다. 억압이 무를 '성적 주이상스'로 만든다. 금지가 없는 곳에 욕망은 없다. 모든 것을 소유한 황제가 애타게 찾으려던 흑진주는 어느 곳에도 없었다. 실재계 혹은 '오브제 아'를 잘 나타낸 장자의 시를 보자.

황제는 더듬어
붉은 강의 북쪽,
곤륜산에 이르렀다.
그는 세상의 끝을 더듬었다.
돌아오는 길에 그는 흑진주를 잃었다.
'침묵'을 보냈으나 찾지 못했고
'분석'을 보냈으나 찾지 못했고
'논리'를 보냈으나 찾지 못했다.

그러다 '무'에게 물었더니
바로 그가 흑진주를 갖고 있었다!

황제는 말했다.
"정말 이상하구나.
보내지도 않고
찾으려고 애쓰지도 않은
'무'가 흑진주를 가지고 있다니!"
(12편 4절, Merton, 74)

오브제 아는 논리도 분석도 아닌 환상이다. 그것은 아무것도 아닌 무가 베일을 쓰고 빛나는 것이다. 그러므로 잡는 순간 신기루처럼 부스러진다. 흑진주는 누구도 가질 수 없다. 찾으려고 애쓰지 않을 때 그냥 거기에 빛나고 있다. 라캉이 강조하듯 진리는 추구하여 얻어지는 것이 아니라 그냥 거기에서 보여질 뿐이다. 디아나의 벗은 몸을 보는 순간, 진리를 보는 순간, 악티온은 처참하게 죽는다. 죽음, 무가 진리를 갖고 있기 때문이다.

도에서 음과 양은 뗄 수 없이 하나이다. 어느 한쪽만을 지나치게 추구하면 순환이 멈춘다. 라캉이 마주 보는 한 쌍이 춤을 주며 순환하는 것을 기표의 놀이에 비유했듯이 음과 양의 조화는 성적 주이상스이다. 한가운데의 텅 빈 공간은 우주의 중심인 흙이지만 어머니이고 여성의 성기이다. 중심의 텅 빈 공간을 여성의 성기로 해석하는 것은 라캉뿐 아니라 우리학자들도 동의하는 부분이다.(최수빈, 51, 김형효, 108) 그래서 노장사상을 페미니즘 입장에서 재해석하기도 한다.(최수빈, 57-61) 음을 중시하는 것은 여성뿐 아니라 억압된 몸, 성, 감성, 계급, 인종, 자연 등 밀려난 모든 것들이 제 음성을 찾는 개혁적인 이론이 될 수 있다. 그래서 도 사상은 "과거보다 미래에, 규범적 질서보다 자유로운 상상력에 더 가치를 두고 있기 때문에 미래지향적 진보 사상"이 된다.(김낙필, 354) 그러나 중요한 것은 도 그 자체를 추구하는 것은 이미 도가 아니라는 것이다. 길(도)은 추구하지 않는 곳에 있기 때문이다.

한가운데의 텅 빈 무는 그냥 드러난 흙이다. 텅 비었기에 생산의 근원이고 쾌락의 근원이다. 여성의 몸은 무이지만 베일에 의해 오브제 아가 된다. 성적 주이상스이다. 몸을 억압하여 베일로 가리고 보물로 삼기에 욕망의 대상이다. 추구하지 않는 한, 잡으려 하지 않는 한 '오브제 아'는 보물이다. 이것이 무위이다. 라캉의 생애를 가장 잘 이해한 루디네스코에 의하면 라캉은 1969년부터 1973년까지 4년 동안 중국 철학에 심취했고 프랑수아 쳉(François Cheng)과 함께 노자 텍스트를 읽었다. 그는 실재계, 상징계, 상상계의 세 지형을 정리하는데 도의 원리에서 힌트를 얻었다. 이 부분에 대한 루디네스코의 견해를 들어보자.

그가 쳉과 함께 공부했던 노자의 텍스트는 이렇다. "본래의 도는 하나를 낳는다/그 하나가 둘을 낳고/둘이 셋을 낳고, 그 셋이 만물을 낳는다/만물은 음에 의지하고/양을 끌어안는다/음양의 조화는 무위(the Median – Void)의 기에서 태어난다."

(……)

도는 최고의 무로서 이름이 없어 표현할 수 없지만 그것에서 최초의 기. 즉 하나가 생긴다. 그리고 하나는 음(수동적 힘)과 양 (능동적 힘)이라는 두 개의 중요한 기로 구현되는 둘을 낳는다. 그 둘과 만물 사이에 셋 혹은 무위가 있다. 무위는 본래의 도에서 나온 것으로 그것만이 음과 양을 연결할 수 있다. 라캉은 매듭 이론의 틀 안에서 실재계를 새롭게 정의하기 위해 이 무위 개념을 이용하게 된다.(Roudinesco, 351–352)

최고의 무로서 도는 없음이고 텅 빈 공간이다. 이것이 태어나기 이전으로 돌아가려는 프로이트의 열반 원칙이고 라캉의 주이상스이다. 자신이 태어나기 이전의 무, 태어난 후에 산산이 분해되어 되돌아갈 흙이다. 혹은 대지의 어머니, 몸이다. 여기에서 둘이 태어난다. 음기와 양기이다. 그리고 이 둘을 연결시키는 세 번째가 무위이다. 무위가 없으면 음과 양의 조화란 없다. 그리고 이 조화에서 만물이 생성된다. 그렇다면 무위란 실재계이다. 라캉이 후반부에 심혈을 기울여 마련한 세 지형도에서 상상계는 음, 상징계는 양, 그리고 실재계는 무위이다. 그리고 실재계가 상징계 속에 들어온 죽음 혹은 무이듯이, 무위는 음양을 하나로 이어주고 만물을 생성, 순환시키는 연결 고리이다. 이 고리가 없으면 나머지 두 개의 고리는 흩어진다. 상상계에 갇히면 정신병이고 상징계에 갇히면 도착증이다. 주체와 타자를 연결하는 고리, 음양의 조화를 이루는 세 번째 고리는 무위, 혹은 실재계였다. 무위는 실재계와의 행복한 만남(eutuchia)이다.

라캉은 도를 읽고 난 후, 세 개의 고리로 이루어진 보로메오 가문의 문장에서 매듭 이론을 만들어낸다. 세 개의 고리 가운데 세 번째가 실재계요 무위이다. 상상계와 상징계는 실재계의 고리로 매듭지어지지 않으면 모두 흩어진다. 실재계와의 불행한 만남(dustuchia)이다. 1972년에 보로메오 매듭의 이론은 이렇게 탄생했다.

이제 도의 원리로 '주이상스'를 생각해 보자. 하나는 주이상스(본래의 도), 둘은 여성적 주이상스 혹은 남근적 주이상스(음과 양), 셋은 잉여 혹은 성적 주이상스(무위)이다. 이 세 번째 주이상스가 상징계를 순환시키고 만물을 낳는다. 잉여 주이상스는 상징계의 여분이고 타자이지만 이것 없이 상징계는 유지되지 않는다. 그래서 성적 주이상스, 혹은 무위를 알고 인정하면 만물이 지속되지만 이 타자를 제거하려 한다거나 그렇게 할 수 있다고 믿으면 도리어 먹혀버린다. 노장사상은 모두 이 무위에 관한 이야기이다. 이제 유명한 장자의 시를 가지고 무위가 어떻게 표현되는지 보자.

사물의 대립되는 양면이 본래 하나였음을 모르고
한쪽에만 고집스레 매달려
마음을 지치게 하는 것을 "아침에 셋"이라 부른다.
"아침에 셋"이라는 게 무엇인가.

어느 원숭이 조련사가 원숭이에게 말했다.

"너희들에게 밤을 줄 텐데, 아침에 세 되 주고 저녁에 네 되 주마."

그러나 원숭이들은 모두 화를 냈다. 그래서 그는 말했다.

"좋아, 그렇다면 아침에 네 되 주고 저녁에 세 되 주마."

그러자 그들은 만족스러워했다.

두 경우 밤의 수량은 변함이 없었지만, 한쪽은 원숭이들을 화나게 했고,

다른 쪽은 만족케 했다. 조련사는 상대방이 원하는 대로 자신의 결정을 바꾸었다.

그랬다고 잃은 것은 없지 않은가!

정말 현명한 사람은 어느 한쪽에 치우침 없이 문제의 양면을 들여다보고

도의 관점으로 둘 다를 본다.

이것을 "두 길을 동시에 따른다."고 말한다.

(2편 4절, Merton, 44)

원숭이와 조련사가 모두 만족하는 길을 찾는 것이 라캉이 말하는 실재계와의 행복한 만남이요 장자가 말하는 무위의 길이다. 죽음과 삶이 동반자요, 주체와 타자가 뗄 수 없이 하나임을 알면서 둘을 공평하게 대우하는 것, 어느 한쪽에 치우치지 않게 하는 길이 실재계의 윤리요, 무위의 길이다. 그러기

에 도는 도 그 자체도 고집하지 않는다. 만약 원숭이가 화가 나면 조련사도 그 화를 입는다. 조련사가 자신의 주장만을 고집하면 둘 다 망한다. 그러나 조련사는 원숭이를 기쁘게 하면서 동시에 손해도 입지 않았다. 어차피 밤의 수량은 같다. 이것을 양쪽이 살도록 잘 나누는 것이 삶의 지혜다. 이것이 주이상스의 투자이다. 어차피 주이상스의 총량은 같다. 그러기에 어느 한쪽으로 몰리면 배가 침몰한다. 언제나 힘의 균형을 맞추어 조화를 이루어야 만물이 순환한다. 그래서 도에서 중요한 윤리는 어느 한쪽만 밀어붙이지 않는 것이다. 무위는 "네가 추구하는 것에 의해 파멸하지 않으려면" 천천히 돌아가야 한다고 말한다. 멈추어야 할 곳, 쉬어야 할 곳, 그리고 다시 시작해야 할 곳을 아는 것이 삶의 지혜이다.

현자의 지혜는 아무것도 하지 않는 게 아니다.
무위는 배워지는 것도, 흔들리는 것도 아니다.
현자는 고요하려 애써서가 아니라
동요되지 않기에 잔잔하다.
(……)

고요함에서 움직임이, 움직임에서 얻음이 나온다.
고요함에서 무위가 나오고
무위는 움직임이며 이루어짐이다.
고요함은 기쁨이다.
기쁨은 걱정을 하지 않아

오랫동안 풍요롭다.

기쁨은 하려 들지 않아도

안하는 것이 없다.

텅 빔, 고요, 맑음, 무미, 침묵,

그리고 무위는 만물의 뿌리이다.

(13편 1절, Merton, 80-81)

흔히 우리는 무위가 아무것도 하지 않는 것이라고 알고 있
다. 그래서 현대의 상품 사회 논리에 맞지 않는다고 생각한
다. 자유 경쟁의 시대에 아무것도 하지 말라니? 그러나 무위
는 아무것도 하지 말라는 것이 아니라 자연의 순리에 맞게 하
라는 것이다. 아무것도 하지 않지만 이루어지지 않는 것이 없
는 게 자연이다. 삶과 죽음이 공존하고 있음이 없음에 의존함
을 알고 일을 하라는 것이다. 우리의 몸은 킵의 사랑이 아니
라 올마시의 사랑에 울고, 그런 사랑을 원한다. 우리는 강한
주인의 지배를 받고 복종하는 쾌락을 원한다. 의식과 달리 무
의식은 죽음을 갈망한다. 우리가 분석 담론보다 주인 담론에
얼마나 쉽게 매료되는지 잘 알기에 라캉도 장자도 실재계, 혹
은 무위를 강조하고 또 강조한다. 우리는 의식으로는 두 개의
정당이 교대로 통치하는 민주주의를 원하지만 무의식으로는
제국을 원한다. 강한 자의 사디즘적인 폭력은 약한 자의 마조
히즘적 굴종을 낳고 그런 관계는 쾌락을 낳기에 영화 「감각의
제국」에서 보듯이 제국의 종말은 죽음이다.

무위는 텅 빈 죽음을 갈망하는 주인 담론의 위력이 몸의 소

망임을 알고, 동시에 그 타자를 인정하면서도 그것에 의식을 내맡기지 말라는 경고이다. 음을 인정하면서 그것이 양과 뗄 수 없음을 아는 것이 무위이다. 그래서 무한 경쟁 시대인 오늘날 소극적인 논리처럼 보인다. 그러나 무위를 알면 살아남고 모르면 죽는다. 무위를 모르면 키치처럼 사다에게 죽고 무위를 알면 끝없이 생성된다. 무위는 만물의 뿌리이기 때문이다. 현인은 "삶과 죽음이 같다는 것을 알고"(12편 2절), "나의 끝은 나의 시작"(12편 8절)이라는 것을 안다. 죽음과 삶이 한 곳에 있기에 끝이 시작이요 시작이 끝이라면 무위는 소극적인 논리가 아니라 개혁의 논리가 된다. 상황이 달라짐에 따라 새로운 담론을 생산하는 적극적인 논리가 된다. 실재계의 윤리와 마찬가지로 무위는 파시즘, 획일주의, 차별주의와 같은 도착증을 막아준다. 그리고 개혁적인 담론을 만들어낸다. 그래서 많은 학자들이 도 사상을 현대적인 관점에서 재해석하며 진보적이고 미래 지향적인 사상으로 본다.(이종은 354, Clarke, 172)

라캉은 무위를 모를 때 사랑이 파멸로 끝나는 것을 영화 「감각의 제국」에 대한 해석에서 암시했다. 그리고 정치에서 파멸하는 것을 크레온과 안티고네의 비극에서 보여준다. 경제에서 역시 마찬가지이다. 마르크시즘과 같은 이상주의를 믿지 않는 만큼, 자본주의 역시 균형을 잃고 도착에 이르지 않기 위해서 바로 이 무위의 윤리를 알아야 한다고 말한다. 어느 한쪽으로 밀어붙이는 것이 위험함을 그는 이렇게 말한다.

예를 들면 도(Taoism)—여러분은 아마 그게 무엇인지 모르실 것이고, 사실 아는 분은 아주 드물지요. 하지만 나는 그걸 좀 배웠습니다. 물론 텍스트를 읽었지요—에서 성의 실천에서 그건 아주 분명해져요. 기분 좋게 느끼려면 절대 밀어붙이지 말아야 합니다. 불교는 사유 그 자체를 포기하는 것에서 도에 관한 작은 예를 보여줍니다. 불교 가운데 최고는 선불교입니다. 선불교는 좀 더 분명하게 당신에게 답을 하지요. 그게 바로 프로이트가 일컬었듯이, 이 지옥 같은 현실에서 벗어나기를 원할 때 우리가 원하는 최선의 것입니다. (S20, 115)

사다가 키치에게 했듯이 사랑에서 한쪽이 다른 쪽을 지나치게 밀어붙일 때 반대쪽은 고통을 느끼고 그 고통이 주는 쾌락에 몸을 맡기게 된다. 그것이 지옥의 쾌락이다. 무한 경쟁 역시 지나치게 밀어붙이면 우리는 지옥의 쾌락에 몸을 맡기게 된다. 이것이 프로이트가 당시에 밀어닥치던 나치즘에 대해 우려한 것이었다. 우리는 비슷한 우려를 오늘날의 무한 경쟁 소비사회에서 느끼지는 않는가?

라캉은 실재계의 윤리에서 중요한 것이 실재계의 위치라고 말한 적이 있다. 실재계는 그 자체로는 텅 빈 무이다. 만일 그것이 음과 양 사이에서 둘을 끌어안고 있으면 성적 주이상스로서 영원한 삶을 낳는다. 음과 양의 조화가 라캉이 말하는 욕망의 주체, 결핍의 주체이다. 충만함은 죽음이다. 장자 역시 이렇게 말한다. "모자람이 지나침보다 낫다." 가을은 최고의 계절. 그러나 우리는 겨울을 막을 수 없다. 가을이 충만하면 추운 겨울이 오고 겨울이 지나면 봄이 온다. 죽음은 그 안에 부활의 씨앗을 잉태한다. 사계절과 같은 것이 우리의 삶이다. 태어나서 꽃이 피고 시들어서 죽는 것, 이 운명을 벗어나는 사람은 아무도 없다. 인간의 운명은 말없는 나무와 들풀, 아주 작은 미생물의 운명과 다르지 않다. 만물은 순환하기 때문이다. "스스로 나아가는 일 없이 어디까지나 물(物)의 변화에 맡기는 것"이 편안한 삶이요, 용모나 능력에서 남보다 빼어나면 오히려 곤궁한 삶을 산다.(박일봉 역, 343) 도는 우리가 추구하는 것과 반대의 이야기를 한다. 재주와 용모가 자연의 순리를 거스를 때 오히려 화의 근원이 되는 것을 우리는 많이 본다.

무위의 윤리, 혹은 정치성은 음과 양이 조화를 이룰 때 죽음을 늦추고, 만물이 순환한다는 진리를 아는 것이다. 그리고 이것은 실재계의 정치성이기도 하다. 이제 라캉이 음양의 조화를 어떻게 기표의 순환으로 풀이했는지 보자. 그리고 권력과 지식과 담론의 순환이 어떻게 사계절의 순환과 같은지 알아보자.

3. 네 가지 담론과 사계절의 순환

예순이 넘어 새로운 학문을 하려는 사람은 드물다. 그러나 라캉이 쳉의 도움으로 동양 사상인 도를 배운 것은 예순아홉 살이 되던 해였다. 그로부터 4년을 배웠으니 일흔세 살에 도를 터득하고 실재계를 정립하고 보로메오 매듭의 원리를 만들었다. 여든이 넘어 나치를 피해 영국으로 망명하면서『모세와 일신교』를 쓰고, 모르핀의 도움으로 암의 고통에서 해방되던 프로이트를 생각하면 정신분석에서 젊은 천재란 없었던 것 같다. 장자가 말했듯이 재능은 그만큼 고난스럽고 긴 삶을 요구했다. 라캉은 일흔두 살이던 1972년 12월 세미나에서 네 가지 담론(The Four Discourses)이라는 유명한 도식을 선보인다. 우선 그림을 보자.(S20, 16-17)

주인 담론

$$\frac{S_1}{\cancel{S}} \xrightarrow{} \frac{S_2}{a}$$

대학 담론

$$\frac{S_2}{S_1} \xrightarrow{} \frac{a}{\cancel{S}}$$

히스테리 환자 담론

$$\frac{\cancel{S}}{a} \xrightarrow{} \frac{S_1}{S_2}$$

분석자 담론

$$\frac{a}{S_2} \xrightarrow{} \frac{\cancel{S}}{S_1}$$

주인 담론은 히스테리
환자 담론의 전신이다

대학 담론은 분석자
담론에서 나온다

위의 식은 $\dfrac{주체}{진실}\ \dfrac{대상}{생산}$ 을 표시한다.

S_1 : 주인기표 S_2 : 지식

$\cancel{S}$: 주체 a : 잉여 주이상스

260

다음의 몇 문단은 독자의 단단한 인내심과 정신 집중을 요한다. 위 그림은 그만큼 복잡하고 중요하여 아직까지 완벽하게 해석된 적이 없다. 그림 한가운데의 두 문장부터 시작하자. 히스테리 담론은 주인 담론에서, 대학 담론은 분석자 담론에서 나왔다는 것은 무슨 의미인가. 네 가지 담론이 시계바늘의 방향과 반대 방향으로 돈다는 뜻이다. 설명을 통해서이런 순환을 확인해 보자. S_1은 주인기표이고, S_2는 지식이고, $는 주체, 그리고 a는 오브제 아, 혹은 잉여 주이상스를 나타낸다. '분자/분모'로 표기할 때 왼편이 '주체/진실'이고 오른편이 '대상/생산'이 된다. 다시 말하면 대학 담론의 경우, 주체인 지식 S_2가 대상인 오브제 아 a를 향해 작동하면 주체 $가 탄생하고 그때 만들어진 진실은 S_1이라는 주인기표이다. 이어서 주인 담론으로 가보자. 대학 담론에서 만들어진 주인기표 S_1이 대상인 지식 S_2를 향해 작동하면 '잉여 주이상스'인 a가 탄생하고 이때 진실은 거세된 주체 $이다. 히스테리 담론으로가면 거세된 주체 $가 대상인 주인기표를 향해 작동하면 지식인 S_2가 탄생하고 이때 진실은 '오브제 아' a이다. 분석자 담론은 다시 히스테리 담론이 낳은 오브제 아를 이어받는다. 분석자 담론의 주체는 스스로 오브제 아 a가 되어 대상 $을 향해 작동하고 주인기표인 S_1이 되어 S_2라는 지식을 낳는다. 분석자가 산출해 낸 진실 S_2는 증오를 아는 지식이다. 음을 인정하는 지식을 라캉은 "신화적 지식"이라 했다. (Bracher 1994, 121-122) 그러나 이 지식이 대학 담론에서 주체가 될 때 그것은 증오를 지우고 객관적 지식이 된다. 이런 식으로 네 가지 담론은 시계 바늘과 반대 방향으로 돌면서 위와 아래의 자리바꿈이 일어난다. 양이 음이 되고 음이 양이 된다.

다시 한번 쉽게 반복해 보자. 대학 담론은 (객관적) 지식을 학생에게 가르친다. 학생은 지식의 대상으로 주체가 되어 주인기표를 생산한다. 주인기표는 주인 담론의 주체가 된다. 주인은 지식을 지배하고 이때 잉여 주이상스인 성적 쾌락이 생산되어 주체의 죽음을 맞는다. 거세된 히스테리 담론의 주체는 바로 죽음을 아는 주체이다. 그는 주인의 주이상스를 의심하며 그를 지식으로 바꾼다. 그리고 오브제 아를 산출한다. 분석자는 스스로 환자의 오브제 아(안다고 가정되는 주체)가 되어 환자를 주인으로 대접한다. 그리고 지식을 산출한다. 이때의 지식은 대학 담론의 지식과 다른 "신화적 지식"이다. 주인 담론의 잉여 주이상스가 분석자 담론에서 오브제 아가 되듯이 대학 담론의 가치중립적 지식은 분석자 담론에서 증오를 아는, 타자를 품는 분석적 지식 혹은 신화적 지식이 된다. 같은 기호라도 이렇게 상황에 따라 달리 해석되기에 위의 그림은 복잡하다.

한 단계 쉽게 간추려보자. 각 담론들이 산출해 내는 진실에 초점을 맞춘다. 대학 담론으로부터 왼편으로 돌면, 지식(S_2)은 권력(S_1)을 낳고 권력은 쾌락(a)을 낳으며 그 끝은 죽음($)이다. 죽음은 다시 지식을 낳고 지식은 권력을 낳고 권력은 쾌락을 낳으며…… 이런 식으로 순환한다.

한 단계 더 추려보자. 분석자 담론은 위로 올라가고 대학 담론을 거쳐 주인 담론에서 다시 아래로 내려온다. 히스테리 담론은 분석자 담론을 거쳐 다시 위로 올라간다. 아래는 위로 올라가고 위는 아래로 내려오고 다시 아래는 위로 올라가고…… 음지가 양지가 되고 양지가 음지가 된다. 아래의 두 담론은 음이고 위의 두 담론은 양이다. 음에서 양이 나오고 양이 음으로 바뀐다. 음은 양을 품어 안고 끝없이 순환하니 만물을 낳는다.

위의 그림을 인간의 한 평생에 대입해 보자. 태어나는 지점은 어디일까. 죽음에서 삶이 태어나므로 죽음과 삶이 동시에 존재하는 곳은 히스테리 담론이다. 죽음의 주체가 오브제 아라는 삶을 탄생시키기 때문이다. 분석자 담론은 어린 시절이다. 대학 담론은 청년 시절로 지식을 연마하고 권력을 생산한다. 주인 담론은 장년으로 사회에서 권력을 행사하는 가장 절정의 시기이다. 절정이란 무엇인가. 곧 낙하한다는 의미이다. 절정의 끝은 노년이다. 그리고 죽음이다. 죽음을 딛고 자식이 태어나니 다시 생명이 순환한다.

위의 그림을 나무의 일년에 대입해 보자. 히스테리 담론에서 죽음을 딛고 태어난 나무는 분석자 담론에서 새싹을 키운다. 봄의 나무이다. 대학 담론에서 잎이 점점 무성해지고 색깔이 짙어진다. 여름 나무이다. 주인 담론에서 나뭇잎은 가장 아름답다. 황홀하게 물들고 낙하되기 직전의 전성기를 맞는다. 가을 나무이다. 히스테리 담론에서 나뭇잎은 시들시들 말라 잎이 모두 지고 자연은 휴식을 맞는다. 겨울 나무이다.

위의 그림을 사계절에 대입해 보자. 히스테리 담론은 겨울, 분석자 담론은 봄, 대학 담론은 여름, 주인 담론은 가을이다.

겨울과 봄은 음기이고 여름과 가을은 양기이다. 음에서 양이 태어나고 양이 음이 되듯이, 겨울과 봄은 여름과 가을을 낳으며 계절이 순환한다. 이 사계절에서 가장 중요한 지점은 어디일까. 죽음과 탄생이 맞물리는 곳인 히스테리 담론이다. 죽음에서 오브제 아가 탄생한다. 죽음과 삶이 동시에 존재한다. 그것이 실재계 아닌가. 계절의 실재계는 겨울이다. 머리를 흙에 박은 첫 번째 타조이다. 상상계는 봄, 여름, 가을이다. 삶의 목표가 있고 노력이 있고 성취가 있다. 자아이상과 오브제 아에 대한 환상에 빠져 있으므로 두 번째 타조이다. 청년과 장년기의 지식과 권력이 여기에 속한다. 이제 권력을 잃는 가을의 마지막에 이른다. 세 번째 타조에게 꼬리털을 뽑히는 순간이다. 가을의 끝에 실재계로 들어서고 곧 앙상한 죽음의 겨울을 맞는다. 그러면 상징계는 어디에 있는가. 이 도표 전체가 상징계이다. 상징계 없이는 상상계도 실재계도 없다. 주체 없이 타자가 없는 것과 같다. 상상계와 실재계란 현실(상징계)의 모순과 갈등을 설명하기 위해 만든 가설이고 그 가설은 자연의 질서와 일치한다. 프로이트보다 라캉이 한 걸음 더 나아간 것이 바로 이 부분이다. 그는 동양의 사상을 끌어들여 사계절의 담론을 만들었고 이것은 기표의 순환과 일치한다. 그는 프로이트의 재해석에서 멈추지 않고 노장사상을 받아들여 자신의 이론을 정치와 사회의 개혁뿐 아니라 대자연의 순리로 확장한 것이다.

이 세상에 탄생과 죽음의 비극을 지니지 않은 삶이나 서사, 권력, 지식, 쾌락이 어디에 있는가. 그래서 예를 들자면 끝이 없는데 리얼리즘, 모더니즘, 포스트모더니즘 등 지식과 삶의 패턴이 변모하는 지식의 패러다임, 그리고 두 개의 대립 정당이 권력을 교체하는 민주주의 패러다임도 음양의 순환, 혹은 네 가지 담론의 순환으로 설명된다. 네 가지 담론의 순환은 인간과 자연의 모든 현상을 설명하는 모델이다. 그리고 그것은 프로이트의 기억의 방식과 라캉의 기표의 놀이, 실재계, 상상계, 상징계(R.S.I.)라는 세 가지 지형도를 다르게 반복한 것이기도 하다. 도표 하나로 만물의 이치를 설명하다니. 도표 하나로 동양과 서양을 아우르는 통합된 패러다임을 만들다니……. 그리고 이제 우리는 그 도표가 태극기의 밑그림임을 발견한다.

4. 태극기

우리는 금요일 오후를 사랑한다. 일의 무게에서 벗어나 쉴 수 있기 때문이다. 그 휴식은 영원히 할 일을 놓는 휴식이 아니라 다시 시작하기 위한 것이기에 더 값지다. 다시 시작하기 위한 쉼터, 이것 없이 우리는 살지 못한다. 마치 잠을 자고 일어나야 일을 할 수 있는 것과 같다. 그런데 그렇게 사랑하는 금요일의 금(金) 자가 무슨 의미를 지녔는지 생각해 보는 사람은 드물다.

가을날 파랗게 높아진 하늘을 보면 마음이 외로워진다. 붉은 단풍을 보면 누군가가 그리워진다. 그리고 저녁의 노을을 보면 취하고 싶어진다. 실컷 취해서 어디론가 사라져버리고 싶다. 산산이 부서지고 싶다. 가을걷이가 끝나고 마냥 쉬고 싶어지는 계절이다. 그래서 가을을 에로스의 계절이라고 한다. 텅 빈 가슴을 채워줄 온기가 그리워지는 계절이기 때문이다. 왜 에로스의 계절일까. 해체되기 위해 묶이기를 바라기 때문이다. 너와 내가 하나가 되어 죽고 싶은 계절이다. 그리고 우리는 정말 죽는다, 만물과 함께. 겨울은 가을의 종말이다.

하루의 에로스는 노을빛이고 일주일의 에로스는 금요일 저녁이며 계절의 에로스는 붉다 못해 떨어지는 낙엽의 주인, 가을이다. 인생의 에로스는 사춘기도 청년기도 아니다. 삶이 무르익는 중년기이다. 그래서 중년의 바람기는 끝장을 보려 한다. 스산한 바람에 옷깃을 여미고, 마음이 물 흐르듯이 낮아지며, 꿈을 위해서가 아니라, 꿈에서 깨어나기 위해서 누군가를 그리워하는 나이가 노년이다. 헛되고 헛된 것이 온갖 소망의 끝임을 보았기에, 골대에 공이 들어가도 다시 시작해야 하는 것이 삶임을 보았기에, 그는 이제 사람보다 포근한 덮개와 흙을 그리워한다.

인생의 가을은 노을이고 금요일이다. 금요일은 일주일의 가을이기에 네 가지 담론에서 주인 담론에 속한다. 토(土)요일은 흙으로 돌아가는 휴식이고 일(日)요일은 다시 일터로 돌아가기 위한 준비의 날이다. 토요일은 음이고 일요일은 양이다. 월(月)요일은 음이다. 화(火)요일은 불이고 수(水)요일은 물이고 목(木)요일은 나무이고 금(金)요일은 광석이다. 그리고 다시 흙으로 돌아간다. 죽음과 탄생은 흙에서 이루어진다. 이것을

'음양오행설'이라 한다. 음과 양이 조화를 이루고 우주를 구성하는 다섯 가지 요소들이 서로 마주 보며 순환하는 것이다. 음양오행설은 라캉이 중국의 사상에서 발견한 기표의 순환이다. 하늘과 땅이 마주 볼 때 우주가 존재하듯이 남과 여가 마주 볼 때 생명이 태어나듯이 모든 대립되는 짝들이 마주볼 때 만물이 순환한다. 불과 물이 마주보고 나무와 광석이 마주본다. 그리고 이 모든 것이 흙으로 돌아가 하나가 되고 다시 이 흙에서 생명의 빛이 태어난다. 이것이 달과 해, 불과 물, 나무와 광석으로 이루어진 일주일의 순환이다. 月 火 水 木 金 土 日 그리고 다시 月……

  음양오행설은 사계절의 순환과 같고 네 가지 담론의 순환과 같고 기표의 놀이와 같다. 아니 대자연의 순환은 기표의 순환이기도 하다. 프로이트의 기억의 방식이기도 하다. 우리의 삶이 그런 것인데 우리는 탄생에 환호하고 죽음을 두려워하며, 태양을 찬미하고 달을 치마폭에 숨기려 든다. 이것이 갈등과 고난의 이유이다. 그래서 장자는 사랑하는 아내의 장례식에서 눈물을 흘리는 대신 노래를 부른다. 우주, 계절, 일주일, 그리고 사유의 방식을 음양오행설로 풀이한 글을 보자.

  이런 변형은 저절로 쉬지 않고 위상들을 따라 움직인다. 그리고 위상들은 현상 그 자체로서 점점 더 정교한 순환을 이룬다. 즉 물과 불, 그리고 나무와 광석은 서로 가장 멀어졌을 때, 한쪽은 음을, 다른 쪽은 양을 상징한다. 흙은 이들이 모이는 다섯 번째 요소이다. 이들은 오행, 혹은 다섯 요소로 불린다. 광석, 나무,

물, 불 그리고 흙이다. 중국 사람들은 거의 다 도라는 시공의 연속 속에서 이 다섯 위상들이 서로 연결됨을 안다. 나무는 봄, 불은 여름, 광석은 가을, 그리고 물은 겨울이다.

(……)

음과 양처럼, 오행은 모든 현상에서 발견된다. 그리고 둘의 조화는 두 번째 물리적 법칙이다. 한 위상은 그 다음 위상을 낳는다. 물은 나무를 낳고 나무는 불을 낳고, 불은 흙을, 흙은 광석을, 광석은 물을 낳는다. 이 생산적인 순환과 반대되는 파괴적 순환이 있는데 물과 불이 대립하고, 불과 광석이 대립하고, 광석과 나무, 나무와 흙, 흙과 물이 대립하는 것이다.(Schipper, 35)

위의 인용은 음양오행이 라캉이 말한 네 담론, 네 계절과 같은 방향으로 순환한다는 것을 보여준다. 흙을 포함한 음양오행은 네 가지 담론의 순환과 다르지 않다. 이제 부드러움(▬▬)과 딱딱함(▬)이라는 두 가지 대립 쌍으로 이것을 풀어본다. 봄은 나무요 숲이니 부드럽다(☱). 여름은 불이다. 불은 겉은 따스하고 부드럽지만 한 가운데는 차다(☲). 가을은 모든 것이 조금씩 차가와지면서 굳어지는 금속이다(☴). 겨울은 물이다. 죽음과 부활이 함께 있는 물이다. 생명을 잉태한 죽음이기에 겨울철의 물은 겉은 차지만 속은 따스하고 부드럽다(☵).

이런 네 가지 기호를 네 가지 담론에 적용해 본다. 아래 왼쪽부터 히스테리 담론이 겨울(☱), 분석자 담론이 봄(☱), 대학 담론이 여름(☲), 주인 담론이 가을이다(☴). 그리고 한가운데 음양의 조화(●)가 있다. 이것이 만물이 하나가 되

268

는 흙이면서 음과 양이 태어나는 도의 원리이다. 본래의 도는 하나요, 흙이다. 여기에서 음과 양이 태어난다. 둘이다. 이 둘을 하나로 묶어주는 것이 무위이다. 무위에서 만물이 태어난다. 흙에서 상상계와 상징계가 태어나고, 실재계는 이 둘을 하나로 묶어주는 세 번째 고리가 된다. 실재계는 음과 양을 연결하며 끝없이 담론을 창조한다. 이것이 네 가지 담론의 밑그림인 태극기이다. 음과 양이 조화를 이루듯이, 태극기는 동양과 서양이 만나고 조화를 이루는 바탕 그림이다. 모든 대립 짝을 인정하고 그 둘이 조화를 이루면서 순환하는 생명의 근원이다.

가운데 둥근 원이 만물의 근원인 텅 빈 공간, 도이다. 그래서 태극 이전에 무극이 있었다고 말한다. (김낙필, 18) 이 하나에서 둘이 나온다. 음과 양이다. 음과 양은 낮이 지나면 밤이 오듯이 끝없이 자리를 바꾸며 변화한다. 같은 이치에서 물과 나무(음), 불과 광석(양)이 아래에서 위로 상승하고 다시 위에서 아래로 하강한다. 이 순환은 마주 보는 대립 항인, 물과 불, 나무와 광석이 서로를 인정하고 공존하기에 가능하다. 주체가 타자를 인정하듯이, 낮이 밤을 인정하듯이 반대쪽을 인정하기에 네 요소는 끊임없이 순환하면서 만물을 낳는다. 음양이 공존하는 한, 죽음과 삶 사이의 순환은 끝이 없다. 이것이 반복충동이고 전이이며 기표의 순환이다. 순환은 같은 것의 반복이 아니라 변하는 상황에 맞게 계속 달라지는 새로운 창조이다. 그러기에 사회와 정치의 개혁을 위한 새로운 담론을 창조한다. 장자의 시 가운데 「역전의 축」에는 이런 부분이 있다.

우리가 반대되는 한 쌍에서 한쪽만 알거나,
존재의 한쪽에 지나치게 기울면
도는 흐려진다.
분명한 표현도, 한쪽만 긍정하고 다른 쪽을 부정하면서
단순한 말장난으로 뒤죽박죽이 된다.
유가와 묵가가 서로 상대 쪽이 옳다 하는 것을 그르다 하고
그르다 하는 것을 옳다 하며 다투듯이
"예"에 "아니오"라 하고,
"아니오"에 "예"라 하니
이 무슨 쓸데없는 논쟁인가.
차라리 그 헛된 시도를 단념하고
참된 빛을 추구하리라!

(……)

죽음이 삶을 낳고 삶이 죽음을 낳는다.
가능이 불가능해지고
불가능이 가능해진다.
옳음이 그름이 되고 그름이 옳음이 된다.
삶의 흐름은 상황을 바꾸고
그리되면 상황도 그 모습이 달라진다.
그러나 논객들은 상황 속의 변화가 낳은
새로운 실재를 모르고,
항상 반대해 온 것을 계속 반대하고

주장해 온 것을 계속 주장한다.

그러기에 현인은 논리적인 주장으로
이런저런 점을 증명하려 들기보다
사물 전체를 직접적인 직관으로 본다.
직관은 "나"와 "나 아닌 것"을 동시에 보기에
그는 "나"의 관점 안에 갇히지 않는다.
그래서 그는 모든 논쟁의 양측에서
옳음과 그름을 동시에 본다.
그리고 결국 그것들이 도의 역전의 축에 연결되면
같은 것으로 축소되는 것을 본다.

현명한 사람이 이 역전의 축을 파악하면
그는 원의 중심이 된다.
원주의 회전을 따라서
"예"와 "아니오"가 서로를 추구하는
원의 가운데 선다.
(2편 3절, Merton, 42-43)

원숭이와 조련사를 동시에 만족시키는 사람은 "아침에 셋"
을 고집하지 않는다. 그런 사람은 역전의 축을 아는 사람이
다. 그래서 원의 중심에 선다. 그렇다면 역전의 축이란 실재
계가 아닌가. 무위이다. 겨울의 차가움 속에 따스한 꽃망울이
숨어 있음을 아는 사람, 한 알의 밀알이 땅에 떨어져야 싹이

튼다는 역전의 축을 아는 사람은, 죽지만 언제나 다시 태어나는 실재계의 사람이다. 죽지만 언제나 새롭게 다시 태어나는 끈기는 "아침에 셋"을 고집하지 않고 역전의 축을 아는 은근함에서 나온다. 그래서 태극기가 은근과 끈기를 상징한다고 말하는가. 이제 장자의 나비 꿈에서 이 은근과 끈기를 확인해 보자.

장자가 꿈에 본 나비는 환상이 투사된 실재계, '오브제 아'였다. 되고 싶은 것, 그리고 갖고 싶은 대상이다. 라캉은 나비의 꿈을 꾸는 장자인가, 장자의 꿈을 꾸는 나비인가라는 물음을 주체와 타자의 뗄 수 없는 상호 관계로 암시했다. 그러면 장자가 음인가, 나비가 양인가. 왜 라캉은 나비와 자신을 분명히 경계 짓지 못하는 장자의 물음이 옳다고 말하는가? 주체와 타자는 양과 음이지만 시간이 지나면 역전이 일어난다. 역전이란 자리바꿈이다. 그렇다면 누가 주체이고 누가 타자인가. 구별할 수 없다. 둘 사이에서는 끝없이 자리바꿈이 일어나기 때문이다.

이것이 장자의 나비 꿈을 물화(物化)로 해석하는 이유이다. 물화란 만물이 서로 순환하는 것이다. 나비가 죽어 장자가 되고 장자가 죽어 나비가 된다. 만물 사이에는 경계가 없다. 오직 무위라는 역전의 축이 있을 뿐이다. 무위가 있는 한, 만물은 평등하다. 그래서 각기 제 자신의 척도가 있다. 학의 다리가 너무 길다고 자르려는 것은 사람의 척도로만 타자를 보기 때문이다. 바다 위를 자유롭게 나는 갈매기를 궁궐에 모시고 고상한 음악을 들려주고 향기로운 술과 진미를 대접했지만 그

새는 죽는다. 그것은 궁궐의 기준에서 본 행복이지 새의 행복이 아니었다. 만물은 평등하기에 기준은 상대적인 것이다. 오늘날 각 나라의 고유 문화를 안정하는 다문화주의는 이와 같은 관점에서 출발한다.

장자가 숨을 거두려 할 때 제자들이 모였다. 그들은 성대한 장례식을 마련하려 했다.

장자가 숨을 거두려 할 때, 제자들이 화려한 장례식을 준비하려 했다.

그러자 장자는 말했다. "하늘과 땅이 나의 관이요,

해와 달이 내 옆에서 짤랑대는 구슬이고

행성과 별자리들이 내 주위에서 반짝이는 보석들이며

만물이 밤을 새워 나를 애도할 텐데

무엇이 더 필요하단 말인가.

모든 게 넘치게 준비되어 있구나!"

그러나 제자들은 말했다. "스승님이 까마귀나 솔개에게 먹히면 안 되지요."

장자가 대답했다. "그런가. 땅 위에 놓아두면 까마귀나 솔개가 먹을 것이요,

땅 밑에 누우면 개미나 벌레가 먹을 것이다.

어느 쪽이든 먹힐 터인데,

너희들은 왜 새들에게 더 인색한가?"

(32편 14절, Merton, 156)

우리는 무한 경쟁의 시대에 더 나은 기술, 더 좋은 상품만을 생각하고, 자칫 질이 높은 삶은 잊기 쉽다. 그것이 무엇인지 생각할 여유도 없이 숨가쁘게 산다. 삶의 질을 높이는 것은 정신의 향기를 지니는 것이 아닐까. '정신없이 사는 삶'이 아니라 너그러움과 편안함이 있는 삶이다. 흔히 정신이라면 몸을 배제한 것으로 잘못 인식한다. 그러나 장자와 라캉은 정신이 몸을 인정하고, 기술이 마음과 함께할 때 삶이 향기로워진다고 암시한다.

삶은 끝이 없다. 나비로 개미로 솔개로 다시 태어난다. 끝없는 자연의 순환 속에서 죽음은 끝이 아니라 새로운 시작이다. '은근함'은 실재계 혹은 무위를 아는 것이고, '끈기'는 그것을 알기에 끝없이 새롭게 태어나는 것이다. 그렇다면 태극기는 동서가 만나고 라캉과 장자가 만나는 장이다. 동양과 서양, 남과 여, 그늘과 양지, 인간과 자연 등, 지금까지 역사는 이 둘 가운데 어느 한쪽을 열등하게 여겼다. 그러나 자기편이 아니어도 열등하다고 무시하지 않는 공존의 사상이 은근함이고 이 은근함에서 변화하는 상황에 맞게 새로운 담론을 만들 수 있는 창조가 끈기이다. 이처럼 태극기 속에는 삶의 윤리와 질 높은 정치 사상이 한데 어우러져 있다.

태극기는 동서의 사상이 한곳에서 만나는 윤리적이고 진보적인 장이다. 그리고 그 향기는 질 듯하면서 이기고, 끊어질 듯하면서 이어지기 때문에 신비롭다.

라캉 연보

1901년   4월 13일 파리에서 알프레드 라캉과 에밀 보드리 사이, 삼 남매의 장남으로 출생.

1910년   프로이트가 국제 정신분석 학회(IPA) 창립.

1916년   대학(Jesuit College Stanislas)에 다니면서 철학과 무신론에 심취.

1919년   위 학교 졸업.

1921년   군에서 제대하고 파리 대학에서 의학 공부 시작.

1926년   공저 논문이 《신경학 평론 *Revue Neurologique*》에 게재됨. 파리 정신분석 학회(SPP)가 창립됨.

1927년   정신과 전문의 과정 시작.

1928년   경찰청 부속 정신병원, 클레랑보 밑에서 수학.

1930년   《정신의학 연보 Annales Medico-Psychologiques》에 단독 논문을 게재.

1931년 초현실주의에 관심. 살바도르 달리와 만남.

1932년 박사학위 논문 「성격과 관련해 본 편집증적 사이코에 관하여」를 출간하고 한 부를 프로이트에게 보냄. 프로이트는 잘 받았다는 엽서를 보내줌. 파리 생안느 병원 진료 소장으로 임명됨.

1933년 논문 두 편을 초현실주의 잡지인 《미노타우로스 Minotaure》에 게재. 알렉상드르 코제브가 '고등 연구원'에서 헤겔의 정신현상학에 관한 강의 시작. 라캉은 바타이유, 메를로퐁티, 브르통 등과 함께 1939년까지 정규적으로 이 강의를 들었음.

1934년 루돌프 뢰벤쉬타인과 함께 분석하던 라캉은 파리 정신분석 학회에 후보 회원으로 등록. 1월에 마리루이즈 블롱뎅과 결혼.

1936년 8월 3일 체코에서 열린 국제 정신분석 학회 제14차 학술대회에서 '거울 단계'에 관한 논문을 발표. 히틀러가 오스트리아를 합병하자 프로이트는 영국으로 망명하는데 런던으로 가는 도중 파리를 통과할 때 프로이트를 위한 작은 모임이 있었음. 라캉이 그를 만날 유일한 기회였는데 참석하지 않음.

1939년 8월 둘째 아이 티보 출생. 9월 23일 프로이트가 83세로 런던에서 사망. 히틀러가 프랑스를 침공하자 파리 정신분석 학회는 활동을 중단했고 라캉은 중국 철학에 잠시 몰두. 배우이며 조르주 바타이유의 아내였던 실비아 바타이유와의 사랑이 시작됨.

1940년 발드그라스 Val-de-Grace 병원으로 전시 동원 근무. 셋째 아이 시빌 출생.

1941년 실비아와 라캉 사이에서 주디트 출생. 훗날 자크 알랭 밀러와 결혼하여 라캉의 지적 유산을 이어받고 관리하게 됨. 마리루이즈가 이혼을 요구.

1945년 프랑스가 나치로부터 해방되자 파리 정신분석 학회는 다시 모임. 마리루이즈와 별거 발표.

1949년 SPP의 훈련위원회 임원으로서 라캉은 의대생이 아닌 사람에게도 분석 훈련을 받을 수 있는 방안을 마련하려 함. 취리히에서 열린 제16차 국제 정신분석 학회 학술대 회에서 '거울 단계'에 대한 또 하나의 논문을 발표.

1951년 실비아 바타이유의 아파트에서 매주 프로이트의 사례 연구에 대한 세미나를 개인적으로 시작. 파리 정신분석 학회 부회장이 됨. 면담 시간을 다양하게 사용하는 것에 대해 학회 측이 시정을 요구했으나 이를 받아들이지 않음.

1953년 실비아와 결혼. 파리 정신분석 학회 회장이 됨. 그러나 라가쉬와 돌토가 학회를 탈퇴하고 프랑스 정신분석 학회(SFP)를 창립하자 라캉도 탈퇴하고 이들과 합류. 창립 총회에서 「상징계, 상상계, 실재계」에 대해 강의함. 로마에서 열린 학회에서는 논문 「정신분석에서 말과 언어의 기능과 영역」이 분량이 너무 많아 발표하지 못하고 나누어줌. 11월부터 생안느 병원에서 공개 세미나 시작. 이 세미나는 이후 27년간 계속되어 그의 전 사상을 담게 되고 지금까지도 그때의 세미나 내용이 사위인 자크 알랭 밀러의 편집으로 계속 출간되고 있음.

1954년   라캉의 독자적인 행보에 불만을 가진 IPA는 SFP의 가입 신청을 거부함.

1961년   IPA는 계속 라캉에 대한 불만으로 가입을 불허하면서 대신 "스터디 그룹"으로만 인정.

1963년   IPA의 위원회는 SFP의 회원들을 면담하고 라캉을 비롯한 두 분석가를 명단에서 제외시킬 것을 요구. 그들의 보고서는 라캉의 교육 활동을 영원히 금지시키고 그에게서 분석가들이 훈련을 받지 못하게 할 것을 가입 조건으로 내세움. 라캉은 이것을 "파문"이라고 표현. 그리고 SFP를 탈퇴.

1964년   1월에 라캉은 루이 알튀세의 도움으로 공개 세미나 장소를 고등사범학교로 옮기고 6월 파리 프로이트 학파(EFP)를 설립.

1965년   SFP 해산.

1966년   『에크리』 출간. 난해했음에도 상업적 성공을 거둠. 미국 존스홉킨스 대학에 논문을 보냄. 주디트가 자크 알랭 밀러와 결혼.

1968년   5월 학생 시위에 동조하는 발언. 후에 책임을 물어 직위를 떠나라고 요구받음. 12월 라캉의 제자들이 파리 8대학에 정신분석학과를 개설.

1969년   라캉은 공개 세미나를 법과 대학으로 옮김.

1973년   『세미나 제11권』 출간.

1975년   미국 방문. 예일 대학과 매사추세츠 공대에서 연설. 촘스키와 만남. 『세미나 제1권』과 『세미나 제20권』 출간.

1977년   『에크리』와 『세미나 제11권』이 영어로 번역되어 출간.

1978년   『세미나 제2권』 출간.

1980년   EFP에서 논쟁이 격렬해지자 라캉이 해산시키고 대신 '프로이트 대의'를 설립. 사위인 밀러를 후계자로 선정.

1981년   '프로이트 대의'가 해산되고 대신 '프로이트 대의학파'가 설립됨. 9월 9일 복부암으로 사망. 『세미나 제3권』 출간.

1986년   『세미나 제7권』 출간.

1988년   『세미나 제1권』, 『세미나 제2권』 영어로 번역 출간.

1992년   『세미나 제7권』 영어로 번역 출간.

1993년   『세미나 제3권』 영어로 번역 출간.

1998년   『세미나 제20권』 영어로 번역 출간.

참고문헌

Bhabha, Homi K. *The Location of Culture*. London: Routledge, 1994.

Boothby, Richard. *Death and Desire*. New York: Routledge, 1991.

Bracher, Mark. *Lacan, Discourse, and Social Change: a Psycho-analytic Cultural Criticism*. Ithaca: Cornell Univ. Press, 1993.

————. "On the Psychological and Social Functions of Language: Lacan's Theory of the Four Discourses." *Lacanian Theory of Discourse: Subject, Structure, and Society*. Eds. Mark Bracher, Marshall W. Alcon. Jr. et al. New York: New York Univ. Press, 1994.

Copjec, Joan. *Read My Desire: Lacan against the Historicists*. Cambridge: An October Book, 1995.

Derrida, Jacques. *The Ear of the Other: Otobiography, Transference, Translation*. Ed. Christie McDonald. Tr. Peggy Kamuf. Lincoln: Univ. of Nebraska Press, 1988.

Dolar, Mladen. "The Object Voice." *Gaze and Voice as Love Objects*. Eds. Renata Salecl and Slavoj Žižek. Durham: Duke Univ. Press, 1996, 7–31.

Dufresne, Todd. *Tales from the Freudian Crypt*. Stanford: Stanford Univ. Press, 2000.

Felman, Shoshana. *Jacques Lacan and Adventure of Insight: Psychoanalysis in Contemporary Culture*. Cambridge: Harvard Univ. Press, 1987.

Fink, Bruce. *A Clinical Introduction to Lacanian Psychoanalysis : Theory and Technique*. Cambridge: Harvard University Press, 1997.

———. "Desire and the Drive." *Umbr(a)* 1(1977), 35–51.

———. *The Lacanian Subject: Between Language and Jouissance*. Princeton: Princeton University Press. 1995.

Freud, Sigmund. "Mourning and Melancholia." *The Standard Edition of the Complete Psychological Works of Sigmund Freud*. Tr. James Strachey. London: Hogarth. 1953–1974. Vol. 14, 237–258. (Abbreviated as SE)

———. "Fragment of an analysis of a Case of Hysteria." SE 7, 1–122.

———. "Three Essays on the Theory of Sexuality." SE 7, 123–243.

———. "Delusions and Dreams in Jensen' s *Gradiva*." SE 9, 7–95.

———. "Analysis of a Phobia in a Five-Year-Old Boy." SE 10, 1–149.

———. "Leonardo da Vinchi and a Memory of His Childhood." SE 11, 57–137.

———. "A Special Type of Choice of Object Made by Men." SE 11, 168–176.

———. "On the Universal Tendency to Debasement in the Sphere of Love." SE 11, 179–190.

———. "The Theme of the three Casket." SE 12, 289–303.

———. *Totem and Taboo*. SE 13, 1–161.

——. "On Narcissism: An Introduction." SE 14, 67–102.

——. "Remembering, Repeating and Working Through." SE 12, 145–156.

——. "Instincts and Their Vicissitudes." SE 14, 111–140.

——. "On Transience." SE 14, 303–307.

——. "From the History of an Infantile Neurosis." SE 17, 1–133.

——. "The Uncanny." SE 17, 217–256.

——. *Beyond the Pleasure Principle*. SE 18, 1–64.

——. *Group Psychology and the Analysis of the Ego*. SE 18, 65–143.

——. *The Ego and the Id*. SE 19, 1–66.

——. "The Economic Problem of Masochism." SE 19, 155–170.

——. "Negation." SE 19, 233–239.

——. "Some Psychical Consequences of the Anatomical Distinction Between the Sexes." SE 19, 241–258.

——. "Inhibitions, Symptoms, and Anxiety." SE 20, 75–174.

——. Civilization and Its Discontents. SE 21, 57–145.

——. "Humour." SE 21, 160–166.

——. "Dostoevsky and Parricide." SE 21, 177–196.

Kahane, Claire. "Freud and the Passions of the Voice." *Freud and the Passions*. Ed. John O' Neill. Pennsylvania: Pen State Univ. Press, 1996, 99–126.

Krips, Henry. *Fetish: an Erotics of Culture*. Itacha: Cornell Univ. Press, 1999.

Lacan, Jacques. *Ecrits: A Selection*. Tr. Alan Sheridan. New York:

Norton, 1977.

――. *The Seminar of Jacques Lacan Book 1. 1953–1954*. Ed. Jacques Alain Miller. Tr. John Forrester. Cambridge: Cambridge Univ. Press, 1988.

――. *The Seminar of Jacques Lacan Book 2. 1954–1955*. Ed. Jacques Alain Miller. Tr. Sylvana Tomaselli. Cambridge: Cambridge Univ. Press, 1988.

――. *The Seminar of Jacques Lacan Book 3. 1955–1956*. Ed. Jacques Alain Miller. Tr. Russell Grigg. New York: Norton, 1993.

――. *The Seminar of Jacques Lacan Book 7. 1959–1960. The Ethics of Psychoanalysis*. Ed. Jacques Alain Miller. Tr. Dennis Porter. New York: Norton, 1992.

――. *The Seminar of Jacques Lacan Book 11. The Four Fundamental Concept of Psychoanalysis*. Ed. Jacques Alain Miller. Tr. Alan Sheridan. New York: Norton, 1978.

――. *The Seminar of Jacques Lacan Book 20 Encore 1972–1973*. Ed. Jacques Alain Miller. Tr. Bruce Fink. New York: Norton, 1998.

――. "Seminar on 'The Purloined Letter'." Tr. Jeffrey Mehlman. *The Purloined Poe: Lacan, Derrida, and Psychoanalytic Reading*. Eds. John P. Muller et al. Baltimore: The Johns hopkins Univ., 1988, 28–54. (Originally in *Yale French Studies* 48, 1972.)

――. "Desire and the Interpretation of Desire in Hamlet." Tr. James Hulbert. *Yale French Studies* 55–56(1977), 11–52.

――. "Kant with Sade." Tr. James B. Swenson Jr. *October* 51(1989),

55–104.

——. *The Language of the Self: The Function of Language in Psychoanalysis*. Tr., Notes, Commentary, Anthony Wilden. Baltimore: The Johns Hopkins University Press, 1968, 1981.

Lee, Jonathan Scott. *Jacques Lacan*. Amherst: Univ. of Massachusetts Press, 1990.

MacCannel, Juliet Flower. "Drive On." *Umbr(a)* 1(1997), 61–65.

——. "Facing Fascism: A Feminine Politics of Jouissance." *Lacan, Politics, Aesthetics*. Eds .Willy Apollon et al. New York: State Univ. of New York, 1996, 65–99.

Mellard, James, M. "Lacan and the New Lacanians: Josephine Hart's Damage, Lacanian Tragedy, and the Ethics of Jouissance." *PMLA*(1998), 395–407.

Miller, Jacques Alain. "The Drive is Speech." Tr. Kristen Stolte. *Umbr*(a) 1(1977), 15–33.

——. "The Analytic Experience: Means, Gods, and Results." *Lacan and the Subject of Language*. Eds. Ellie Ragland-Sullivan and Mark Bracher. New York: Routledge, 1991.

Nasio, Juan-David. *Five Lessons on the Psychoanalytic Theory of Jacques Lacan*. Trs. Divid Pettigrew and Francois Raffoul. Albany: State Univ. of New York, 1998.

Pelt, Van Tamise. *The Other Side of Desire: Lacan's Theory of the Registers*. New York: State University of New York Press, 2000.

Ragland, Ellie. "The Discourse of the Master." *Lacan, Politics,*

Aesthetics. Ed. Willy Apollon et al., New York: State Univ. of New York, 1996.

Rapaport, Herman. "Dissolution." *Aesthetics, Sublimation. Umbr(a)* 1 (1999), 95–98.

Roudinesco, Elisabeth. *Jacques Lacan: Outline of a Life, History of a System of Thought*. Tr. Barbara Bray. New York: Columbia Univ. Press, 1997.

———. *Psychoanalysis?* Tr. Rachel Bowlby. New York: Colombia Univ. Press, 2001.

Salecl, Renata. *(Per)Version of Love and Hate*. London: Verso, 1998.

———. "The Silence of the Feminine Jouissance." *Cogito and the Unconscious*. Ed. Savoj Zizek. Durham: Duke University Press, 1998, 175–196.

Samuels, Robert. *Between Philosophy and Psychoanalysis*. New York: Routledge, 1993.

Shepherdson, Charles. "Of Love and Beauty in Lacan's Antigone." *Umbr*(a) 1(1999), 63–77.

Stravrakakis, Yannis. *Lacan and the Political*. New York: Routledge, 1999.

Tremeau, Fabien. "Ai No Korrida: the Cutting Edge of Feminine Eroticism." *Lacanian Ink* 5(1991), 29–42.

Williams, Linda Ruth. *Critical Desire*. Ed. Edward Arnold, London, 1995.

Wright, Elizabeth. "The Uncanny and Surrealism." *Modernism and the*

European Unconscious. Cambridge: Polity Press, 1990, 265–282.

Žižek, Slavoj. "Four Discourses, Four Subjects." *Cogito and Unconscious.* 74–113.

———. *The Plague of Fantasies.* London: Verso, 1997.

———. *The Žižek Reader.* Eds. Elizabeth Wright and Edmond Wright. Mass: Blackwell, 1999.

———. "I Hear You with my Eyes." *Gaze and Voice as Love Objects.* Eds. Renata Salecl and Slavoj Žižek. Durham and London: Duke Univ. Press, 90–126.

———. "Introduction." *Gaze and Voice as Love Objects.* 1–4.

Zupančič, Alenka. *Ethics of the Real: Kant, Lacan.* New York: Verso, 2000.

오비디우스, 『변신 이야기』, 이윤기 옮김, 민음사, 1994.

『자크 라캉: 욕망 이론』, 권택영 엮음, 민승기, 이미선, 권택영 옮김, 문예출판사, 1994.

권택영, 『감각의 제국: 라캉으로 영화 읽기』, 민음사, 2001.

도(Tao) 사상에 관한 참고 문헌

『도가의 명언』, 고성중 엮음, 한국 문화사, 2000.

김낙철, 「주역의 도교적 이해」, 『노장사상과 동양문화』, 한국 도교사상 연구회 엮음, 아세아 문화사, 1995.

김형효, 『노장사상의 해체적 독법』, 청계출판사, 1999.

리우샤오간, 『장자 철학』, 최진석 옮김, 소나무출판사, 1998.

『장자: 잡편』, 박일봉 옮김, 육문사, 1993.

박종혁, 「장자의 산문정신과 비유」, 『노장사상과 동양문화』.

이강수, 『노자와 장자: 무위와 소요의 철학』, 도서출판 길, 1997.

이종은, 「도교사상의 현대적 의의」, 『노장사상과 동양문화』.

『노자, 장자』, 장기근, 이석호 옮김, 삼성출판사, 1982.

최수빈, 「'노자 도덕경'을 통해 조명해 본 '여성해방'」, 『노장사상과 동양문화』.

Clarke, J. J. *The Tao of the West: Western Transformations of Taoist Thought*. New York: Routledge, 2000.

Henricks, Robert G. *Lao Tzu's Tao Te Ching*. New York: Columbia Univ. Press, 2000.

Merton, Thomas. *The Way of Chuang-Tzu*. New York: New Direction, 1965.

Schipper, Kristofer. *The Taoist Body*. Tr. Koren C. Duval. Berkeley: Univ. of California Press, 1982, 1993.

Smith, Howard D. *The Wisdom of the Taoists*. A New Directions Book, 1980.

Wu, Kuang-Ming. *Chuang-Tzu: World Philosopher at Play*. Chicago: Scholars Press, 1982.

Young-Bruehl, Elizabeth and Faith Bethelard. *Cherishment: A Psychology of the Heart*. New York: Free Press, 2000.

라캉 · 장자 · 태극기

1판 1쇄 찍음 2003년 2월 20일
1판 1쇄 펴냄 2003년 2월 24일

지은이 권택영
펴낸이 박맹호
펴낸곳 ㈜민음사

출판등록 1966. 5. 19. 제 16-490호
서울 강남구 신사동 506번지 강남출판문화센터 5층 (우)135-887
대표전화 515-2000 팩시밀리 515-2007

www.minumsa.com

값 10,000원

ISBN 89-374-2507-6 03100